Testes, Medidas e Avaliação em Educação Física e Esportes

6ª edição – revisada e atualizada

Testes, Medidas e Avaliação em Educação Física e Esportes

Francisco José Gondim Pitanga

Phorte editora
São Paulo, 2019

Testes, medidas e avaliação em educação física e esportes

Rua Rui Barbosa, 408
Bela Vista – São Paulo – SP
CEP 01326-010
Tel.: (11) 3141-1033
Site: www.phorte.com.br
E-mail: phorte@phorte.com.br

CIP-BRASIL. CATALOGAÇÃO NA PUBLICAÇÃO
SINDICATO NACIONAL DOS EDITORES DE LIVROS, RJ

P758t
6. ed.

Pitanga, Francisco José Gondim
Testes, medidas e avaliação em educação física e esportes / Francisco José Gondim Pitanga. - 6. ed. - São Paulo : Phorte, 2019.
il. ; 24 cm.

Inclui bibliografia
ISBN 978-85-7655-732-6

1. Educação física. 2. Aptidão física - Testes. 3. Exercícios físicos. I. Título.

19-55531 CDD: 613.7
CDU: 613.71

Leandra Felix da Cruz - Bibliotecária - CRB-7/6135
ph0188.6

Este livro foi avaliado e aprovado pelo Conselho Editorial da Phorte Editora.

Impresso no Brasil
Printed in Brazil

Agradecimentos

À minha mãe, Zuleide, e ao meu pai, Manoel (*in memoriam*), que contribuíram para minha formação moral e intelectual.

À minha esposa, Carmem, e aos meus filhos, Cristiano, Bruno, Francisco e Fábio, que me incentivaram a concluir esta nova edição deste livro.

Apresentação

Diferentes processos e formas para aplicação de baterias de testes, medidas e avaliação da aptidão física têm despertado um crescente interesse por parte dos acadêmicos e profissionais de Educação Física e áreas afins. Antes de iniciar um programa de exercícios físicos, é de fundamental importância a avaliação e a identificação dos parâmetros de aptidão física do cliente, aluno ou atleta, para que, em seguida, os exercícios sejam prescritos e orientados de forma individualizada.

Dessa forma, no primeiro capítulo deste livro, apresentamos os principais conceitos e definições das variáveis que servirão de base para a elaboração dos demais capítulos desta obra. No segundo capítulo, apresentamos e discutimos os critérios para validação de testes de aptidão física. No terceiro capítulo, discutimos os objetivos e procedimentos para avaliação da aptidão física, bem como as etapas básicas de avaliação e a organização de baterias de testes de aptidão física. No quarto e no quinto capítulos, apresentamos e discutimos a avaliação pré-participação em programas de atividades físicas e os métodos para avaliação dos níveis de prática de atividade física. Em seguida, no sexto capítulo, discutimos os princípios, os pressupostos e os métodos da antropometria aplicada, a cineantropometria e a avaliação da aptidão física, considerando as variáveis morfológicas e funcionais-motoras. No sétimo e no oitavo capítulos, apresentamos as principais formas de avaliação da aptidão física, considerando as variáveis morfológicas e funcionais, respectivamente. No capítulo nove, apresentamos as principais propostas para avaliação da aptidão física em crianças e adolescentes. Finalmente, no capítulo dez, apresentamos as novas perspectivas para avaliação da aptidão física em programas de condicionamento físico individualizado, academias e clubes de corrida.

Esperamos que o presente trabalho possa contribuir para um melhor entendimento sobre a importância dos processos de testes, medidas e avaliação em Educação Física e áreas afins, tendo como principais objetivos identificar, acompanhar e modificar os parâmetros de aptidão física dos participantes de programas de exercícios físicos, seja nas escolas, nos clubes, nos condomínios, nas universidades ou nos programas de condicionamento físico.

Prefácio

Ao ser convidado para prefaciar este livro, fui tomado de intensa emoção, mas, logo em seguida, a alegria tomou vulto pela simples razão de estar prefaciando uma obra escrita por um ex-aluno e, hoje, colega da docência universitária, além de se tratar de uma relevante contribuição de um professor baiano à literatura especializada da Educação Física brasileira. Há cerca de vinte anos, a Educação Física brasileira era carente de publicações e, em especial, dos livros didático-pedagógicos. Atualmente, está em franca evolução e conta com uma significativa produção científica, que considero efervescente e de boa qualidade, graças ao incremento dos cursos de pós-graduação, os quais são responsáveis pela qualificação profissional, aliada, ainda, à consciência do grande valor da Educação Física para a sociedade contemporânea.

Na Bahia, a iniciativa de produção específica sobre o assunto ainda é muito tímida, mas ressalto que essa problemática está relacionada a dois aspectos, que considero de importância vital: o primeiro é o fato de não dispormos de editoras de peso nesse estado e no mercado nacional, e o segundo, a falta de motivação dos autores baianos para encarar o desafio de produzir livros.

O professor Francisco Pitanga é um desses profissionais inquietos e amantes da profissão que abraçou. Logo cedo, começou a se dedicar a uma área ainda pouco explorada: a da avaliação física. Atuou em academias, escolas, clubes esportivos, universidades e descobriu no seu labor a importância irrestrita da sua ação para a promoção da saúde. Então, arregaçou as mangas e se dedicou aos projetos, visando atender à comunidade, à formação e à valorização do profissional da Educação Física. Hoje, Pitanga é uma referência nacional e um orgulho dos colegas baianos pela sua incansável dedicação à causa dos exercícios físicos e sua relação com a promoção da saúde.

Entendo este livro como um marco para a Educação Física baiana. É uma publicação com propósito claro, com uma abordagem moderna e de fácil compreensão, acessível aos estudantes e profissionais atuantes na área.

Escrito de forma simples e direta, traz enfoques técnico-científicos de alta relevância, que fornecem útil orientação teórico-prática do aproveitamento maximizado dos testes, das medidas, da avaliação e dos protocolos de segurança para os mais variados segmentos, transitando entre os pacientes que necessitam de cuidados especiais, os escolares, os alunos da academias de ginástica e os atletas de alto rendimento.

O livro é didático, fartamente ilustrado e explicativo, acompanhado de fórmulas e tabelas, com a proposital intenção de proporcionar ao profissional uma fonte de pesquisa ordenada que facilitará, sem dúvida, a montagem dos programas de avaliação para qualquer situação.

Congratulo-me com o professor Francisco José Gondim Pitanga, pela coragem e pela competência de vencer os desafios escrevendo uma obra objetiva, recheada de ensinamentos de real utilidade, principalmente para os profissionais da Educação Física que atuam na área da avaliação física, do treinamento desportivo e da aptidão física na promoção da saúde.

Prof. Dr. Hellio Campos
Professor Titular da Universidade Católica de Salvador
Professor Adjunto da Universidade Federal da Bahia

Sumário

1

Conceitos e definições

Neste capítulo, serão apresentados conceitos e definições importantes para a compreensão dos conteúdos e da construção de conhecimentos relacionados aos processos de testes, medidas e avaliação em Educação Física.

1.1 Definição de teste

Teste é um instrumento utilizado para se obter medidas, com o qual se determinam os valores numéricos das medidas.

1.2 Definição de medida

Medida é a determinação da grandeza. Classicamente, medir é comparar resultados de testes a grandezas conhecidas e preestabelecidas. Por exemplo, comparar utilizando como referencial a unidade metro, quando se mede um salto em extensão; ou a unidade quilograma, quando se mede peso. Medir significa o processo de designação de um número a alguma característica ou propriedade de um ser – no caso, cliente, aluno ou atleta (Kiss, 1987).

Dessa forma, medir significa representar com números, atribuir um valor numérico a alguma coisa, sendo meramente descritivo, possuindo um caráter quantitativo.

1.3 Definição de avaliação

De acordo com Morrow Jr. *et al.* (1995), a avaliação é um processo de tomada de decisões que estabelece um julgamento de valor sobre a qualidade de algo que se tenha medido. Para tomar-se uma decisão, em termos de avaliação, é necessária uma perspectiva de referência, pois avaliação significa comparação: comparar os resultados com os próprios resultados anteriores ou com os de outros; comparar as medidas obtidas com a média do grupo em que os testes foram realizados; e comparar as medidas obtidas com resultados de testes aplicados a outros grupos (padrões referenciados a normas preestabelecidas).

Assim, avaliar tem uma dimensão maior: implica julgamento de valor e quase sempre lança mão dos frutos da medida, ou seja, a avaliação interpreta o resultado de uma medida, sendo geralmente de caráter qualitativo.

A avaliação deve ser realizada não apenas como se observa na maioria das vezes, isto é, em relação ao produto, mas também deve ser observado o processo. O produto estuda os efeitos ou as situações em determinados instantes, as mudanças de comportamento de clientes, alunos ou atletas. O processo analisa as atividades ou os meios necessários para guiar, documentar ou julgar os esforços despendidos na realização dos planos de trabalho.

1.4 Conceito de avaliação diagnóstica

Avaliação diagnóstica é aquela usada antes de se começar qualquer trabalho, seja treinamento, período letivo etc. O objetivo é conhecer as condições iniciais do avaliado para, a partir daí, serem traçados os objetivos finais do cliente, aluno ou atleta.

1.5 Conceito de avaliação formativa

Avaliação formativa é aquela usada durante o período de aulas ou treinamento. Com ela, é possível verificar o andamento do trabalho, como está o desempenho do aluno, enquanto ainda há tempo para se fazer modificações.

1.6 Conceito de avaliação somativa

Avaliação somativa é aquela a que estamos mais acostumados. Ela determina a aprovação ou a reprovação do aluno por meio de notas ou conceitos, de acordo com um padrão mínimo de rendimento. Em geral, é feita ao final do semestre ou do ano letivo.

1.7 Definição de atividade física

A atividade física é definida como qualquer movimento corporal produzido pelo músculo esquelético que resulte em gasto energético (Caspersen, Powell e Christenson, 1985). Pode ser entendida como um comportamento humano complexo, com componentes e determinantes de ordem biológica e psicossociocultural, podendo ser exemplificada por esportes, exercícios físicos, danças e outras atividades de lazer, locomoção e ocupação profissional.

1.8 Definição de exercício físico

Exercício físico é a atividade repetitiva, planejada e estruturada que tem como objetivo a manutenção e a melhoria de um ou mais componentes da aptidão física (Caspersen, Powell e Christenson, 1985).

1.9 Definição e classificação da aptidão física

No início do século XX, as definições de aptidão física concentravam-se sobre a força muscular e, para mensurá-la, eram usados, com frequência, a bateria de testes de Sargent e o índice de aptidão física de Roger, os quais envolvem principalmente medidas de força. No final da Primeira Guerra Mundial, a aptidão cardiovascular começou a receber considerável atenção, fazendo que a aptidão física passasse a ser descrita com mais de um fator. Além da força muscular, medidas de pressão sanguínea, frequência cardíaca (FC) em repouso e pós-esforço foram usadas para avaliar a aptidão física (Caspersen, Powell e Christenson, 1985).

Além disso, a literatura revela muitas tentativas prévias para definir aptidão física, contudo, as definições tradicionais são muito variadas. A maioria delas relaciona a aptidão física à capacidade de realizar movimentos. Termos como capacidade funcional, trabalho físico e *performance* de atividade física foram sugeridos com a intenção de descrever um conceito relacionado, primariamente, com a capacidade para produzir grande quantidade de atividade motora (Pate, 1988).

Por volta de 1960, o conceito do modelo multidimensional da aptidão física foi delineado na literatura. A aptidão física consistia em vários componentes que poderiam ajudar na efetiva função do indivíduo na sociedade, sem excessiva fadiga e com reserva de energia para desfrutar o tempo livre. O desenvolvimento físico teria duas subdimensões principais: desenvolvimento de habilidades atléticas e aptidão física. O desenvolvimento de habilidades atléticas incluiria a aquisição de habilidades motoras relacionadas a complexas técnicas utilizadas no esporte e em outros tipos de *performance* física. A aptidão física teria duas subdimensões principais: aptidão fisiológica e aptidão física relacionada à saúde.

A aptidão fisiológica seria composta de variáveis como: pressão arterial, perfil sanguíneo, integridade óssea, entre outras. A aptidão física relacionada à saúde incluiria os componentes: aptidão cardiovascular, força, resistência muscular, flexibilidade e composição corporal (Corbin, 1991) (Figura 1.1).

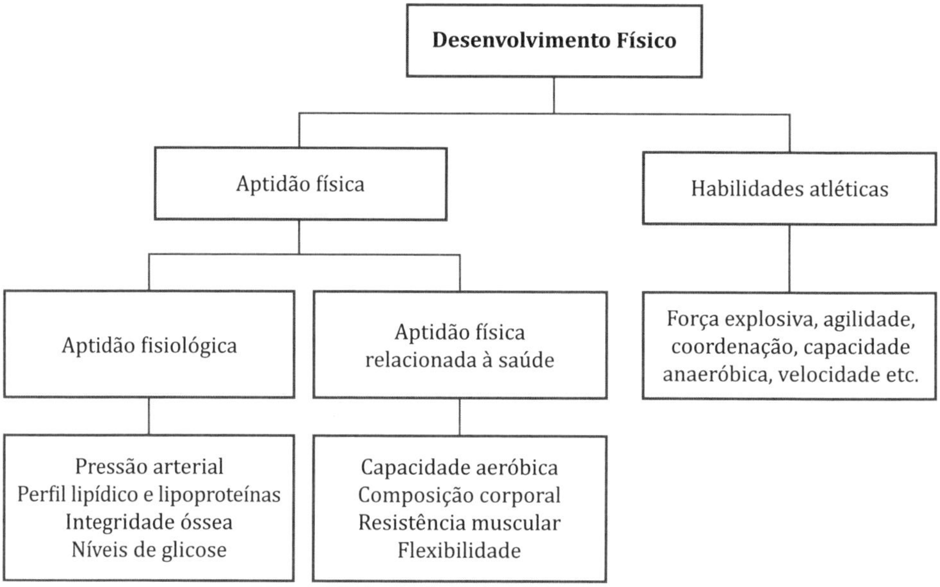

FIGURA 1.1 – Desenvolvimento físico.

1.10 Aptidão física relacionada à saúde

A aptidão física relacionada à saúde estaria associada com a capacidade de: (a) realizar as atividades do cotidiano com vigor e energia; e (b) demonstrar traços e capacidades associadas a um baixo risco para o desenvolvimento de doenças crônico-degenerativas (Pate, 1988).

Nessa concepção, fazem parte da aptidão física relacionada à saúde aqueles componentes que apresentam relação com um melhor estado de saúde e, adicionalmente, que revelam adaptações positivas à realização regular de atividades físicas e de programas de exercícios físicos. Desse modo, o conceito de aptidão física relacionada à saúde implica a participação de componentes voltados às dimensões morfológica, funcional-motora, fisiológica e comportamental (Guedes e Guedes, 1995) (Figura 1.2).

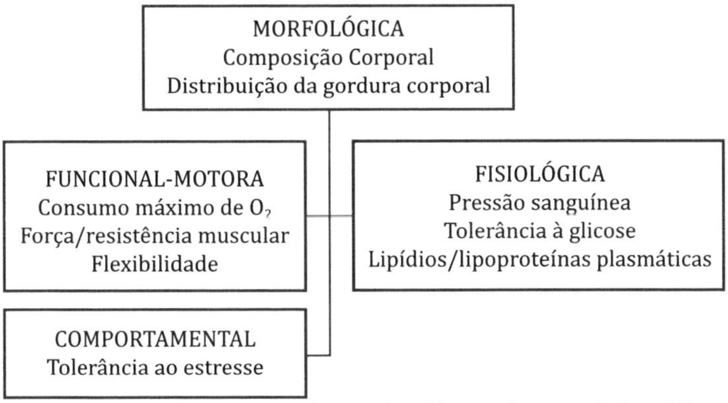

FIGURA 1.2 – Dimensões do conceito de aptidão física relacionada à saúde.

A dimensão morfológica reúne os componentes da composição corporal e da distribuição da gordura corporal. A dimensão funcional-motora engloba a função cardiorrespiratória, representada pelo consumo máximo de oxigênio, e a função musculoesquelética, que atende aos índices de força/resistência muscular e de flexibilidade. A dimensão fisiológica, também denominada de aptidão fisiológica, inclui componentes em que alguns valores clínicos são mais desejáveis que outros na preservação do melhor funcionamento orgânico. Nesse caso, os componentes considerados são a pressão sanguínea, a tolerância à glicose, a sensibilidade insulínica, a oxidação de substratos, os níveis de lipídios sanguíneos e o perfil das lipoproteínas. A dimensão comportamental refere-se aos componentes relacionados à tolerância ao estresse (Guedes e Guedes, 1995).

No que diz respeito à organização de baterias de testes de aptidão física relacionada à saúde, o modelo que melhor atende a essa necessidade está demonstrado na Figura 1.3.

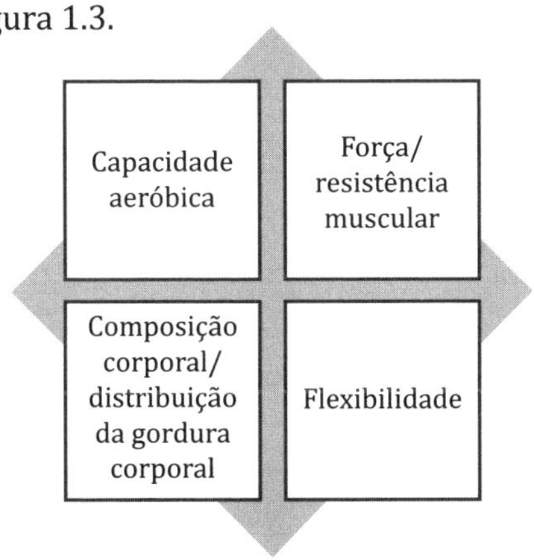

FIGURA 1.3 – Testes envolvidos na aptidão física relacionada à saúde.

Critérios para validação de testes de aptidão física

2

Para que se possam fazer avaliações precisas de clientes, alunos ou atletas, é necessário selecionar testes que tenham validade, confiança e objetividade. Esses conceitos básicos são fundamentais para que as avaliações de aptidão física sejam feitas com o mínimo possível de erros.

2.1 Validade

É a habilidade do teste em mensurar, com o mínimo de erros, o componente de aptidão física específico. Os testes para medidas diretas do componente de aptidão física a ser avaliado oferecem os critérios ou as referências para validação dos protocolos indiretos. Por exemplo, para medida do consumo máximo de oxigênio, a coleta e a análise da amostra dos gases inspirados e expirados são consideradas como o padrão ouro para medida do consumo máximo de oxigênio (VO_2máx). Com base nesses resultados, são validados os protocolos indiretos para determinação do VO_2máx. Para determinar a validade dos testes, são utilizados o coeficiente de correlação entre a medida feita de forma direta e os resultados obtidos no teste de forma indireta. Os testes são considerados válidos quando o coeficiente de correlação é maior do que 0,80 e o erro-padrão de estimativa é menor do que 5,0 ml/kg/min, para estimativas de VO_2máx, e menor do que 3,5% de gordura corporal, para estimativas de porcentagem de gordura.

Considerando que a validade é um critério importante num teste, seria bom ilustrar como um teste para uma equipe desportiva – basquete, por exemplo – poderia ser validado. Primeiro, um grupo de jogadores seria posto à prova por um teste de habilidade em jogar basquete. Em seguida, um grupo de instrutores familiarizado com o jogo e com os jogadores classificaria, subjetivamente, os indivíduos em sua habilidade de jogar. Se aqueles que obtivessem escores altos nos testes fossem também classificados como os melhores jogadores, poderia ser concluído que o teste foi válido. Em outras palavras, o teste está medindo o que pretende identificar, isto é, a habilidade para jogar basquete (Heyward e Stolarczyk, 1996; Mathews, 1980).

2.2 Confiança ou fidedignidade

É a habilidade do teste em produzir medidas semelhantes, tomadas pelo mesmo avaliador, em diferentes ocasiões. Por exemplo, o teste de dobras cutâneas é considerado confiável quando o técnico treinado nessas medidas obtém valores similares em mensurações tomadas na mesma pessoa, em diferentes momentos. Pesquisadores quantificam a confiança do teste calculando a relação entre os escores do dia 1 e do dia 2. O coeficiente de correlação encontrado como resultado é chamado de coeficiente de confiança. Em geral, testes de aptidão física têm alto coeficiente de confiança, normalmente excedendo 0,90 (Heyward e Stolarczyk, 1996; Mathews, 1980).

2.3 Objetividade

É a habilidade do teste em produzir escores similares para dado indivíduo quando o mesmo teste é administrado por diferentes avaliadores. A objetividade é quantificada pelo cálculo da correlação entre pares de escores de testes, mensurados no mesmo indivíduo por dois avaliadores diferentes. É dependente da habilidade de diferentes avaliadores concordarem quando estiverem usando o mesmo teste, no mesmo grupo (Heyward e Stolarczyk, 1996; Mathews, 1980).

2.4 Norma

Norma é um padrão ao qual um resultado obtido em determinado teste pode ser comparado. O termo *norma* é uma abreviatura da palavra *normal*, que, no contexto de medida e avaliação, refere-se ao desempenho médio ou à média de um grupo em relação aos escores obtidos em determinado teste. Além disso, a forma no plural – *normas* – se refere à disponibilidade da média, ao desvio-padrão e aos percentis para o desempenho de um grupo comparativo ou referencial.

Diversos tipos de escalas podem ser utilizados como normas em Educação Física e esportes: percentis, escala sigma e perfil T. Entre essas, a mais encontrada na nossa área é a escala de percentis. Um percentil indica o ponto da escala no qual certa percentagem de escores ocorre acima e abaixo, independentemente da distribuição dos escores brutos, não levando em consideração a média e a variabilidade dos dados. O percentil cinquenta equivale à mediana dos dados. Os escores em percentis variam numa escala de zero a cem, em geral, com intervalos de dez (Böhme e Kiss, 1997).

2.5 Confiabilidade e validade na obtenção de informações por meio de testes de aptidão física

Dois conceitos são fundamentais quando se pensa na qualidade da informação obtida por meio dos testes de aptidão física: confiabilidade e validade.

Confiabilidade é a consistência de resultados quando a medição, teste ou exame se repete em condições idênticas (Pereira, 1995). Ela pode ser avaliada pela consistência dos resultados de medidas pareadas. As medidas pareadas para esses testes são obtidas de duas formas: consistência teste-reteste e consistência inter/intra-avaliadores. A consistência teste-reteste é a concordância entre medidas repetidas sobre uma amostra de sujeitos; a consistência interavaliadores é a concordância entre os valores obtidos por dois ou mais avaliadores sobre uma mesma amostra de sujeitos; e a consistência intra-avaliador é a concordância entre valores repetidos obtidos por um único avaliador (Hulley e Cummings, 1988).

O nível de concordância entre testes ou medidas pode ser expresso por estimativas da reprodutibilidade. Para variáveis categoriais (dois ou mais possíveis valores), pode-se utilizar o *índice kappa*, que informa a proporção de concordância além da esperada pela chance, variando de "menos 1" até "mais 1"; "menos 1" significa completo desacordo, e "mais 1", exato acordo nas leituras. A interpretação dos valores de *kappa* está resumida na Tabela 2.1.

Tabela 2.1 – Interpretação de *kappa*

Kappa	**Concordância**
< 0,00	Ruim
0,00–0,20	Fraca
0,21–0,40	Sofrível
0,41–0,60	Regular
0,61–0,80	Boa
0,81–0,99	Ótima
1,00	Perfeita

Fonte: adaptada de Pereira (1995).

O cálculo do *kappa* é feito da seguinte forma:

$$K = Po - Pe / 1 - Pe$$

Em que:

Po: proporção de concordâncias observadas.

Pe: proporção de concordâncias esperadas.

Cálculo de Po e Pe:

$$Po = a + d / a + b + c + d$$
$$Pe = \{(a + b)\ (a + c)\} + \{\ (c + d)\ (b + d)\} / (a + b + c + d)^2$$

Tabela 2.2 – Cálculo do *kappa* – Concordância entre dois avaliadores na aferição da pressão arterial

	Observador 2		
Observador 1	**PA elevada**	**PA normal**	**Total**
PA elevada	62 (a)	14 (b)	76
PA normal	1 (c)	23 (d)	24
Total	63	37	100

Assim:

$$Po = 62 + 23 / 100 = 0,85$$
$$Pe = 76 \times 63 \times 24 \times 37 / 100^2 = 0,57$$

Logo:

0,85 - 0,57/ 1 - 0,57 = 0,65
kappa = 0,65

Dessa forma, observando-se a Tabela 2.1, existe uma boa concordância entre os dois avaliadores.

Para variáveis contínuas (escala aritmética de infinitos valores), o nível de concordância entre testes ou medidas pode ser expresso por meio do desvio-padrão, do coeficiente de variação e do coeficiente de correlação. O desvio-padrão informa sobre o nível de reprodutibilidade: quanto menor o desvio-padrão, mais próximos estão os resultados um do outro, o que significa melhor reprodutibilidade. O coeficiente de variação, por expressar o desvio-padrão dividido pela média, tem a vantagem de facilitar as comparações. O resultado não tem unidades, sendo expresso em porcentagens. Quanto menor o coeficiente de variação, maior o nível de reprodutibilidade.

A Tabela 2.3 compara os resultados da concordância entre três testes obtidos por desvio-padrão e por coeficiente de variação.

Tabela 2.3 – Concordância entre três testes obtidos por desvio-padrão e por coeficiente de variação

Testes	Média	Desvio-padrão	Coeficiente de variação (CV%)
A	400	23	5,7
B	300	22	7,3
C	250	21	8,4

Coeficiente de variação (CV%) = desvio-padrão / média × 100

O coeficiente de correlação mede a associação entre os eventos, mas também pode ser utilizado para observar a concordância entre eles. A principal limitação é que valores discordantes que se relacionam não são discriminados pelo coeficiente de correlação, que poderá indicar uma boa associação sem haver concordância entre os resultados.

As principais estratégias utilizadas para aumentar a confiabilidade são:

- padronização dos métodos de medidas, ou seja, todos os protocolos de medidas ou testes devem incluir definições operacionais padronizadas de como preparar o indivíduo que será mensurado, qual o ambiente ideal para aplicação do teste e como calibrar o instrumento de medida;
- treinamento dos observadores, que deverá melhorar a consistência das medidas realizadas, principalmente quando muitos observadores estão envolvidos;
- calibragem dos instrumentos de medida, válida tanto para instrumentos mecânicos e eletrônicos como para questionários, que deverão ser testados para reduzir a variabilidade das medidas.

Por sua vez, validade refere-se ao grau em que o exame ou teste é apropriado para medir o verdadeiro valor daquilo que é observado ou interpretado (Pereira, 1995).

Existem vários tipos de validade: validade lógica ou consensual, que julga informações, critérios, indicadores, testes ou medidas por sua lógica ou obviedade; validade de conteúdo, que serve para analisar a consistência entre os itens componentes de um instrumento em relação ao conceito de interesse; validade de construto, em que a característica a ser medida deve estar relacionada com o conhecimento disponível sobre o tema; validade em relação a um padrão, que se refere a quanto um teste é útil para diagnosticar um evento (validade simultânea ou concorrente) ou para predizê-lo (validade preditiva). Para isso, compara-se o resultado de um teste com um padrão.

A validade de conteúdo é determinada pela consistência interna. Os métodos para análise são o coeficiente alfa de Cronbach, que é a medida percentual do grau de correlação entre os itens de um instrumento multicomposto, e o *split-half*, que é equivalente ao anterior, exceto por comparar uma metade do instrumento em relação à outra.

Os indicadores utilizados para estimativas da validade em relação a um padrão são: sensibilidade, especificidade, valor preditivo positivo e valor preditivo negativo. Esses indicadores estão relacionados ao viés de informação, uma das fontes de erros sistemáticos que podem ocorrer em estudos epidemiológicos.

- A sensibilidade é a capacidade de o teste classificar como positivos aqueles que verdadeiramente são doentes, ou como expostos aqueles que verdadeiramente estão expostos. É calculada pela seguinte fórmula (Quadro 2.1):

$$a / a + c$$

- A especificidade é a capacidade de o teste classificar como negativos aqueles que verdadeiramente não são doentes, ou como não expostos aqueles que verdadeiramente não estão expostos. É calculada pela seguinte fórmula (Quadro 2.1):

$$d / b + d$$

- O valor preditivo positivo é a proporção de doentes entre os considerados positivos ao teste. É calculado pela seguinte fórmula (Quadro 2.1):

$$a / a + b$$

- O valor preditivo negativo é a proporção de sadios entre os considerados negativos ao teste. É calculado pela seguinte fórmula (Quadro 2.1):

$$d / c + d$$

Quadro 2.1 – Matriz para cálculos de sensibilidade, especificidade, valor preditivo positivo e valor preditivo negativo

	Doentes	**Sadios**
Positivo	Verdadeiro positivo (a)	Falso positivo (b)
Negativo	Falso negativo (c)	Verdadeiro negativo (d)

Os indicadores (sensibilidade, especificidade, valor preditivo positivo e valor preditivo negativo) normalmente são utilizados para estimativas da validade em relação a um padrão, sendo aplicados também em estudos que envolvem testes diagnósticos, ou seja, que objetivam predizer a presença da doença ou evento-resposta.

O teste diagnóstico ideal deverá sempre conseguir discriminar o evento-resposta, ou seja, deverá ter resultado positivo em todos aqueles com a doença e resultado negativo em todos aqueles sem a doença. Deverá também ser de fácil administração, simples, preciso e de baixo custo (Hulley e Cummings, 1988)

Estudos de testes diagnósticos têm estrutura similar a outros tipos de estudos observacionais. Eles têm uma variável preditora (o resultado do teste) e uma variável resposta (a presença ou a ausência da doença). Esses testes são construídos para determinar como o resultado pode discriminar a presença ou a ausência da doença.

Na aplicação do teste diagnóstico, quatro situações são possíveis:

- *Verdadeiro positivo*: o teste é positivo e o indivíduo tem a doença.
- *Falso positivo*: o teste é positivo e o sujeito não tem a doença.
- *Falso negativo*: o teste é negativo e o indivíduo tem a doença.
- *Verdadeiro negativo*: o teste é negativo e o sujeito não tem a doença.

O melhor teste diagnóstico é aquele com poucos falsos positivos e falsos negativos. Normalmente, os testes diagnósticos são avaliados pelo cálculo de sua sensibilidade e especificidade.

Muitos testes diagnósticos produzem resultados contínuos. Nesses casos, é importante determinar o ponto de corte para identificar o resultado positivo do teste. Para isso, o investigador deve fazer observações entre a sensibilidade e a especificidade. O aumento da sensibilidade faz diminuir a especificidade e vice-versa. Pontos de corte muito altos podem aumentar a especificidade do teste, ou seja, classificar aqueles que não têm a doença, mas reduzem a sensibilidade, já que muitos doentes poderiam não ter valores tão elevados para realmente serem classificados como doentes. Entretanto, pontos de corte muito baixos identificam todos os sujeitos com a doença (sensibilidade é alta), mas muitos indivíduos sem a doença poderiam ter o resultado do teste positivo (especificidade é baixa).

Pontos de corte são determinados por meio das curvas *receiver operating characteristic* (ROC). Valores indicados por intermédio da curva ROC se constituem em pontos de corte que deverão promover um equilíbrio mais adequado entre sensibilidade e especificidade.

Para planejar um estudo de teste diagnóstico, alguns passos devem ser seguidos:

- determinar que existe a necessidade de um novo teste;
- determinar os critérios de amostragem dos sujeitos participantes do estudo;
- definir o teste e o padrão ouro para comparação;
- calcular o tamanho da amostra;
- assegurar que um número suficiente de sujeitos estão disponíveis;
- relatar os resultados em termos de sensibilidade, especificidade e valores preditivos.

Objetivos e procedimentos para avaliação da aptidão física

3

Neste capítulo, serão discutidos os principais objetivos e procedimentos para realização e organização da avaliação e de baterias de testes de aptidão física.

Os principais objetivos da avaliação de aptidão física são:

- quantificar variáveis que serão influenciadas pela prática de exercícios e analisá-las com base nas normas estabelecidas para cada população;
- fornecer subsídios para que o professor possa conhecer melhor seus alunos e orientá-los adequadamente nos exercícios;
- acompanhar as modificações orgânicas provocadas pelo treinamento sistemático, por meio de medições periódicas das variáveis fisiológicas implicadas diretamente nos exercícios;
- motivar os alunos.

Além disso, é fundamental o conhecimento prévio do cliente, classificando o seu perfil de risco coronariano, seu risco de doenças, e identificando qualquer contraindicação para realização dos testes, antes de iniciar o processo de avaliação da aptidão física.

A Figura 3.1 relaciona os procedimentos que devem ser adotados no processo de avaliação da aptidão física.

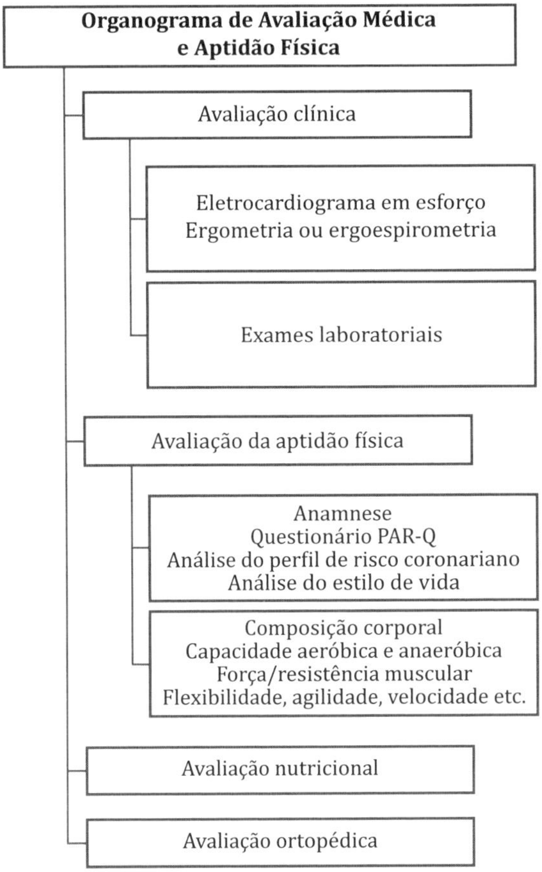

FIGURA 3.1 – Procedimentos do processo de avaliação da aptidão física.

3.1 Procedimentos para administração dos testes de aptidão física

Para que se possam obter bons resultados nos testes, é importante preparar o cliente com instruções apropriadas antes da realização da avaliação. As principais delas são:

- usar roupas e tênis confortáveis e apropriados para atividade física;
- não fazer alimentação pesada, fumar ou tomar café por três horas antes da realização dos testes;
- não usar bebidas alcoólicas no dia do teste;
- não realizar exercícios físicos vigorosos no dia do teste;
- dormir de 6 a 8 horas na noite anterior ao dia do teste.

Além disso, deve-se levar em consideração a provável ansiedade dos clientes, provocada pelos testes. Recomenda-se deixar o avaliado o mais descontraído possível, criando um ambiente confortável e relaxante para aplicação do processo de avaliação.

3.2 Etapas básicas de avaliação

No momento da organização das baterias de testes de aptidão física, deve-se levar em consideração as etapas básicas de avaliação, que são:

- formulação de objetivos e definição de atributos, ou seja, *o que* medir e avaliar;
- seleção dos procedimentos ou das técnicas de medidas a serem utilizadas de acordo com a situação, ou seja, *como* medir e avaliar.
- interpretação dos resultados individuais ou do grupo, de acordo com o tipo de avaliação (diagnóstica, formativa ou somativa), ou seja, como comparar com o *referencial* escolhido.

3.2.1 Objetivos

O que vamos treinar ou ensinar nos leva a formular os objetivos do planejamento de ensino e, com base neles, estabelecer *o que* medir e avaliar. Podemos medir e avaliar os aspectos de aptidão física – tanto relacionada à saúde quanto às habilidades atléticas – dependentes de: idade, sexo, modalidade desportiva, período ou etapa de treinamento.

3.2.2 Procedimentos

A escolha dos tipos de técnicas e de instrumentos é de grande importância, devendo ser feita em função dos objetivos e do grau de precisão que se deseja. Compreende basicamente: testes, observação, entrevistas e questionários.

3.2.3 Interpretação dos resultados

São etapas realizadas após a coleta dos dados e dependem dos critérios ou das referências escolhidos, a saber: desempenho individual de acordo com normas preestabelecidas ou com os resultados do grupo em que os testes foram realizados; evolução em função da meta, do grupo ou do próprio indivíduo; e associação entre estas diversas formas.

3.3 Organização de baterias de testes

Quando os testes de aptidão física tiverem que ser aplicados em uma única sessão (um turno ou um dia), recomenda-se que seja observada a sequência de utilização das fontes energéticas, para que os testes anteriores não influenciem nos resultados dos posteriores. Nesse caso, a ordem recomendada seria:

a) antropometria;
b) coordenação, equilíbrio, flexibilidade;
c) anaeróbicos (trifosfato de adenosina/creatina-fosfato – ATP-CP – e glicogênio);
d) velocidade, tempo de reação, agilidade, potência;
e) força, resistência muscular, resistência anaeróbica;
f) aeróbicos/resistência aeróbica.

Entretanto, de acordo com Heyward (1997), quando baterias de testes de aptidão física relacionada à saúde forem administradas em uma única sessão, recomenda-se a seguinte sequência:

a) medidas de pressão arterial e frequência cardíaca (FC) em repouso;
b) composição corporal;
c) capacidade aeróbica;
d) força/resistência muscular;
e) flexibilidade.

Essas recomendações levam em consideração o fato de que os indivíduos avaliados provavelmente são sedentários, o que pode provocar alterações na FC, decorrentes dos testes de resistência muscular. Isso poderia causar valores subestimados de capacidade aeróbica, caso esse componente fosse mensurado por último. A maioria dos testes submáximos para avaliação da capacidade aeróbica utiliza a FC como referência para cálculo do consumo máximo de oxigênio.

Avaliação pré-participação em programas de exercícios físicos

4

Neste capítulo, serão discutidos os procedimentos de segurança que devem ser utilizados antes da realização da avaliação da aptidão física e antes do início dos programas de atividade física. É importante enfatizar que estes procedimentos devem ser realizados por profissionais de Educação Física.

4.1 *Screening* de saúde e estratificação de risco cardiovascular

É de fundamental importância o *screening* de saúde e a estratificação de risco cardiovascular antes do início do programa de exercícios físicos e da aplicação dos testes de aptidão física.

4.1.1 Anamnese

O primeiro instrumento que deve obrigatoriamente ser utilizado antes do início do processo de avaliação da aptidão física é a *anamnese*, que serve para que o profissional tenha conhecimento de diversos fatores e detalhes da vida do cliente, aluno ou atleta, podendo interferir nos testes de aptidão física e/ou na prática de exercícios físicos. É composta por diversas perguntas que proporcionam informações importantes para o profissional que executa o processo de avaliação da aptidão física.

Exemplo de Anamnese	
Nome:	
Data nascimento:	Profissão:
Estado civil:	Naturalidade:
Antecedentes pessoais:	
Hábito de fumar:	
Medicações em uso:	
Antecedentes familiares:	
Tipo de alimentação:	
Atividades físicas:	
Objetivos com o programa de exercícios físicos:	

4.1.2 Classificação dos valores de pressão arterial

O profissional de avaliação da aptidão física poderá também analisar os resultados de medidas de pressão arterial e de variáveis bioquímicas que sejam fatores de risco cardiovascular, resultados estes que poderão ser influenciados pelos exercícios físicos. As Tabelas 4.1 a 4.6 poderão ser utilizadas para isso.

Tabela 4.1 – Classificação dos níveis de pressão arterial (PA), para adultos acima de 18 anos

Categoria	PA sistólica (mmHg)	PA diastólica (mmHg)
Normal	< 130	< 85
Normal alta	130–139	85–89
Hipertensão estágio 1 (leve)	140–159	90–99
Hipertensão estágio 2 (moderada)	160–179	100–109
Hipertensão estágio 3 (severa)	180–209	110–119
Hipertensão estágio 4 (muito severa)	> 210	> 120

Fonte: adaptada de The Fifth... (1993).

4.1.3 Valores de referência para variáveis bioquímicas

Tabela 4.2 – Valores de referência para glicemia

Classificação	Glicose (mg/dl)
Normal	Até 100
Elevado	100–125
Diabetes	> 126

Fonte: adaptada de Brasil (1996).

Tabela 4.3 – Valores de referência para triglicerídios plasmáticos

Classificação	Triglicerídios (mg/dl)
Ótimo	< 150
Limítrofe	150–200
Alto	200–499
Muito alto	≥ 500

Fonte: adaptada de Sociedade Brasileira de Cardiologia (2001).

Tabela 4.4 – Classificação dos níveis plasmáticos de colesterol

Classificação	Colesterol (mg/dl)
Ótimo	< 200
Limítrofe	200–239
Alto	≥ 240

Fonte: adaptada de Sociedade Brasileira de Cardiologia (2001).

Tabela 4.5 – Relação colesterol total/colesterol HDL

Classificação	CT/HDL-C
Baixo risco	< 3,5
Alto risco	> 5,0

Fonte: adaptada de Pollock, Wilmore e Fox (1986).

Tabela 4.6 – Valores de referência para lipoproteínas plasmáticas (mg/dl)

Classificação	LDL	VLDL	HDL
Ótimo	< 100	Até 33	-
Desejável	100–129	-	> 40
Limítrofe	130–159	-	-
Alto	160–189	-	> 60*
Muito alto	≥ 190	-	-

* Função protetora contra doença arterial coronariana.

Fonte: adaptada de Sociedade Brasileira de Cardiologia (2001).

4.1.4 Questionário Physical Activity Readiness (PAR-Q)

Em seguida, deverá ser utilizado o questionário PAR-Q, proposto e revisado pela Canadian Society for Exercise Physiology (CSEP, 2004), que tem como objetivo liberar o indivíduo para a prática de atividades físicas de moderada intensidade.

O questionário *Physical Activity Readiness* (PAR-Q), ou Liberação para Atividades Físicas (LAF-Q), deverá ser utilizado em clientes de 15 a 69 anos, com o objetivo de determinar a necessidade de consulta médica antes do início de programas de atividades físicas ou de testes de aptidão física. O questionário consiste em sete perguntas (Quadro 4.1). Se o cliente responder “sim” a qualquer uma delas, deverá ser encaminhado para consulta médica antes dos testes de aptidão física e/ou antes de iniciar programas de exercícios físicos.

Quadro 4.1 – Questionário PAR-Q

Sim	Não	
☐	☐	1. Alguma vez foi mencionado que você tem algum problema cardíaco ou que só poderia fazer atividade física com recomendação médica?
☐	☐	2. Você sente dor ou desconforto no peito quanto faz atividades físicas?
☐	☐	3. Nos últimos meses, você tem sentido dor ou desconforto no peito mesmo sem fazer atividades físicas?
☐	☐	4. Você perde o equilíbrio em virtude de tonturas ou alguma vez já ficou inconsciente?
☐	☐	5. Você tem problemas ósseos, articulares ou de coluna que pioram quando pratica atividades físicas?
☐	☐	6. Seu médico já prescreveu medicamentos para pressão arterial ou problemas cardíacos?
☐	☐	7. Você tem qualquer outra razão conhecida para não praticar atividades físicas?

4.1.5 Perfil de risco coronariano

Na sequência, deverá ser analisado o perfil de risco coronariano, por meio da aplicação de instrumentos específicos. Diversas instituições têm proposto tabelas para classificação do risco para indivíduos desenvolverem doenças coronarianas. Para utilização dessas tabelas, devem-se somar os pontos de cada fator de risco, conforme demonstrado nas Tabelas 4.7 e 4.8.

Tabela 4.7 – Fatores de risco primários e secundários para desenvolvimento de doenças coronarianas

Idade	De 10 a 20 anos ❶	De 21 a 30 anos ❷	De 31 a 40 anos ❸	De 41 a 50 anos ❹	De 51 a 60 anos ❻	Acima de 60 ❽
Herança familiar	Nenhum parente com cardiopatia ❶	Um parente cardiopata ❷	Dois parentes cardiopatas ❸	Três parentes cardiopatas ❼	Quatro parentes cardiopatas ❼	Cinco parentes cardiopatas ❼
Percentual de gordura	M < 12% F < 16% ⓿	De 12% a 15,99% De 16% a 19,99% ❶	De 16% a 19,99% De 20% a 24,99% ❷	De 20% a 21,99% De 25% a 32,99% ❸	De 22% a 29,99% De 33% a 39,99% ❺	Acima de 30% Acima de 40% ❼
Fumo	Não fuma ⓿	Até 10 cigarros/dia ❶	De 11 a 20 cigarros/dia ❷	De 21 a 30 cigarros/dia ❹	De 31 a 40 cigarros/dia ❻	Acima de 40 cigarros/dia ❿
Exercícios (minutos por semana)	Acima de 240 min ⓿	De 120 a 240 min ❶	De 80 a 119 min ❷	De 60 a 79 min ❸	De 31 a 59 min ❻	Abaixo de 30 min ❽
Colesterol	Abaixo de 180 ❶	De 181 a 205 ❷	De 206 a 230 ❸	De 231 a 255 ❹	De 256 a 280 ❺	Acima de 280 ❼
Pressão arterial sistólica	De 110 a 119 mmHg ❶	De 120 a 139 mmHg ❷	De 140 a 159 mmHg ❸	De 160 a 179 mmHg ❹	De 180 a 199 mmHg ❻	Acima de 200 mmHg ❽
Pressão arterial diastólica	Abaixo de 70 mmHg ❶	De 71 a 76 mmHg ❷	De 77 a 82 mmHg ❸	De 83 a 93 mmHg ❹	De 94 a 105 mmHg ❻	Acima de 106 mmHg ❽

Fonte: adaptada da Sociedade de Cardiologia de Michigan (*apud* McArdle, Katch e Katch, 2001).

Tabela 4.8 – Classificação do perfil de risco coronariano

Pontuação	Classificação
De 05 a 11 pontos ☺	Risco bem abaixo da média
De 12 a 17 pontos ☺	Risco abaixo da média
De 18 a 24 pontos ☺	Risco médio habitual
De 25 a 31 pontos 😐	Risco moderado
De 32 a 40 pontos ☹	Risco perigoso
De 41 a 63 pontos ☠	Perigo urgente – Procure seu médico

Fonte: adaptada da Sociedade de Cardiologia de Michigan (*apud* McArdle, Katch e Katch, 2001).

4.1.6 Estratificação de risco coronariano

Podemos também utilizar a estratificação de risco coronariano proposta pelo American College of Sports Medicine (ACSM, 2000).

Inicialmente, devemos identificar os fatores de risco cardiovascular:

- *Histórico familiar*: infarto, revascularização ou morte súbita.
- *Hábito de fumar*: últimos 6 meses.
- *Hipertensão*: pressão arterial sistólica – PAS > 140 mmHg – e/ou pressão arterial diastólica – PAD > 90 mmHg – uso de medicação anti-hipertensiva.
- *Hiperlipidemia*: colesterol total > 200 mg/dl, HDL < 35 mg/dl ou LDL > 130 mg/dl – uso de medicação.
- *Hiperglicemia*: glicemia de jejum > 110 mg/dl.
- *Obesidade*: índice massa corporal – IMC > 30 kg/m^2 – ou circunferência da cintura > 100 cm.
- *Sedentarismo*: não participação em atividades físicas moderadas ou vigorosas, pelo menos cinco vezes por semana, com duração mínima de 30 minutos.

Em seguida, fazemos a estratificação de risco:

- *Baixo risco*: indivíduos jovens, assintomáticos com até um fator de risco.
- *Risco moderado*: homens acima de 45 anos e mulheres acima 55 anos ou aqueles com dois ou mais fatores de risco.
- *Alto risco*: indivíduos com conhecida doença cardiovascular, pulmonar ou metabólica.

Finalmente, podemos decidir sobre a liberação do cliente para a participação no programa de exercícios físicos, bem como para a realização dos testes de aptidão física. Para isso, devemos levar em consideração a anamnese, o questionário PAR-Q, o perfil de risco coronariano e o quadro desenvolvido com base na estratificação proposta pelo ACSM (2000) (Quadro 4.2).

Quadro 4.2 – Necessidade ou não de presença médica durante a realização de testes de aptidão física e programas de exercícios físicos

Tipo de teste/exercício	Baixo risco	Risco moderado	Alto risco
Testes submáximos	Não necessário	Não necessário	Recomendável
Testes máximos	Não necessário	Recomendável	Recomendável
Exercícios moderados	Não necessário	Não necessário	Recomendável
Exercícios vigorosos	Não necessário	Recomendável	Recomendável

Fonte: adaptada de ACSM (2000).

Métodos para avaliação dos níveis de prática da atividade física

5

O gasto energético habitual e os padrões de atividades físicas em humanos têm sido investigados por uma variedade de métodos, os quais nem sempre são aplicáveis a estudos populacionais. Estudos têm sido conduzidos com amostras de consumo de oxigênio em horários selecionados do dia ou em atividades específicas; por análise na variação da frequência cardíaca (FC) sobre atividades diárias; por questionários retrospectivos dos padrões de atividades cotidianas; por registros diários formais das atividades e outras técnicas (Bouchard *et al.*, 1983).

A calorimetria direta ou indireta parece ser o método mais preciso para mensurar o gasto energético das atividades diárias, só que é de baixa aplicabilidade em grandes estudos populacionais. Já questionários e diários não têm a mesma precisão, mas podem distinguir indivíduos de diferentes gastos energéticos habituais, e são essencialmente necessários em estudos populacionais.

Um fator crítico nas pesquisas epidemiológicas é a precisa avaliação das variáveis em estudo. Para determinados fatores de risco cardiovascular, como hábito de fumar, níveis séricos de colesterol e pressão sanguínea, existem técnicas padronizadas para avaliação que promovem consistência nas medidas. Entretanto, em pesquisas sobre atividade física, isso parece não ser o caso (Laporte, Montoye e Caspersen, 1985).

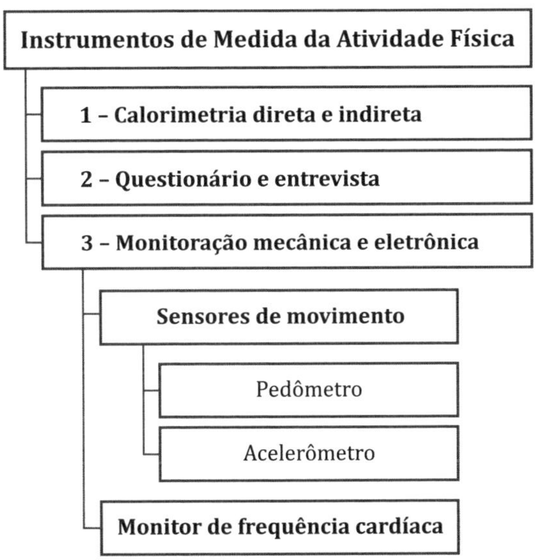

FIGURA 5.1 – Instrumentos de medida para avaliação dos níveis de atividade física.

5.1 Calorimetria direta e indireta

Entre os diversos procedimentos para avaliar níveis de atividade física, a calorimetria direta e a calorimetria indireta são os métodos mais precisos. O custo, porém, é muito elevado e inviabiliza sua utilização em estudos populacionais.

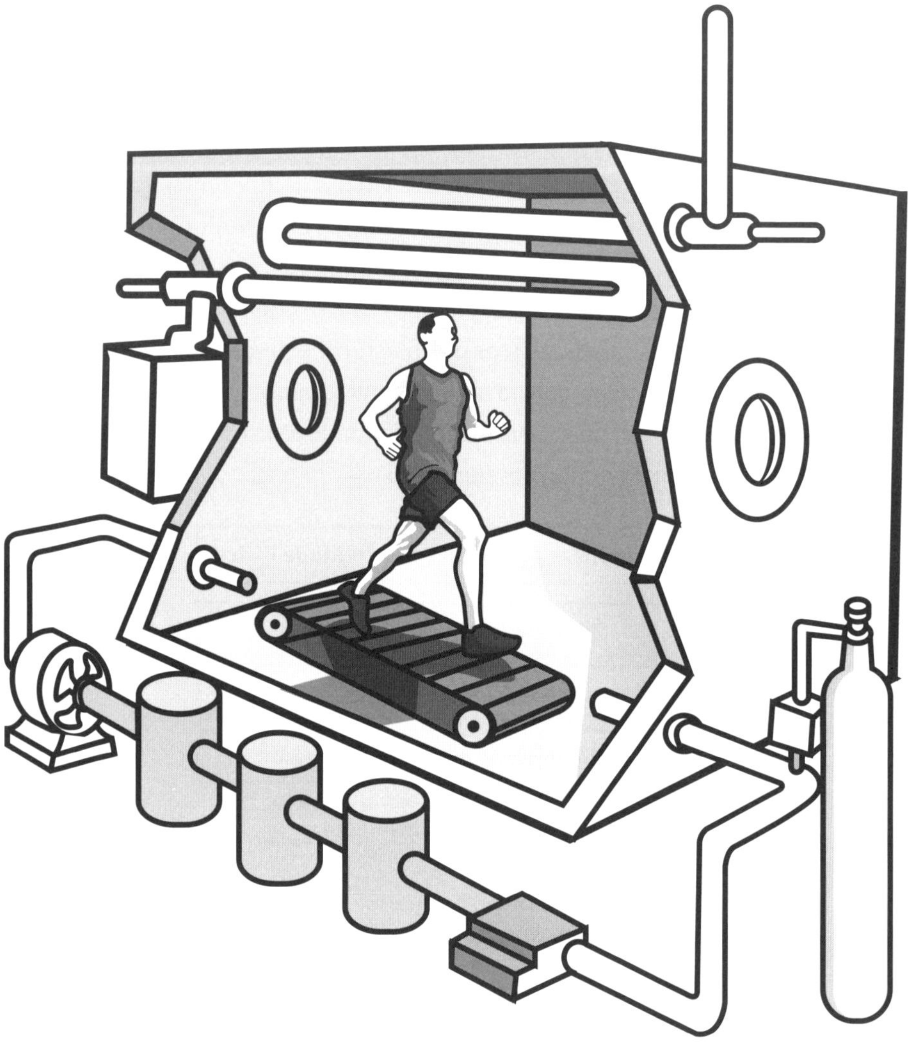

FIGURA 5.2 – Calorimetria direta.

FIGURA 5.3 – Calorimetria indireta.

5.2 Questionário e entrevista

Os procedimentos dos questionários de autorrecordação ou entrevistas têm baixo custo e são resultados de informações altamente detalhadas, sendo aplicáveis em estudos epidemiológicos, apesar de apresentarem limitações, como a representatividade do comportamento da atividade física, considerando possíveis variações sazonais, e a confiabilidade nas respostas do indivíduo avaliado.

Questionários ou entrevistas são instrumentos de menor custo e de maior praticidade para a mensuração dos níveis de atividade física, e são bastante utilizados em estudos populacionais, nos quais o número de avaliados atinge grandes proporções.

Podem ser administrados por um entrevistador, por telefone ou autoadministrados. Das principais vantagens, podem-se citar o custo financeiro acessível e a relativa facilidade de coleta e análise das informações.

Mensurações da atividade física são muito importantes em pesquisas sobre saúde, em especial na área de doenças cardiovasculares e obesidade. A precisão da avaliação da demanda energética, tanto pela calorimetria direta quanto pela indireta, é boa, mas essas técnicas laboratoriais não são aplicáveis a estudos epidemiológicos de larga escala.

Muitas técnicas estão disponíveis para avaliar atividade física, contudo, o questionário é a forma mais prática e, provavelmente, mais usada para avaliar a demanda energética diária em estudos epidemiológicos. No geral, esses questionários requerem lembrança do comportamento da atividade física diária específica ou uma avaliação geral do nível de atividade física do sujeito (Washburn e Montoye, 1986).

Os questionários produzem dados pelos quais os participantes podem ser classificados em estudos longitudinais e transversais, para testar a hipótese de que a atividade física vigorosa protege contra o desenvolvimento de futura doença cardíaca coronariana (Taylor *et al.*, 1978).

Existem diversos tipos de questionários para avaliar a demanda energética do cotidiano, e as principais diferenças entre eles são relativas ao método de administração, ao tempo durante o qual a atividade física é avaliada, ao tipo da atividade avaliada e à escala de mensuração utilizada. Os principais métodos utilizados são autoadministração e entrevista. A aplicação desses métodos em conjunto com o tamanho do questionário são os principais determinantes da praticidade do instrumento de medida. Para estudos em grande escala, um pequeno e autoadministrável questionário ou um questionário de entrevista são, provavelmente, os métodos mais práticos para avaliar a demanda energética de indivíduos.

Complementando essas informações, podemos citar outros tipos de questionários propostos pela literatura: (a) diário de atividades, no qual o indivíduo registra suas atividades em tempo real; (b) reportagem de atividades físicas de curta duração, em que a investigação é baseada em atividades de um a sete dias da semana; (c) estimativa da atividade física habitual, similar à reportagem de atividades físicas, mas baseado em longo período de informações (no geral, 1 ano); e (d) questionário geral, registrando muitas informações sobre atividades físicas, em particular a natureza e a frequência da atividade, independentemente do período de investigação.

> Os principais problemas com o uso destes instrumentos [...] são: (a) a atividade física é um comportamento complexo para medir objetivamente, e muitos aspectos não são verificáveis através de simples questionários; (b) depende-se fundamentalmente da cooperação e capacidade de recordar eventos dos sujeitos; (c) validade e fidedignidade de muitos instrumentos não estão bem estabelecidas [...]. (Haskell *et al.*, 1992; Washburn e Motoye, 1986a; Laporte *et al.*, 1985; Baranowski, 1985 *apud* Nahas, 1996, p. 30)

O nível de atividade física habitual e a participação em exercícios físicos têm influência do componente genético, mas os fatores ambientais não transmissíveis explicam a maior parte da variação no nível de prática de atividades físicas. Essa forte contribuição de fatores ambientais indica que modificações no nível de atividade física da população podem ser realizadas por intervenções apropriadas.

Além disso, o nível de atividade física determinado por autorreportagem é inversamente relacionado com doenças cardiovasculares fatais e não fatais, em estudos prospectivos de grande escala. Esse menor risco das pessoas mais ativas fisicamente pode refletir um mecanismo protetor mediado por uma distribuição mais favorável das lipoproteínas, melhoria do metabolismo da glicose, diminuição da gordura corporal, melhoria da função hemodinâmica, entre outros fatores (Sallis *et al.*, 1985).

Na seção 5.4, serão apresentados alguns dos questionários mais utilizados para medida de atividade física em diferentes faixas etárias.

5.3 Monitorações mecânica e eletrônica

As monitorações mecânica e eletrônica, mediante sensores de movimento e monitores de FC, podem minimizar a subjetividade de outras técnicas de medida e potencializar a qualidade das informações (Guedes e Guedes, 2006).

Os sensores de movimento são instrumentos de medida que permitem monitorar a realização de movimentos e oferecem a possibilidade de informações sobre o dispêndio energético associado aos movimentos realizados. Os sensores mais utilizados são os pedômetros e os acelerômetros portáteis.

5.3.1 Pedômetros

Os pedômetros são contadores mecânicos que gravam movimentos dos passos em resposta à aceleração vertical do corpo. São equipamentos extremamente simples, que, fixados à cintura do avaliado, fornecem informações sobre o número de passos e a distância percorrida por intermédio da marcha em um período de tempo específico. Todavia, não captam informações sobre atividades sedentárias, exercícios isométricos e atividades que envolvem os braços. Também não fazem distinção entre a caminhada e a corrida, e, talvez, seu maior fator limitante seja que não fornecem informações acerca da duração, da frequência e da intensidade da atividade física (Guedes e Guedes, 2006).

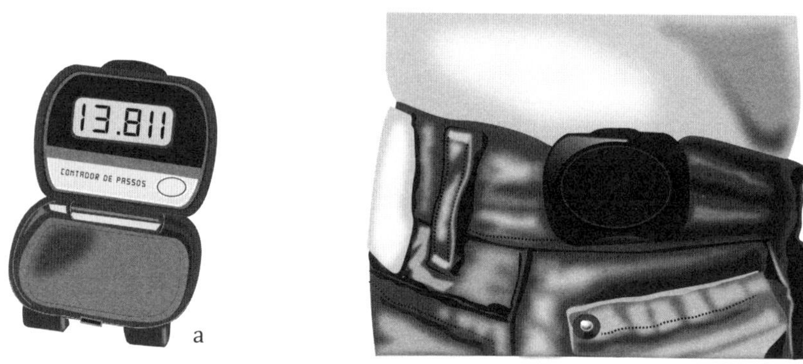

a b

Figura 5.4 – Pedômetro.

5.3.2 Acelerômetros

São aparelhos portáteis que são sensíveis à aceleração do corpo e transformam essa informação em unidades de gasto calórico. Os acelerômetros convencionais (uniaxiais) registram movimentos contínuos e unidirecionais (caminhar, correr e subir escadas) e os acelerômetros triaxiais detectam a aceleração tridimensional (movimentos lateral-rotação, horizontais e verticais).

Assim, as acelerações dos membros e do corpo em um plano (uniaxiais) ou em múltiplos planos (triaxiais) podem prover informações associadas à frequência, à intensidade e à duração dos movimentos voluntários referentes à atividade física realizada pelo avaliado (Guedes e Guedes, 2006).

Os acelerômetros triaxiais são considerados mais apropriados para avaliação dos níveis de prática de atividade física, comparados aos uniaxiais, pois as atividades físicas realizadas no cotidiano são multidirecionais, e alguns modelos podem armazenar movimentos realizados por 30 dias consecutivos, em intervalos de tempo que variam de 1 a 15 minutos.

FIGURA 5.5 – Acelerômetro.

5.3.3 Monitor de frequência cardíaca

Os monitores cardíacos permitem armazenar as informações minuto a minuto, por várias horas ou vários dias, continuamente, em atividades do cotidiano, sem maiores inconvenientes para o avaliado. Tais monitores incluem um transmissor, para ser fixado na parte anterior do tronco, e um receptor, utilizado como relógio de pulso e capaz de armazenar sinais emitidos pelos batimentos cardíacos. Após a coleta dos dados, as informações armazenadas no receptor são decodificadas mediante análise computacional e apresentadas em forma de tabelas e gráficos (Guedes e Guedes, 2006).

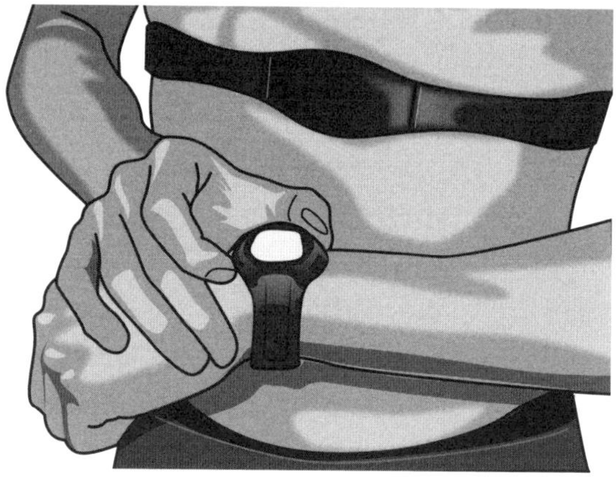

FIGURA 5.6 – Monitor de frequência cardíaca.

As avaliações dos níveis de atividade física pela FC podem ser com base no tempo em que a FC do indivíduo permanece em determinados limites e na estimativa do dispêndio energético.

Embora os monitores mensurem adequadamente a FC, a sua precisão é limitada pelo fato de ela sofrer alterações, independentemente da atividade física, pois é influenciada por fatores como: nível de condicionamento físico, quantidade de massa muscular envolvida na atividade realizada, tipo de contração muscular realizado, posição do corpo durante a atividade, aumento da temperatura ambiente, estado emocional, fadiga e estado de hidratação (Guedes e Guedes, 2006).

5.4 Questionários para medida de níveis de atividade física

Dos diversos questionários para estimativa de demanda energética propostos na literatura, o de Bouchard *et al.* (1983) procura relacionar as atividades do cotidiano ao gasto energético. Esse instrumento é um registro das atividades diárias e seu equivalente gasto energético, quantificado por uma escala que varia de uma a nove categorias, e cada categoria se refere a atividades de gasto energético similar, conforme estabelecido por diversas pesquisas (Tabela 5.1).

O instrumento de medida deve ser preenchido durante os sete dias da semana, e cada dia é dividido em 96 períodos de 15 minutos. Para cada período de 15 minutos, o gasto energético é registrado pelo código da categoria correspondente. O consumo energético mediano aproximado para cada uma das nove categorias, em kcal/kg/15 min, é usado para computar o gasto energético diário de cada indivíduo, com a média dos sete dias de aplicação do instrumento de medida (Tabela 5.2).

Tabela 5.1 – Tipos de atividades do cotidiano e seu equivalente gasto energético

Categoria	Tipos de atividades	Gasto energético	
		METs	kcal/kg/15 min
1	Repouso na cama: horas de sono	1,0	0,26
2	Posição sentada: refeições, assistir TV, trabalho intelectual sentado	1,5	0,38
3	Posição em pé suave: higiene pessoal, trabalho doméstico com deslocamento, dirigir carros etc.	2,3	0,57
4	Caminhada leve (< 4 km/h): trabalhos domésticos com deslocamentos, dirigir carros etc.	2,8	0,69
5	Trabalho manual suave: trabalhos domésticos, como limpar chão, lavar carro, jardinagem etc.	3,3	0,84
6	Atividades de lazer e prática de esportes recreativos: voleibol, ciclismo de passeio, caminhar de 4 a 6 km/h etc.	4,8	1,20
7	Trabalho manual em ritmo moderado: trabalho braçal, carpintaria, pedreiro, pintor etc.	5,6	1,40
8	Atividades de lazer e prática de esportes de alta intensidade: futebol, ginástica aeróbica, natação, tênis, caminhar > 6 km/h etc.	6,0	1,50
9	Trabalho manual intenso, prática de esportes competitivos: carregador de cargas elevadas, atletas profissionais etc.	7,8	2,0

Fonte: adaptada de Bouchard *et al.* (1983).

Tabela 5.2 – Disposição do gasto energético diário

Data da autorrecordação: / /

Nome:

Data nascimento: / /

Dia da semana: (Segunda) (Terça) (Quarta) (Quinta) (Sexta) (Sábado) (Domingo)

	Minutos			
Horas	**00-15**	**16-30**	**31-45**	**46-60**
00	____	____	____	____
01	____	____	____	____
02	____	____	____	____
03	____	____	____	____
04	____	____	____	____
05	____	____	____	____
06	____	____	____	____
07	____	____	____	____
08	____	____	____	____
09	____	____	____	____
10	____	____	____	____
11	____	____	____	____
12	____	____	____	____
13	____	____	____	____
14	____	____	____	____
15	____	____	____	____
16	____	____	____	____
17	____	____	____	____
18	____	____	____	____
19	____	____	____	____
20	____	____	____	____
21	____	____	____	____
22	____	____	____	____
23	____	____	____	____

Escrever no espaço correspondente à categoria a que pertence a atividade física dominante em cada período de 15 minutos.

Fonte: adaptada de Bouchard *et al.* (1983).

Outro questionário bastante utilizado é o Questionário Internacional de Atividade Física (*International Physical Activity Questionary* – IPAQ), apresentado nas versões curta e longa. No Brasil, vêm sendo conduzidos estudos de validação do IPAQ com essas duas versões. A equipe do CELAFISCS desenvolveu estudos com adultos para observar a validade e a confiabilidade do IPAQ (Matsudo *et al.*, 2001).

Guedes, Lopes e Guedes (2005) verificaram a reprodutibilidade e a validade do IPAQ versão curta em adolescentes e concluíram que, em adolescentes de ambos os sexos com mais de 14 anos, o IPAQ apresentou propriedades aceitáveis de medida para monitorar níveis habituais de atividade física. Todavia, em adolescentes mais jovens (< 14 anos), os achados indicaram algumas limitações.

No caso de idosos, Benedetti, Mazo e Barros (2004) e Benedetti *et al.* (2007) publicaram estudos de reprodutibilidade e validade do IPAQ versão longa, respectivamente para homens idosos e mulheres idosas. Assim, para os homens idosos, a validade variou de moderada a baixa e a reprodutibilidade foi adequada, já para as mulheres idosas, o IPAQ apresentou bom nível de reprodutibilidade e nível moderado de validade concorrente.

QUESTIONÁRIO INTERNACIONAL DE ATIVIDADE FÍSICA – VERSÃO CURTA

Nome: ____

Data: _____/_____/________ Idade:________ Sexo: F ( ) M ( )

Nós estamos interessados em saber que tipos de atividade física as pessoas fazem como parte do seu dia a dia. Este projeto faz parte de um grande estudo que está sendo feito em diferentes países ao redor do mundo. Suas respostas nos ajudarão a entender quão ativos nós somos em relação às pessoas de outros países. As perguntas estão relacionadas ao tempo que você gastou fazendo atividade física na **ÚLTIMA** semana. As perguntas incluem as atividades que você faz no trabalho, para ir de um lugar a outro, por lazer, por esporte, por exercício ou como parte das suas atividades em casa ou no jardim. Suas respostas são MUITO importantes. Por favor, responda cada questão mesmo que considere que não seja ativo. Obrigado pela sua participação!

> Para responder às questões, lembre que:
> - ✓ atividades físicas **VIGOROSAS** são aquelas que precisam de um grande esforço físico e que fazem respirar MUITO mais forte que o normal;
> - ✓ atividades físicas **MODERADAS** são aquelas que precisam de algum esforço físico e que fazem respirar UM POUCO mais forte que o normal.

Para responder às perguntas, pense somente nas atividades que você realiza por pelo menos 10 minutos contínuos de cada vez.

1a. Em quantos dias da última semana você **CAMINHOU** por pelo menos 10 minutos contínuos em casa, na escola ou no trabalho, como forma de transporte para ir de um lugar para outro, por lazer, por prazer ou como forma de exercício?

dias _______ por **SEMANA** ( ) Nenhum

1b. Nos dias em que você caminhou por pelo menos 10 minutos contínuos, quanto tempo no total você gastou caminhando **por dia**?

horas: _______ Minutos: _______

Continua

Continuação

2a. Em quantos dias da última semana, você realizou atividades **MODERADAS** por pelo menos 10 minutos contínuos, como por exemplo pedalar leve na bicicleta, nadar, dançar, fazer ginástica aeróbica leve, jogar vôlei recreativo, carregar pesos leves, fazer serviços domésticos na casa, no quintal ou no jardim, como varrer, aspirar, cuidar do jardim, ou qualquer atividade que fez aumentar **moderadamente** sua respiração ou batimentos do coração? **(POR FAVOR, NÃO INCLUA CAMINHADA)**

dias _______ por **SEMANA** ( ) Nenhum

2b. Nos dias em que você fez essas atividades moderadas por pelo menos 10 minutos contínuos, quanto tempo no total você gastou fazendo essas atividades **por dia**?

horas: _______ Minutos: _______

3a. Em quantos dias da última semana, você realizou atividades **VIGOROSAS** por pelo menos 10 minutos contínuos, como por exemplo correr, fazer ginástica aeróbica, jogar futebol, pedalar rápido na bicicleta, jogar basquete, fazer serviços domésticos pesados em casa, no quintal ou cavoucar no jardim, carregar pesos elevados ou qualquer atividade que fez aumentar **MUITO** sua respiração ou batimentos do coração?

dias _______ por **SEMANA** ( ) Nenhum

3b. Nos dias em que você fez essas atividades **VIGOROSAS** por pelo menos 10 minutos contínuos, quanto tempo no total você gastou fazendo essas atividades **por dia**?

horas: _______ Minutos: _______

Estas últimas questões são sobre o tempo em que você permanece sentado todo dia, no trabalho, na escola ou faculdade, em casa e durante seu tempo livre. Isto inclui o tempo sentado estudando, sentado enquanto descansa, fazendo lição de casa, visitando um amigo, lendo, sentado ou deitado assistindo TV. Não inclua o tempo gasto sentado durante o transporte em ônibus, trem, metrô ou carro.

4a. Quanto tempo no total você gasta sentado durante um **dia de semana**?

_______ horas _______ minutos

4b. Quanto tempo no total você gasta sentado durante um **dia de final de semana**?

_______ horas _______ minutos

QUESTIONÁRIO INTERNACIONAL DE ATIVIDADE FÍSICA – VERSÃO LONGA

Nome: ____

Data: ____/____/______

Idade : ________ Sexo: F ( ) M ( )

Você trabalha de forma remunerada: ( ) Sim ( ) Não

Quantas horas você trabalha por dia: ______

Quantos anos completos você estudou: ______

De forma geral, sua saúde está:

( ) Excelente ( ) Muito boa ( ) Boa ( ) Regular ( ) Ruim

Nós estamos interessados em saber que tipos de atividade física as pessoas fazem como parte do seu dia a dia. Este projeto faz parte de um grande estudo que está sendo feito em diferentes países ao redor do mundo. Suas respostas nos ajudarão a entender quão ativos nós somos em relação às pessoas de outros países. As perguntas estão relacionadas ao tempo que você gastou fazendo atividade física na **última semana**. As perguntas incluem as atividades que você faz no trabalho, para ir de um lugar a outro, por lazer, por esporte, por exercício ou como parte das suas atividades em casa ou no jardim. Suas respostas são MUITO importantes. Por favor, responda cada questão mesmo que considere que não seja ativo. Obrigado pela sua participação!

Para responder às questões, lembre que:

- ✓ atividades físicas **VIGOROSAS** são aquelas que precisam de um grande esforço físico e que fazem respirar MUITO mais forte que o normal;
- ✓ atividades físicas **MODERADAS** são aquelas que precisam de algum esforço físico e que fazem respirar UM POUCO mais forte que o normal.

SEÇÃO 1 – ATIVIDADE FÍSICA NO TRABALHO

Esta seção inclui as atividades que você faz no seu serviço, que incluem trabalho remunerado ou voluntário, as atividades na escola ou faculdade e outro tipo de trabalho não remunerado fora da sua casa. **NÃO** incluir trabalho não remunerado

Continua

Continuação

que você faz na sua casa, como tarefas domésticas, cuidar do jardim e da casa ou tomar conta da sua família. Estas serão incluídas na seção 3.

1a. Atualmente você trabalha ou faz trabalho voluntário fora de sua casa?

( ) Sim ( ) Não – Caso você responda *não*, vá para a seção 2: Transporte

As próximas questões são em relação a toda atividade física que você fez na **última semana** como parte do seu trabalho remunerado ou não remunerado. **NÃO** inclua o transporte para o trabalho. Pense unicamente nas atividades que você faz por pelo menos 10 minutos contínuos:

1b. Em quantos dias de uma semana normal você **anda** durante pelo menos 10 minutos contínuos **como parte do seu trabalho**? Por favor, **NÃO** inclua o andar como forma de transporte para ir ou voltar do trabalho.

_______ dias por **SEMANA** ( ) nenhum – Vá para a seção 2: Transporte

1c. Quanto tempo no total você usualmente gasta **POR DIA** caminhando **como parte do seu trabalho**?

_______ horas _______ minutos

1d. Em quantos dias de uma semana normal você faz atividades **MODERADAS** por pelo menos 10 minutos contínuos, como carregar pesos leves **como parte do seu trabalho**?

_______ dias por **SEMANA** ( ) nenhum – Vá para a questão 1f

1e. Quanto tempo no total você usualmente gasta **POR DIA** fazendo atividades **MODERADAS como parte do seu trabalho**?

_______ horas _______ minutos

1f. Em quantos dias de uma semana normal você gasta fazendo atividades **VIGOROSAS** por pelo menos 10 minutos contínuos, como trabalho de construção pesada, carregar grandes pesos, trabalhar com enxada, escavar ou subir escadas **como parte do seu trabalho**:

_______ dias por **SEMANA** ( ) nenhum – Vá para a questão 2a

Continua

Continuação

1g. Quanto tempo no total você usualmente gasta **POR DIA** fazendo atividades físicas **VIGOROSAS como parte do seu trabalho**?

_______ horas _______ minutos

SEÇÃO 2 – ATIVIDADE FÍSICA COMO MEIO DE TRANSPORTE

Estas questões se referem à forma típica como você se desloca de um lugar para outro, incluindo seu trabalho, escola, cinema, lojas e outros.

2a. O quanto você andou na ultima semana de carro, ônibus, metrô ou trem?

_______ dias por **SEMANA** ( ) nenhum – Vá para a questão 2c

2b. Quanto tempo no total você usualmente gasta **POR DIA andando de carro, ônibus, metrô ou trem**?

_______ horas _______ minutos

Agora pense **somente** em relação a caminhar ou pedalar para ir de um lugar a outro na última semana.

2c. Em quantos dias da última semana você andou de bicicleta por pelo menos 10 minutos contínuos para ir de um lugar para outro? (**NÃO** inclua o pedalar por lazer ou exercício)

_______ dias por **SEMANA** ( ) Nenhum – Vá para a questão 2e

2d. Nos dias em que você pedala, quanto tempo no total você pedala **POR DIA** para ir de um lugar para outro?

_______ horas _______ minutos

2e. Em quantos dias da última semana você caminhou por pelo menos 10 minutos contínuos para ir de um lugar para outro? (**NÃO** inclua as caminhadas por lazer ou exercício)

_______ dias por **SEMANA** ( ) Nenhum – Vá para a seção 3

Continua

Continuação

2f. Quando você caminha para ir de um lugar para outro, quanto tempo **POR DIA** você gasta? (**NÃO** inclua as caminhadas por lazer ou exercício)

________ horas ________ minutos

SEÇÃO 3 – ATIVIDADE FÍSICA EM CASA: TRABALHO, TAREFAS DOMÉSTICAS E CUIDAR DA FAMÍLIA

Esta parte inclui as atividades físicas que você fez na última semana na sua casa e ao redor da sua casa, por exemplo, trabalho em casa, cuidar do jardim, cuidar do quintal, trabalho de manutenção da casa ou para cuidar da sua família. Novamente pense **somente** naquelas atividades físicas que você faz por pelo menos 10 minutos contínuos.

3a. Em quantos dias da última semana você fez atividades **MODERADAS** por pelo menos 10 minutos contínuos, como carregar pesos leves, limpar vidros, varrer, rastelar **no jardim ou quintal.**

________dias por **SEMANA** ( ) Nenhum – Vá para a questão 3b

3b. Nos dias em que você faz este tipo de atividades, quanto tempo no total você gasta **POR DIA** fazendo essas atividades moderadas **no jardim ou no quintal**?

________ horas ________ minutos

3c. Em quantos dias da última semana você fez atividades **MODERADAS** por pelo menos 10 minutos contínuos, como carregar pesos leves, limpar vidros, varrer ou limpar o chão **dentro da sua casa**.

________ dias por **SEMANA** ( ) Nenhum – Vá para a questão 3d

3d. Nos dias em que você faz este tipo de atividades **MODERADAS dentro da sua casa**, quanto tempo no total você gasta **POR DIA**?

________ horas ________ minutos

3e. Em quantos dias da última semana você fez atividades físicas **VIGOROSAS no jardim ou quintal** por pelo menos 10 minutos contínuos, como carpir, lavar o quintal, esfregar o chão:

Continua

Continuação

________ dias por **SEMANA** ( ) Nenhum – Vá para a seção 4

3f. Nos dias em que você faz este tipo de atividades vigorosas **no quintal ou jardim**, quanto tempo no total você gasta **POR DIA**?

________ horas ________ minutos

SEÇÃO 4 – ATIVIDADES FÍSICAS DE RECREAÇÃO, ESPORTE, EXERCÍCIO E DE LAZER

Esta seção se refere às atividades físicas que você fez na última semana unicamente por recreação, esporte, exercício ou lazer. Novamente pense somente nas atividades físicas que você faz por pelo menos 10 minutos contínuos. Por favor, **NÃO** inclua atividades que você já tenha citado.

4a. Sem contar qualquer caminhada que você tenha citado anteriormente, em quantos dias da última semana você caminhou por pelo menos 10 minutos contínuos **no seu tempo livre**?

________ dias por **SEMANA** ( ) Nenhum – Vá para a questão 4b

4b. Nos dias em que você caminha **no seu tempo livre**, quanto tempo no total você gasta **POR DIA**?

________ horas ________ minutos

4c. Em quantos dias da última semana você fez atividades **MODERADAS no seu tempo livre** por pelo menos 10 minutos contínuos, como pedalar ou nadar a velocidade regular, jogar bola, vôlei, basquete, tênis?

________ dias por **SEMANA** ( ) Nenhum – Vá para a questão 4d

4d. Nos dias em que você faz estas atividades **MODERADAS no seu tempo livre**, quanto tempo no total você gasta **POR DIA**?

________ horas ________ minutos

Continua

Continuação

4e. Em quantos dias da última semana você fez atividades **VIGOROSAS no seu tempo livre** por pelo menos 10 minutos contínuos, como correr, fazer exercícios aeróbicos, nadar rápido, pedalar rápido ou fazer *jogging*?

_______ dias por **SEMANA** ( ) Nenhum - Vá para a seção 5

4f. Nos dias em que você faz estas atividades **VIGOROSAS no seu tempo livre**, quanto tempo no total você gasta **POR DIA**?

_______ horas _______ minutos

SEÇÃO 5 - TEMPO GASTO SENTADO

Estas últimas questões são sobre o tempo em que você permanece sentado todo dia, no trabalho, na escola ou faculdade, em casa e durante seu tempo livre. Isto inclui o tempo sentado estudando, sentado enquanto descansa, fazendo lição de casa, visitando um amigo, lendo, sentado ou deitado assistindo à TV. Não inclua o tempo gasto sentado durante o transporte em ônibus, trem, metrô ou carro.

5a. Quanto tempo no total você gasta sentado durante um **dia de semana**?

_______ horas _______ minutos

5b. Quanto tempo no total você gasta sentado durante um **dia de final de semana**?

_______ horas _______ minutos

CLASSIFICAÇÃO DO NÍVEL DE ATIVIDADE FÍSICA IPAQ

1. **MUITO ATIVO**: aquele que cumpriu as recomendações de:
   a) VIGOROSA: ≥ 5 dias por semana e ≥ 30 minutos por sessão;
   b) VIGOROSA: ≥ 3 dias por semana e ≥ 20 minutos por sessão + MODERADA e/ou CAMINHADA: ≥ 5 dias por semana e ≥ 30 minutos por sessão.

2. **ATIVO**: aquele que cumpriu as recomendações de:
   a) VIGOROSA: ≥ 3 dias por semana e ≥ 20 minutos por sessão; **ou**
   b) MODERADA ou CAMINHADA: ≥ 5 dias por semana e ≥ 30 minutos por sessão; **ou**
   c) Qualquer atividade somada: ≥ 5 dias por semana e ≥ 150 minutos por semana (caminhada + moderada + vigorosa).

3. **IRREGULARMENTE ATIVO**: aquele que realiza atividade física, porém insuficiente para ser classificado como ativo, pois não cumpre as recomendações quanto à frequência ou duração. Para realizar essa classificação, soma-se a frequência e a duração dos diferentes tipos de atividades (caminhada + moderada + vigorosa). Este grupo foi dividido em dois subgrupos de acordo com o cumprimento ou não de alguns dos critérios de recomendação:

   IRREGULARMENTE ATIVO A: aquele que atinge pelo menos um dos critérios da recomendação quanto à frequência ou quanto à duração da atividade:
   a) Frequência: 5 dias por semana; **ou**
   b) Duração: 150 min por semana

   IRREGULARMENTE ATIVO B: aquele que não atingiu nenhum dos critérios da recomendação quanto à frequência nem quanto à duração.

4. **SEDENTÁRIO:** aquele que não realizou nenhuma atividade física por pelo menos 10 minutos contínuos durante a semana.

Continua

Continuação

Exemplos:

Indivíduos	Caminhada		Moderada		Vigorosa		Classificação
	F	D	F	D	F	D	
1	-	-	-	-	-	-	Sedentário
2	4	20	1	30	-	-	Irregularmente ativo A
3	3	30	-	-	-	-	Irregularmente ativo B
4	3	20	3	20	1	30	Ativo
5	5	45	-	-	-	-	Ativo
6	3	30	3	30	3	20	Muito ativo
7	-	-	-	-	5	30	Muito ativo

F: frequência; D: duração.

O *Physical Activity Questionnaire* (PAQ-C), questionário também bastante utilizado, foi criado no Canadá, objetivando investigar os níveis de atividade física moderada e intensa de crianças e adolescentes (8 a 15 anos de idade) (Crocker *et al.*, 1997).

Em suma, o questionário investiga o nível de atividade física nos sete dias anteriores ao seu preenchimento e é composto por nove questões sobre a prática de esportes, jogos e atividades físicas na escola e no tempo de lazer, incluindo o final de semana.

Este questionário tem sido utilizado no Brasil e em outros países, todavia, os resultados encontrados parecem indicar superestimação da prevalência de sedentarismo (inatividade física) quando comparados a resultados gerados com base em outros questionários.

A versão do PAQ-C aqui apresentada teve algumas adaptações realizadas por Silva e Malina (2000) e Dummel (2007). Silva e Malina (2000), no doutorado, traduziram o instrumento para a língua portuguesa e incluíram a questão 8, relativa a atividades sedentárias.

Dummel (2007), em sua dissertação de mestrado, ajustou a questão número 1, incluindo atividades físicas culturalmente adaptadas à realidade pesquisada (Rio Grande do Sul). Além disso, a informação relativa à frequência foi alterada e considerou-se uma escala de 0 a 7 dias; para se obter informações acerca da duração, acrescentou-se um espaço para a informação acerca do tempo gasto na prática da atividade.

Desse modo, com a informação sobre a frequência e a duração das atividades físicas moderadas a intensas, é possível obter-se dados sobre o tempo gasto (minutos por semana) em atividades físicas e comparar com a recomendação atual para crianças e adolescentes, de 300 minutos por semana (Smith e Biddle, 2008).

MODELO DE QUESTIONÁRIO – Crianças e Adolescentes (8 a 15 anos de idade)

QUESTIONÁRIO SOBRE ATIVIDADE FÍSICA REGULAR – PAQ-C

Gostaríamos de saber que tipos de atividade física você praticou **NOS ÚLTIMOS 7 DIAS** (nessa última semana). Essas atividades incluem **movimentos que façam você suar, aumentar a frequência respiratória e/ou sentir suas pernas cansadas**, como: esportes, danças, outros jogos (como caçador), saltos, corridas e outros.

Continua

Continuação

1. Preencha o quadro a seguir informando quantos dias (frequência) e a duração das atividades que você realizou na última semana (ÚLTIMOS 7 dias)?

***Marque apenas um X por atividade e o tempo total (em minutos) de prática da atividade.

	0	1	2	3	4	5	6	7	Tempo (horas/minutos)
Saltos									__h__min
Atletismo									__h__min
Caminhada									__h__min
Correr ou trotar									__h__min
Andar de bicicleta									__h__min
Ginástica aeróbica									__h__min
Natação									__h__min
Dança									__h__min
Andar de *skate*									__h__min
Futebol de campo, sete									__h__min
Futsal									__h__min
Voleibol									__h__min
Basquete									__h__min
Handebol									__h__min
Tênis									__h__min
Musculação									__h__min
"Caçador"									__h__min
Jogo de taco									__h__min
Outros (liste a seguir)									
____________									__h__min
____________									__h__min
____________									__h__min
____________									__h__min

Continua

Continuação

2. **Nos ÚLTIMOS 7 dias**, durante as aulas de Educação Física, o quanto você foi ativo (jogou intensamente, correu, saltou, arremessou)? Marque apenas uma opção.

[ ] Eu não faço as aulas

[ ] Raramente

[ ] Algumas vezes

[ ] Frequentemente

[ ] Sempre

3. **Nos ÚLTIMOS 7 dias**, o que você fez na maior parte do **RECREIO**? Marque apenas uma opção.

[ ] Ficou sentado (conversando, lendo, ou fazendo trabalho de casa)

[ ] Ficou em pé, parado ou andou

[ ] Correu ou jogou um pouco

[ ] Correu ou jogou um bocado

[ ] Correu ou jogou intensamente a maior parte do tempo

4. **Nos ÚLTIMOS 7 dias**, o que você normalmente fez durante o horário do almoço (além de almoçar)? Marque apenas uma opção.

[ ] Ficou sentado (conversando, lendo, ou fazendo trabalho de casa)

[ ] Ficou em pé, parado ou andou

[ ] Correu ou jogou um pouco

[ ] Correu ou jogou um bocado

[ ] Correu ou jogou intensamente a maior parte do tempo

5. **Nos ÚLTIMOS 7 dias**, quantas vezes você praticou algum esporte, dança, ou jogos em que você foi muito ativo, **LOGO DEPOIS DA ESCOLA**? Marque apenas uma opção.

[ ] Nenhuma vez

[ ] 1 vez na semana passada

[ ] 2-3 vezes na semana passada

[ ] 4 vezes na semana passada

[ ] 5 vezes na semana passada

Continua

6. **Nos ÚLTIMOS 7 dias**, quantas vezes você praticou algum esporte, dança ou jogos em que você foi muito ativo, **À NOITE**? Marque apenas uma opção.

[ ] Nenhuma vez
[ ] 1 vez na semana passada
[ ] 2-3 vezes na semana passada
[ ] 4-5 vezes na semana passada
[ ] 6-7 vezes na semana passada

7. **NO ÚLTIMO FINAL DE SEMANA**, quantas vezes você praticou algum esporte, dança ou jogos em que você foi muito ativo? Marque apenas uma opção.

[ ] Nenhuma vez
[ ] 1 vez
[ ] 2-3 vezes
[ ] 4-5 vezes
[ ] 6 vezes ou mais

8. **EM MÉDIA**, quantas horas você assiste televisão, joga videogame ou usa o computador por dia? ________ horas.

9. Qual das opções abaixo melhor representa você **nos ÚLTIMOS 7 dias**? Marque apenas uma opção.

Leia **TODAS as 5 afirmativas antes de decidir pela melhor opção**

[ ] Todo ou quase todo o meu tempo livre eu utilizei fazendo coisas que envolveram pouco esforço físico (assistir à TV, fazer trabalho de casa, jogos eletrônicos)
[ ] Eu pratiquei alguma atividade física (1-2 vezes na última semana) durante o meu tempo livre (por exemplo, praticou esporte, correu, nadou, andou de bicicleta, fez ginástica aeróbica)
[ ] Eu pratiquei atividade física no meu tempo livre (3-4 vezes na semana passada)
[ ] Eu geralmente pratiquei atividade física no meu tempo livre (5-6 vezes na semana passada)
[ ] Eu pratiquei atividade física regularmente no meu tempo livre na semana passada (7 ou mais vezes)

Continua

Continuação

10. Comparando você com outras pessoas da mesma idade e sexo, como você se considera?

[ ] Muito mais em forma

[ ] Mais em forma

[ ] Igualmente em forma

[ ] Menos em forma

[ ] Completamente fora de forma

11. Você teve algum problema de saúde na semana passada que impediu que você fosse normalmente ativo?

[ ] Sim

[ ] Não

Se sim, o que impediu você de ser normalmente ativo? ______________________

12. Comparando você com outras pessoas da mesma idade e sexo, como você se classifica em função da sua atividade física nos últimos 7 dias?

[ ] Eu fui **muito menos ativo** que os outros

[ ] Eu fui **um pouco menos ativo** que os outros

[ ] Eu fui **igualmente ativo**

[ ] Eu fui **um pouco mais ativo** que os outros

[ ] Eu fui **mais ativo que os outros**

13. Marque a frequência em que você praticou atividade física (esporte, jogos, dança ou outra atividade física) na semana passada.

	Nenhuma vez	**Algumas vezes**	**Poucas vezes**	**Diversas vezes**	**Muitas Vezes**
Segunda					
Terça					
Quarta					
Quinta					
Sexta					
Sábado					
Domingo					

Continua

Continuação

CÁLCULO DO ESCORE:

Cada item do questionário tem a pontuação em uma escala de 5 pontos. Para a questão número 1, que é uma lista de atividades, é necessário transformar a pontuação nessa escala, pela divisão do total de pontos na questão pelo número de atividades na lista, incluindo-se também as atividades que tenham sido acrescentadas na seção "outras".

O mesmo tipo de procedimento é necessário para a questão número 13, que lista o nível de atividade física em cada dia da semana. O total de pontos nessa questão é dividido por 7.

O escore final é obtido pela média das questões 1 a 7, 9 e 13.

Escore ≥ 3 ativo; < 3 sedentário (Silva e Malina, 2000).

Antropometria

6

Neste capítulo, serão apresentadas as definições e as bases históricas da antropometria, a padronização e a demarcação dos pontos anatômicos para que as medidas possam ser realizadas, bem como a definição e a classificação da cineantropometria.

6.1 Definição

Antropometria é o ramo das ciências biológicas direcionado para o estudo dos caracteres mensuráveis da morfologia humana (Sobral e Silva, 1997).

6.2 Bases históricas

As ideias fundamentais da antropometria têm sua base histórica ligada à antiga Grécia. Hipócrates, cerca de 400 anos a.C., apresentou a primeira classificação biotipológica conhecida, dividindo os homens em tísicos (comprido e delgado) e apopléticos (curto e encorpado). Ensaiou ainda um esboço de composição corporal, que tinha por elementos sangue, bílis amarela, bílis preta e muco, aos quais relacionava a terra, o ar, o fogo e a água. Seu conceito de doença e saúde era elaborado de acordo com o equilíbrio entre esses quatro fatores orgânicos (De Rose, Pigatto e De Rose, 1984).

Desde então, diversos autores tentaram estabelecer as características antropométricas do ser humano: De Giovanni, por volta de 1840, classificou o homem em três combinações (De Rose, Pigatto e De Rose, 1984):

- *Primeira combinação*: havia uma predominância de desenvolvimento vertical.
- *Segunda combinação*: havia uma proporcionalidade entre os diversos componentes.
- *Terceira combinação*: havia um desenvolvimento preponderantemente transverso.

Em seguida, por volta de 1905, Viola e Pende, discípulos de De Giovanni, propuseram a classificação em *normolíneo*, *brevilíneo* e *longilíneo* (Souza e Oliveira, [entre 1982 e 1985]).

Logo após, a escola representada por Sigaud e MacAuliffe propôs a classificação em quatro categorias, representando a predominância relativa dos quatro sistemas fundamentais: muscular, respiratório, digestivo e cerebral (De Rose, Pigatto e De Rose, 1984) (Figura 6.1).

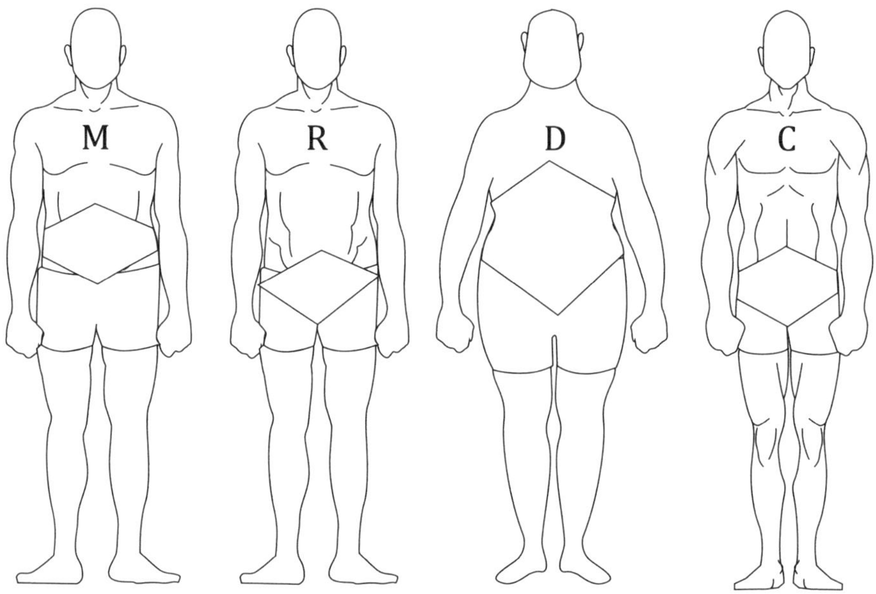

FIGURA 6.1 – Classificação dos tipos físicos de acordo com Sigaud e McAuliffe.

Mais tarde, por volta de 1921, Kretschmer (De Rose, Pigatto e De Rose, 1984) tentou relacionar as características antropométricas com doenças mentais e classificou o homem em *pícnico*, com um predomínio nas dimensões horizontais, abdome largo e profundo; *leptosômico*, com uma predominância do crescimento vertical; e *atlético* ou *muscular*, com um predomínio de desenvolvimento osteomuscular (Figura 6.2).

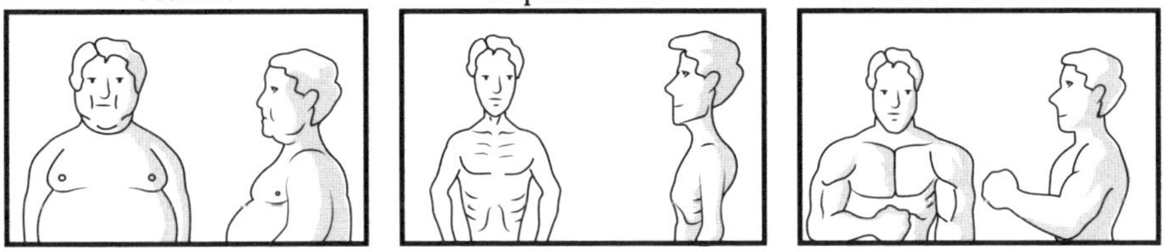

FIGURA 6.2 – Classificação dos tipos físicos de acordo com Kretschmer.

Por volta de 1940, Sheldon, seguindo os passos de Kretschmer e ainda tentando correlacionar o tipo físico com doenças mentais, sustentou a ideia de que o predomínio de cada uma das folhas blastodérmicas no indivíduo corresponde a um traço temperamental ao mesmo tempo que a um tipo morfológico, e classificou o homem em *endomorfo*, *mesomorfo* e *ectomorfo* (Hegg e Luongo, 1975).

6.3 Padronização e demarcação dos pontos anatômicos

A padronização e a demarcação dos pontos anatômicos são importantes para que as medidas antropométricas sejam feitas de forma correta, além de servirem de base para que os resultados publicados sejam entendidos e igualmente utilizados por outros autores. Os pontos anatômicos devem ser localizados por palpação e identificação da padronização específica; posteriormente devem ser marcados com lápis dermográfico para facilitar a colocação correta do instrumento de medida.

Deve-se, também, definir uma postura específica, chamada posição anatômica, caracterizada pela postura ereta, pela cabeça e pelos olhos voltados para a frente, pelos braços ao lado do corpo com a palma das mãos em supino e pelos pés unidos e voltados para a frente. Além disso, para situar a cabeça adequadamente na posição anatômica, deve-se utilizar como referência o plano de Frankfurt, caracterizado por uma linha imaginária que passa pelo ponto mais baixo do bordo inferior da órbita direita e pelo ponto mais alto do bordo superior do meato auditivo externo correspondente. Essa linha deve estar paralela ao solo (Figura 6.3).

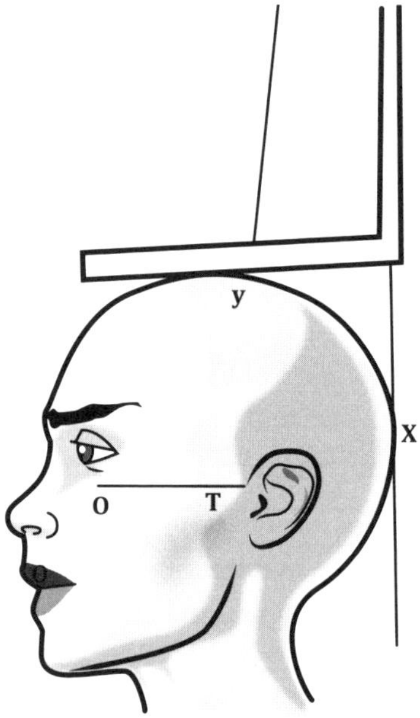

FIGURA 6.3 – Plano de Frankfurt.

Estando o indivíduo na posição descrita, são determinados os seguintes pontos anatômicos, que servirão como referência para a tomada de medidas antropométricas (Figura 6.4):

- *Vértex*: localiza-se na parte mais superior do crânio, estando a cabeça posicionada com o plano de Frankfurt horizontalmente em relação ao solo. É usado para determinação da estatura.
- *Acromial*: ponto mais lateral do bordo superior e externo do processo acromial.
- *Mesoesternal*: ponto médio do esterno, ao nível da quarta articulação. As articulações podem ser contadas a partir da junção manúbrio esternal, que corresponde ao segundo arco costal (ângulo de esterno);
- *Radial*: ponto mais alto do bordo superior do epicôndilo lateral.
- *Estiloidal*: ponto mais distal do processo estiloide do rádio.
- *Dactiloidal*: ponto mais distal da extremidade do dedo médio da mão direita.

- *Iliocristal*: ponto mais lateral do bordo superior da crista ilíaca.
- *Trocantérico*: ponto mais alto do trocânter maior do fêmur.
- *Tibial*: ponto localizado no bordo superior da tuberosidade medial da tíbia.
- *Maleolar*: ponto mais inferior do maléolo tibial.

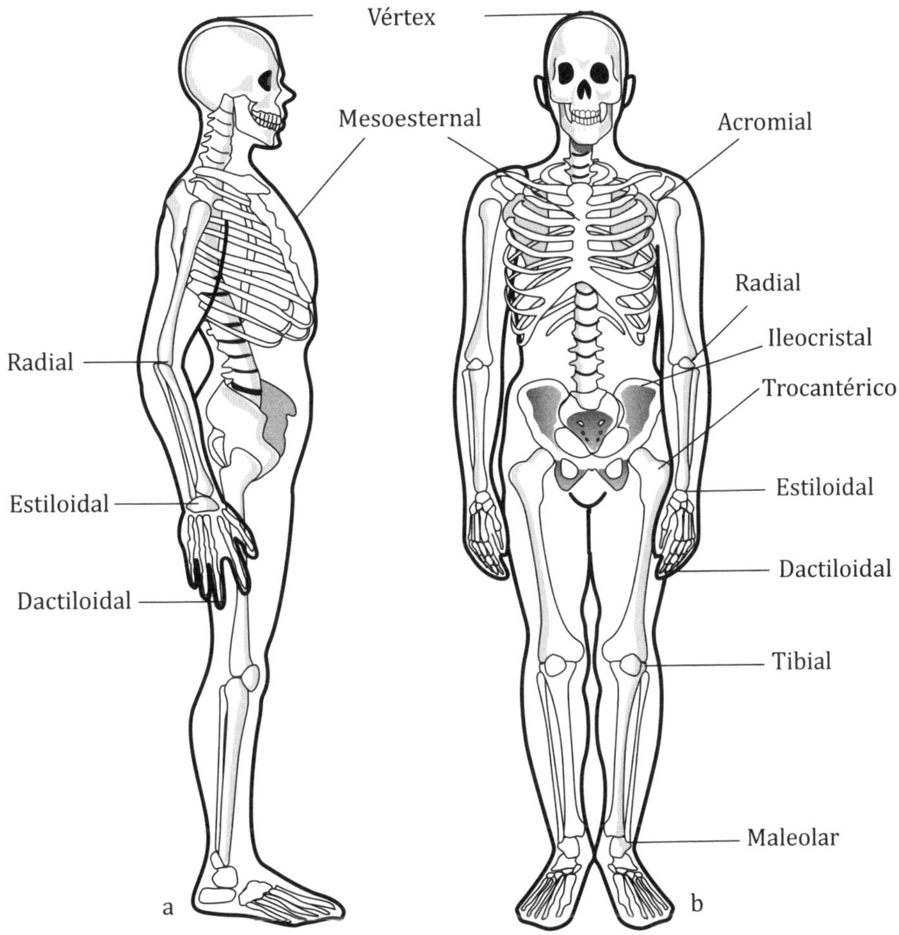

FIGURA 6.4 – Pontos anatômicos.

6.4 Principais instrumentos de medida

Os principais instrumentos de medida utilizados na antropometria são:

- *Balança*: utilizada para medir o peso corporal total. Podem ser analógicas ou digitais.

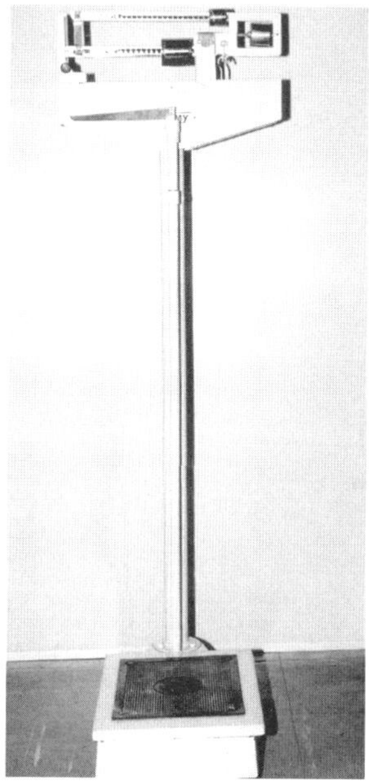

FIGURA 6.5 – Balança.

- *Estadiômetro*: utilizado para medir a estatura.

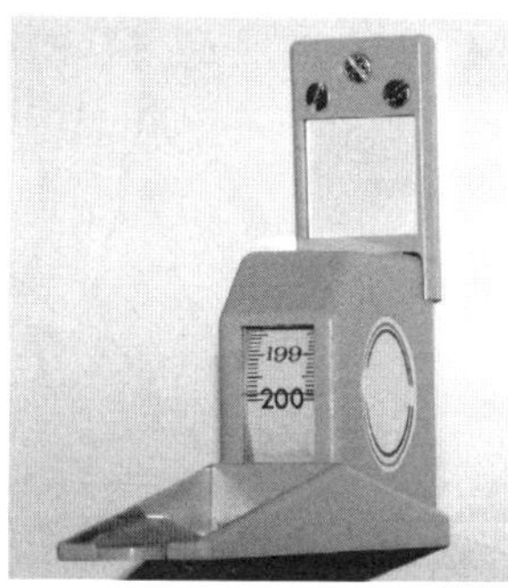

FIGURA 6.6 – Estadiômetro.

- *Antropômetro*: é geralmente constituído por quatro segmentos metálicos, que se encaixam entre si. Contém uma escala graduada em milímetros ou, nos modelos mais recentes, um contador digital.

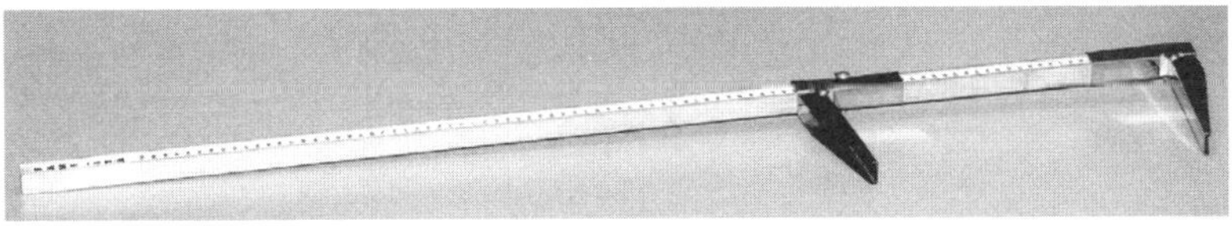

FIGURA 6.7 – Antropômetro.

- *Paquímetro*: utilizado para medir os diâmetros ósseos. Pode ser reto ou de pontas curvas.

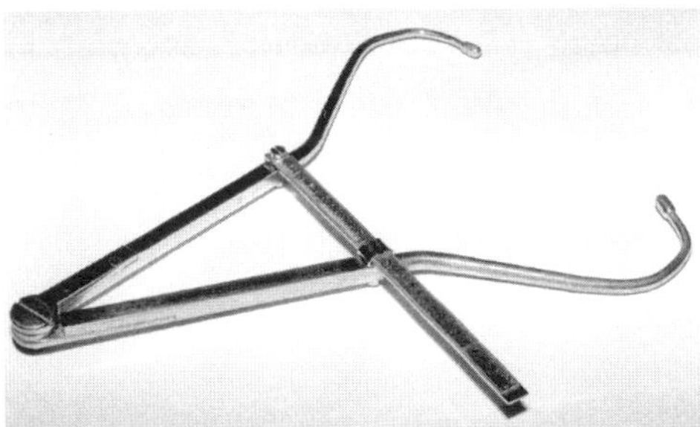

FIGURA 6.8 – Paquímetro.

- *Compasso de dobras cutâneas*: também chamado de adipômetro, plicômetro ou espessímetro. Suas hastes devem possuir pressão constante de 10 g/mm^2. Serve para medir as dobras cutâneas. Os principais modelos são: Cescorf, Lange, Harpenden, SliM Guide, Skyndex etc. No Brasil, o modelo Cescorf tem boa aceitação, sendo utilizado por diversos pesquisadores na área antropométrica.

FIGURA 6.9 – Compasso de dobras cutâneas.

- *Fita métrica*: para medição das circunferências ou perímetros. Deve ser metálica e flexível, com graduação em milímetros.

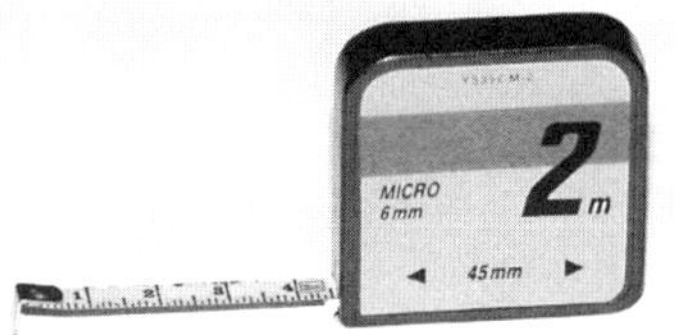

FIGURA 6.10 – Fita métrica.

6.5 Planos e eixos antropométricos

A definição da posição antropométrica de referência é fundamental para a padronização dos procedimentos técnicos de medida. Além disso, os planos e os eixos antropométricos devem ser conhecidos e estipulados, para que as medidas possam ser realizadas (Figura 6.11).

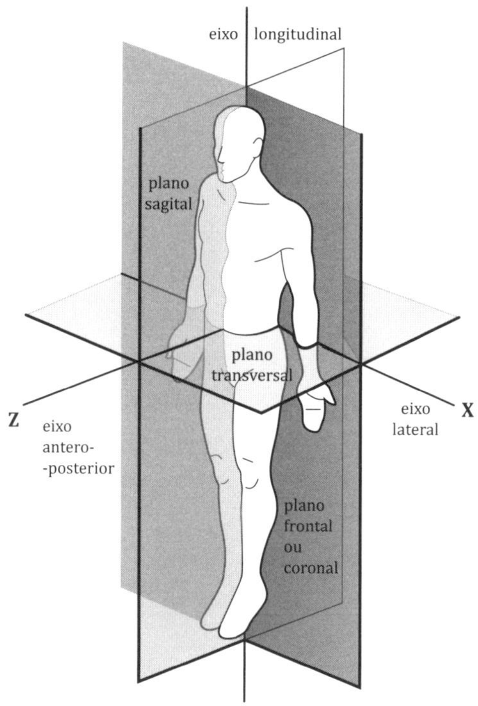

FIGURA 6.11 – Planos e eixos antropométricos.

6.6 Classificação das medidas antropométricas

As medidas antropométricas podem ser classificadas em: lineares, de superfície e de massa.

6.6.1 Medidas lineares

As medidas lineares se dividem em longitudinais, transversais, anteroposteriores e circunferenciais.

Medidas lineares longitudinais

As medidas lineares longitudinais são realizadas no sentido do eixo longitudinal (vertical) do corpo humano, recebem o nome de alturas.

Exemplos:

- *Altura total*: distância entre o ponto dactiloidal da mão direita e a região plantar, estando o membro superior elevado acima da cabeça, completamente estendido, formando ângulo de 180° com o tronco.
- *Altura do vértex*: distância entre o vértex e a região plantar. Também chamada de estatura. O avaliado deve estar sem calçados, com os pés unidos, procurando colocar em contato com a escala de medida as superfícies posteriores dos calcanhares, a cintura pélvica, a cintura escapular e a região occipital. Além disso, o avaliado deve estar em apneia respiratória, e as orientações do plano de Frankfurt devem ser rigorosamente observadas (Figura 6.12).

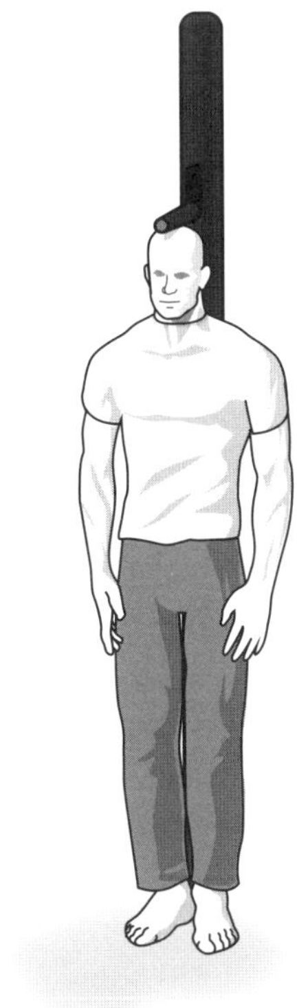

FIGURA 6.12 – Medida de estatura.

- *Alturas do membro superior*: distância entre pontos anatômicos do membro superior e a região plantar. Os principais pontos são: acromial, radial, estiloidal e dactiloidal.
- *Alturas do membro inferior*: distância entre pontos anatômicos do membro inferior e a região plantar. Os principais pontos são: trocânter, tibial e maleolar.

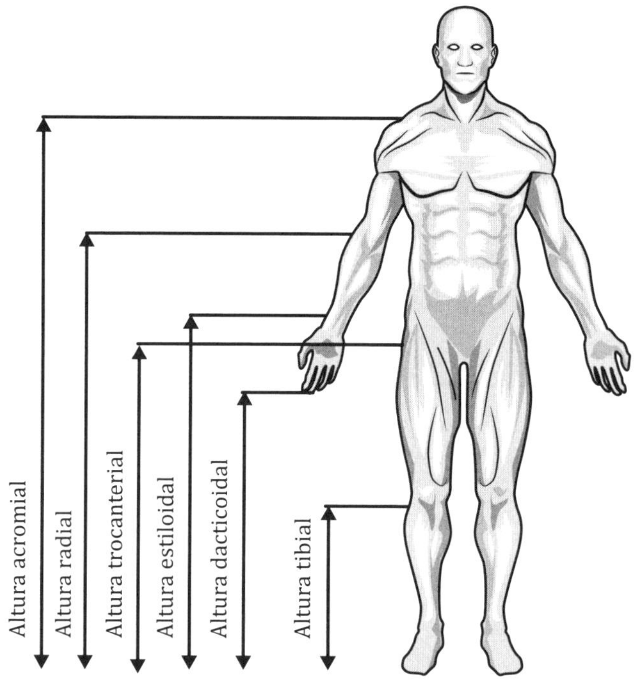

FIGURA 6.13 – Alturas dos membros superior e inferior.

Medidas lineares transversais

São realizadas no eixo lateral (transversal) do corpo humano. Exemplos:

- *Envergadura*: distância entre os dois pontos dactiloidais, estando o avaliado com os braços abertos e paralelos (horizontalmente) ao solo.

- *Diâmetro biacromial*: distância entre os acrômios direito e esquerdo.
- *Diâmetro bideltoídeo*: distância entre os músculos deltoides direito e esquerdo.
- *Diâmetro bi-iliocristal*: distância entre os pontos iliocristal direito e esquerdo.
- *Diâmetro bitrocanteriano*: distância entre os pontos trocantéricos direito e esquerdo.

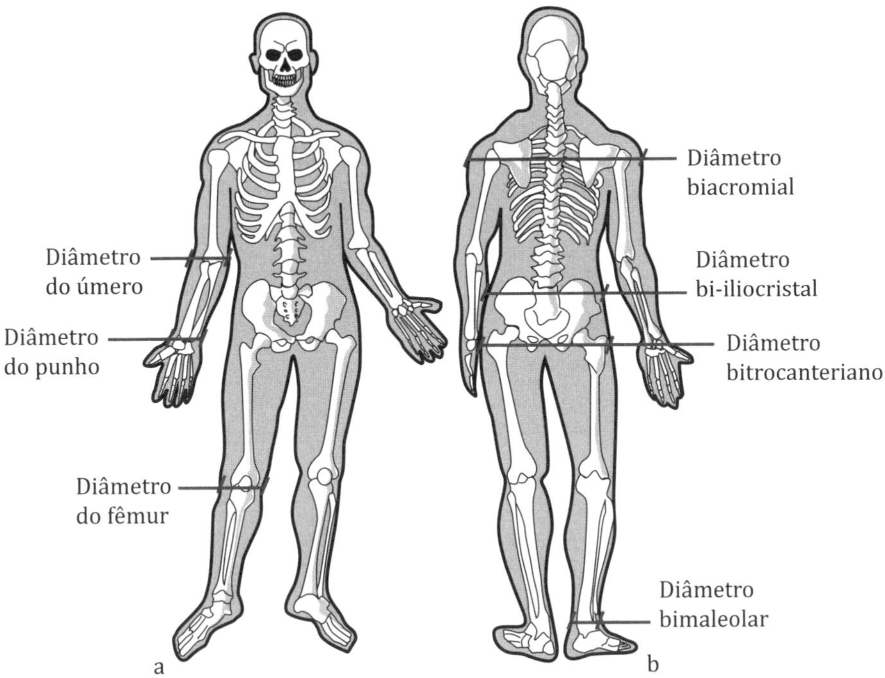

FIGURA 6.14 – Medidas lineares transversais (diâmetros).

- *Diâmetro do úmero*: distância entre os epicôndilos umerais lateral e medial. O braço do avaliado deve estar posicionado na horizontal, e o antebraço deve estar em ângulo de 90° em relação ao braço (Figura 6.15).

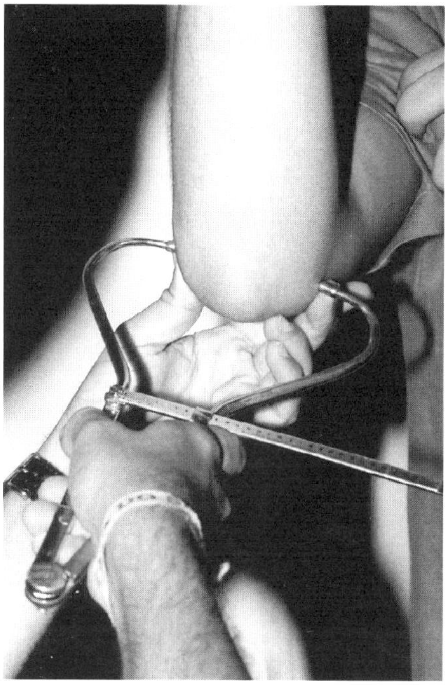

FIGURA 6.15 – Diâmetro do úmero.

- *Diâmetro do punho*: distância entre os processos estiloides de rádio e una. O braço deve estar estendido à frente, e a mão, flexionada (Figura 6.16).

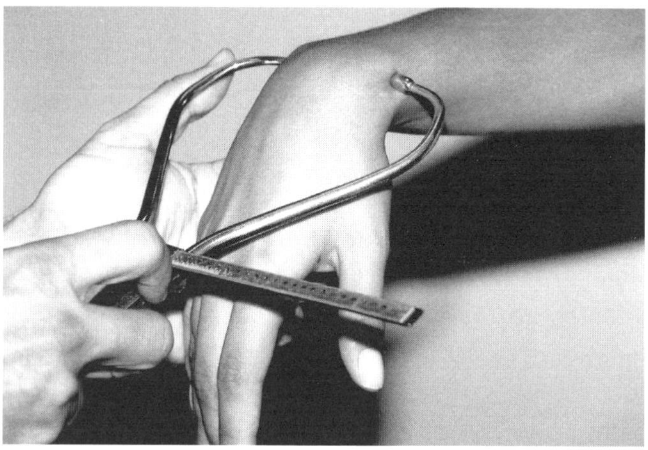

FIGURA 6.16 – Diâmetro do punho.

- *Diâmetro do fêmur*: distância entre os côndilos lateral e medial do fêmur. O avaliado deve estar sentado, com a perna em ângulo de 90° em relação à coxa (Figura 6.17).

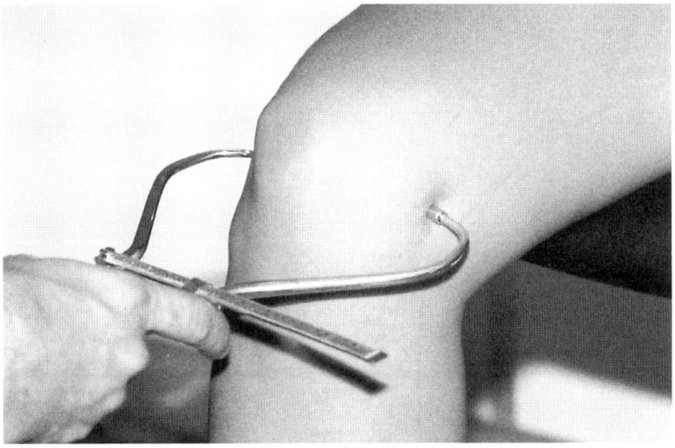

FIGURA 6.17 – Diâmetro do fêmur.

- *Diâmetro bimaleolar*: distância entre os maléolos medial e lateral (Figura 6.18).

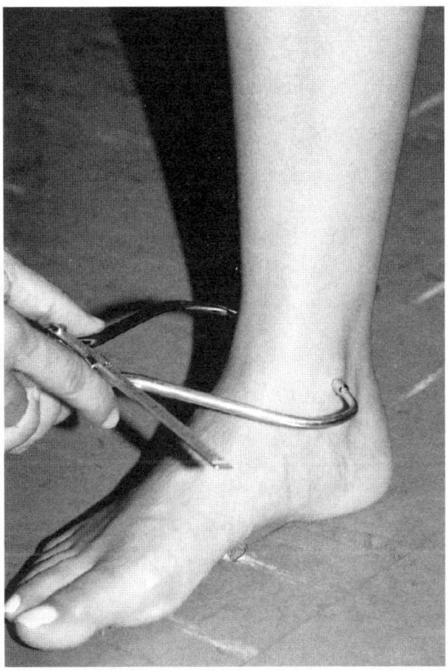

FIGURA 6.18 – Diâmetro bimaleolar.

Medidas lineares anteroposteriores

São realizadas no eixo anteroposterior do corpo humano.

Exemplo:

- *Diâmetro torácico anteroposterior*: distância entre o ponto mesoesternal e a apófise espinhosa vertebral.

Medidas lineares circunferenciais

Proporcionam informações sobre a totalidade das estruturas morfológicas na seção transversal do segmento corporal.

Exemplos:

- *Circunferência de tórax*: medida na altura do ponto mesoesternal.
- *Circunferência de abdome*: medida na altura da cicatriz umbilical.
- *Circunferência de cintura*: medida na altura média entre o ponto iliocristal e a última costela flutuante.
- *Circunferência de quadril*: medida na altura dos pontos trocantéricos.
- *Circunferência de braço*: pode ser realizada com o braço descontraído ou em contração. No primeiro caso, o braço deve estar estendido e considera-se o ponto de maior circunferência. No segundo caso, o braço deve estar estendido horizontalmente, com o antebraço formando ângulo de 90°. Considera-se também o ponto de maior circunferência do braço.
- *Circunferência de coxa*: pode ser medida na região proximal, média e distal da coxa. No primeiro caso, medida imediatamente abaixo da prega glútea; no segundo caso, medida no ponto médio entre a prega inguinal e o bordo superior da patela; no terceiro caso, medida logo acima do bordo superior da patela.
- *Circunferência de perna (panturrilha)*: medida no ponto de maior circunferência da perna.

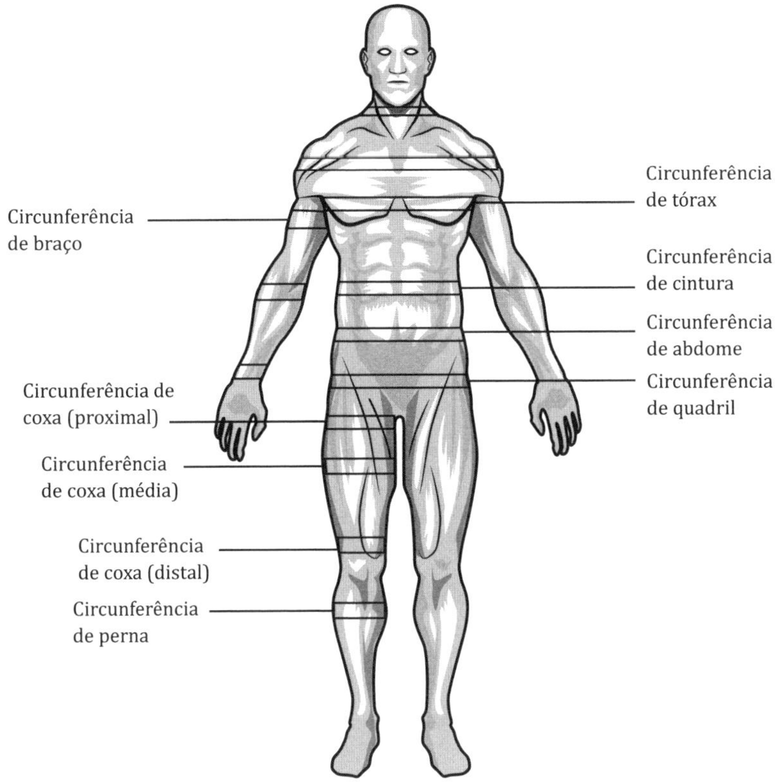

Figura 6.19 – Medidas de circunferências.

6.6.2 Medidas de superfície

É a medida da superfície corporal (SC). Podemos utilizar a seguinte equação para cálculo da superfície corporal:

$$SC = 0{,}007184 \times \text{estatura (cm)}^{0{,}725} \times \text{peso corporal (kg)}^{0{,}425}$$

6.6.3 Medidas de massa

Para a medida do peso corporal, o avaliado deve ficar em pé, de costas para a escala de medida, sem calçados e com o mínimo de roupa possível.

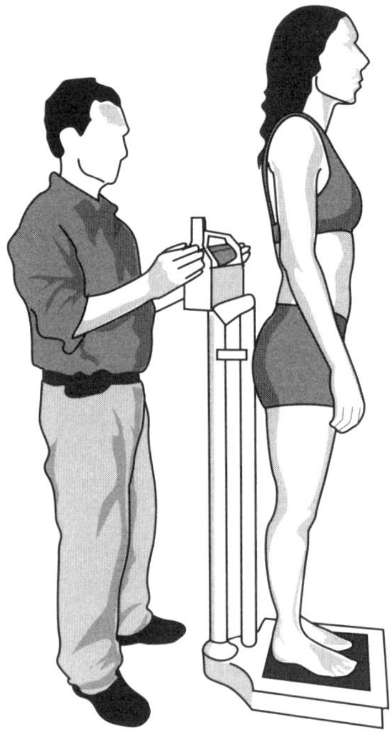

FIGURA 6.20 – Peso corporal.

6.7 Cineantropometria

O termo pode ser entendido como: *cine* (movimento), *antropo* (homem), *metria* (medida). Foi apresentada pela primeira vez como especialidade no Congresso de Ciências da Atividade Física realizado em Montreal, Canadá, em 1976. William Ross desenvolveu conceito como: uso da medida no estudo do tamanho, da forma, da proporcionalidade, da composição e da maturação do corpo humano aplicada à atividade física (De Rose, Pigatto e De Rose, 1984).

A cineantropometria é dividida em variáveis morfológicas, que avaliam as formas do corpo humano, e em variáveis funcionais, que avaliam o funcionamento do corpo humano (Figura 6.21).

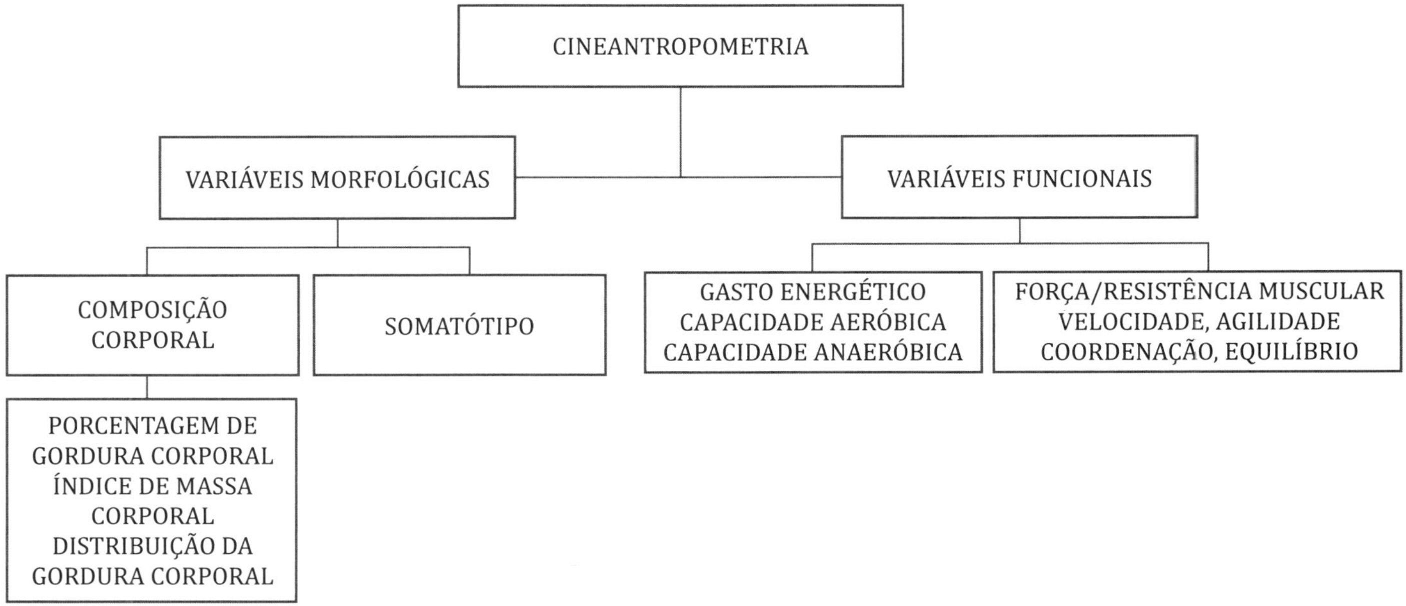

FIGURA 6.21 – Variáveis morfológicas e funcionais da cineantropometria.

Avaliação da aptidão física: variáveis morfológicas

7

Neste capítulo, será demonstrado como se aplicam os testes para obtenção de medidas e para avaliação das variáveis morfológicas da cineantropometria.

7.1 Somatótipo

O termo somatótipo foi criado por Sheldon, na década de 1940 (De Rose, Pigatto e De Rose, 1984). Nessa época, o autor relatou a teoria dos três componentes primários presentes em todos os indivíduos, em maior ou menor proporção. A determinação do somatótipo, de acordo com os procedimentos seguidos por Sheldon, não implicava qualquer valor antropométrico diretamente obtido. O método era, na essência, antroposcópico: o indivíduo era fotografado em três posições, de frente, de perfil e de costas, e a pontuação atribuída a cada componente era de acordo com a análise das fotografias.

Apesar da expansão adquirida, o método de Sheldon levantou uma série de questionamentos, sendo modificado com a inclusão de medidas antropométricas, por Health e Carter (1971 *apud* De Rose, Pigatto e De Rose, 1984).

O somatótipo expressa a quantificação de componentes primários e depende da carga genética, podendo ser modificado pelo meio ambiente e pelo estilo de vida (atividade física e alimentação). Os componentes são:

- *Endomorfia*: é o primeiro componente do somatótipo de Sheldon. O termo origina-se do endoderma, que, no embrião, origina o tubo digestivo e seus sistemas auxiliares (massa visceral). Indica predominância do sistema vegetativo e tendência à obesidade.
- *Mesomorfia*: é o segundo componente. Refere-se ao predomínio dos tecidos que se derivam da camada mesodérmica embrionária: ossos e músculos. Caracteriza-se por maior massa musculoesquelética.
- *Ectomorfia*: é o terceiro componente. Apresenta predomínio de formas lineares. Os tecidos que predominam são os derivados da camada ectodérmica. Corresponde aos tipos longilíneos.

Na versão original, cada componente pode variar de 1,0 a 7,0, com a definição de três tipos extremos: 7-1-1 (leia-se sete-um-um), correspondente ao endomorfo puro ou extremo; 1-7-1, que indica o mesomorfo puro; e 1-1-7, que descreve o ectomorfo puro.

Esses tipos extremos são bastante contrastantes. Assim, o endomorfo puro apresenta, além da obesidade, predominância do volume abdominal, associada a pequenas dimensões nas extremidades e flacidez muscular. O mesomorfo puro, pelo contrário, apresenta acentuado desenvolvimento muscular e robustez óssea, medidas torácicas maiores que as abdominais e aspecto enérgico. O ectomorfo puro é o extremo da magreza e da hipotonia muscular, com as medidas de comprimento predominando sobre os diâmetros e as circunferências, o que lhe transmite um aspecto geral de fragilidade.

7.1.1 Metodologia para determinação do somatótipo

Determinar o somatótipo significa estabelecer o valor numérico de cada um dos três componentes, que são apresentados sempre na mesma ordem e separados por um hífen: endomorfia-mesomorfia-ectomorfia.

Método antropométrico de Heath-Carter

Medidas

- peso;
- estatura;
- dobras cutâneas (TR: tríceps; SE: subescapular; SI: suprailíaca; PM: perna medial);
- diâmetros ósseos (fêmur e úmero);
- circunferências (braço e perna).

Cálculos

Endomorfia

$$\text{Endomorfia} = -0{,}7182 + 0{,}1451\ (x) - 0{,}00068\ (x^2) + 0{,}0000014\ (x^3)$$

Em que:
x: somatório das dobras TR + SI + SE

Correção das dobras pela estatura

Somatório das dobras corrigido = somatório das dobras × 170,18 / estatura

De forma alternativa e aproximada, podemos determinar o valor do componente endomorfia com o somatório das três dobras, de acordo com a Tabela 7.1.

Tabela 7.1 – Somatório de dobras cutâneas e pontuações correspondentes ao componente endomorfia

Somatório das dobras (TR + SI + SE)	Componente *endo*
7,0–10,9	0,5
11,0–14,9	1,0
15,0–18,9	1,5
19,0–22,9	2,0
23,0–26,9	2,5
27,0–31,2	3,0
31,3–35,8	3,5
35,9–40,7	4,0
40,8–46,2	4,5
46,3–52,2	5,0
52,3–58,7	5,5
58,8–65,7	6,0
65,8–3,2	6,5
73,3–81,2	7,0
81,3–89,7	7,5
89,9–98,9	8,0
99,0–08,9	8,5
109,0–119,7	9,0

Mesomorfia

$$Mesomorfia = 0,858\ (U) + 0,601\ (F) + 0,188(B) + 0,161\ (P) - 0,131\ (H) + 4,50$$

Em que:
U: diâmetro úmero; F: diâmetro fêmur; B: circunferência de braço corrigida; P: circunferência de perna corrigida; H: estatura.

Correções para excluir o tecido adiposo da medida da massa muscular

$$CBC = CB - (DCTR / 10)$$
$$CPC = CP - (DCPM / 10)$$

Em que:
CBC: circunferência de braço corrigida; CPC: circunferência de perna corrigida; CB: circunferência de braço; CP: circunferência de perna; DCTR: dobra cutânea de tríceps; DCPM: dobra cutânea de perna medial.

Ectomorfia

$$IP = \text{estatura} / \text{raiz cúbica do peso corporal}$$

Em que:
IP: índice ponderal.

Se o IP > 40,75, então:

$$\text{ectomorfia} = (IP \times 0,732) - 28,58$$

Se o IP estiver entre 38,25 e 40,75, então:

$$\text{ectomorfia} = (IP \times 0,463) - 17,63$$

Para todos os casos em que IP ≤ 38,25, atribui-se 0,1 ao valor do componente *ectomorfia*.

Em alternativa a essas fórmulas, pode-se calcular o valor aproximado do componente *ectomorfia* com base no IP e na pontuação correspondente na Tabela 7.2.

Tabela 7.2 – Valores do IP e pontuações correspondentes ao componente ectomorfia

IP	Componente *ecto*
39,11	0,5
40,20	1,0
41,09	1,5
41,79	2,0
42,48	2,5
43,14	3,0
43,84	3,5
44,50	4,0
45,19	4,5
45,89	5,0
46,32	5,5
47,24	6,0
47,94	6,5
48,60	7,0
49,29	7,5
49,99	8,0

7.1.2 Determinação gráfica do somatótipo

Uma boa visualização da maneira como os somatótipos se distribuem no interior de uma amostra é proporcionada pela sua representação gráfica no somatograma (Figura 7.1).

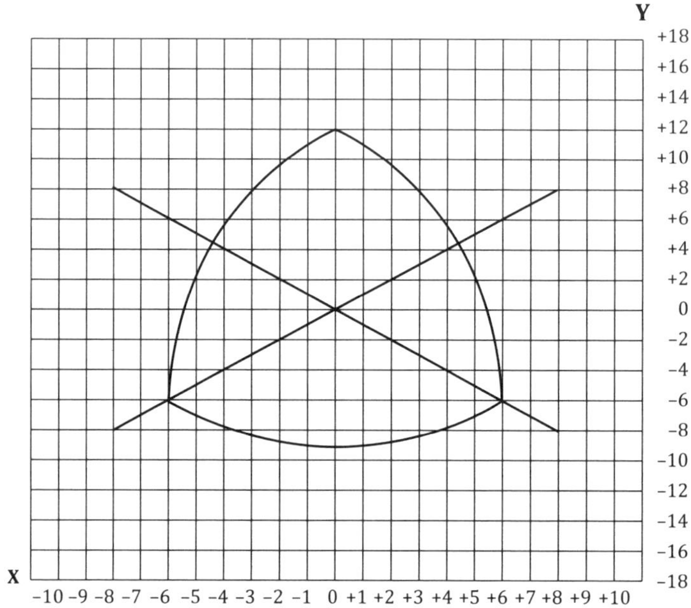

FIGURA 7.1 – Somatograma (triângulo de Reuleaux).

O somatograma é um triângulo de lados curvos, com a designação de triângulo de Reuleaux. Três eixos, designados pelo nome de cada componente, intersectam-se no centro desse triângulo: no vértice inferior esquerdo, há o primeiro componente (endomorfia); no vértice superior, há o segundo componente (mesomorfia); e no vértice inferior direito, há o terceiro componente (ectomorfia). Para plotagem do somatótipo no somatograma, utilizam-se as seguintes fórmulas:

$$X = III - I$$

$$Y = 2 \times II - (I + III)$$

Em que:

I, II e III são os valores do primeiro, segundo e terceiro componentes, respectivamente.

Em seguida, marcam-se os pontos no somatograma de acordo com as coordenadas X e Y. Segundo sua localização e os valores relativos, o somatótipo classifica o indivíduo nas seguintes categorias:

- *Endomorfo equilibrado*: o primeiro componente é dominante; o segundo e o terceiro são iguais ou não diferem mais que 0,5.
- *Mesoendomorfo*: o primeiro componente é dominante; o segundo é maior que o terceiro.
- *Mesomorfo-endomorfo*: o primeiro e o segundo componentes são iguais ou não diferem mais que 0,5; o terceiro componente tem o valor mais baixo.
- *Endomesomorfo*: o segundo componente é dominante; o primeiro é maior que o terceiro.
- *Mesomorfo equilibrado*: o segundo componente é dominante; o primeiro e o terceiro são iguais ou não diferem mais que 0,5.
- *Ectomesomorfo*: o segundo componente é dominante; o terceiro é maior que o primeiro.
- *Mesomorfo-ectomorfo*: o segundo e o terceiro componentes são iguais ou não diferem mais que 0,5; o primeiro componente tem o valor mais baixo.
- *Mesoectomorfo*: o terceiro componente é dominante; o segundo é maior que o primeiro.
- *Ectomorfo equilibrado*: o terceiro componente é dominante; o primeiro e o segundo são iguais ou não diferem mais que 0,5.
- *Endoectomorfo*: o terceiro componente é dominante; o primeiro é maior que o segundo.
- *Endomorfo-ectomorfo*: o primeiro e o terceiro componentes são iguais ou não diferem mais que 0,5; o segundo componente tem o valor mais baixo.
- *Central*: nenhum componente excede em mais de um ponto qualquer dos outros; todos os componentes têm valores compreendidos entre 3 e 4.

7.1.3 Análise do somatótipo

Após o cálculo dos valores dos três componentes e de sua plotagem no somatograma, pode-se fazer uma análise dos dados encontrados por meio de:

- *Somatótipo médio*: obtido pela média aritmética de cada um dos componentes.
- *Distância de dispersão do somatótipo (DDS)*: permite verificar a distância entre um somatótipo estudado e outro considerado padrão. A diferença é estatisticamente significativa se o resultado for maior que 2,0. Para calcular o valor da DDS, utiliza-se a seguinte fórmula:

$$DDS = \sqrt{3\,(X1 - Y1)^2 + (X2 - Y2)^2}$$

Em que:
X1 e Y1: coordenadas do somatótipo estudado no somatograma; X2 e Y2: coordenadas do somatótipo-padrão no somatograma.

- *Índice de dispersão do somatótipo (IDS)*: significa a média das DDSs de um grupo em relação ao somatótipo-padrão. Para o cálculo, utiliza-se a seguinte fórmula:

$$IDS = \frac{\Sigma DDS}{N}$$

Em que:
Σ DDS: somatório dos valores de DDS; N: número de elementos analisados.

A análise desses dados pode ser um importante referencial na triagem de futuros atletas, considerando a variável morfológica como referência. Podemos identificar o potencial de atletas para diversas modalidades desportivas pela DDS e pelo IDS, comparando os dados do atleta estudado com atletas campeões de modalidades desportivas. Devemos ter em mente que essas análises são referentes apenas ao aspecto morfológico, e as variáveis funcionais, fisiológicas e psicológicas também apresentam importantes contribuições na formação dos futuros atletas.

Tabela 7.3 – Somatótipo de campeões olímpicos de algumas modalidades desportivas

Prova	Endo	Meso	Ecto
Atletismo (100, 200, 4 × 100 m)	1,7	5,0	2,8
Atletismo (400 m)	1,5	4,5	3,3
Atletismo (3.000, 5.000 e 10.000 m)	1,4	4,1	3,6
Maratona	1,4	4,3	3,5
Saltos (distância, altura)	1,7	4,4	3,4
Arremesso (peso, martelo)	3,3	7,1	1,0
Natação (livre)	2,2	4,7	2,9
Natação (peito)	2,2	5,3	2,8
Natação (costas)	2,1	4,6	3,4
Natação (golfinho)	2,0	5,2	2,6

Fonte: adaptada de De Rose, Pigatto e De Rose (1984).

Tabela 7.4 – Somatótipo de campeões brasileiros de futebol de salão (1990)

Posição	Endo	Meso	Ecto
Goleiros	3,16	3,87	2,67
Fixos	2,33	2,65	3,64
Alas	2,97	3,40	2,73
Pivôs	2,41	3,41	2,87

Fonte: adaptada de Dourado (1993).

7.2 Composição corporal

A elaboração de estudos sobre os parâmetros da composição corporal se justifica na medida em que, para o desenvolvimento de avaliações mais criteriosas sobre os efeitos de qualquer tipo de programa de atividade física, acompanhado ou não de dietas alimentares, existe a necessidade de fracionar o peso corporal em seus diversos componentes, na tentativa de analisar, em detalhes, as modificações ocorridas nas constituições de cada um de seus componentes.

Dessa óptica, pode-se dizer que, apesar de o peso corporal receber influência imediata dos programas de atividade física, nem sempre proporcionará uma visão mais abrangente sobre os efeitos desses programas no organismo, considerando que seus valores dependem de um aglomerado de componentes como: ossos, gordura, músculos e outros tecidos; e que, dependendo da dieta e do tipo de atividade física, podem sofrer diferentes modificações em suas constituições (Guedes, 1994).

Embora seja constituído por numerosos elementos, os cientistas, para fins didáticos, dividem o corpo em quatro componentes. O peso corporal, então, passa a ser igual à soma da massa de gordura, da massa óssea, da massa muscular e da massa residual, e, no último componente, estão incluídos todos os órgãos do corpo. Para simplificar essa classificação, em razão da utilização dos dados, é determinado o fracionamento do corpo em dois componentes: a massa de gordura e a massa corporal magra (Petroski e Pires Neto, 1993). Dessa forma, fazer o fracionamento do peso corporal consiste em separar, de forma quantitativa, cada um dos seus componentes.

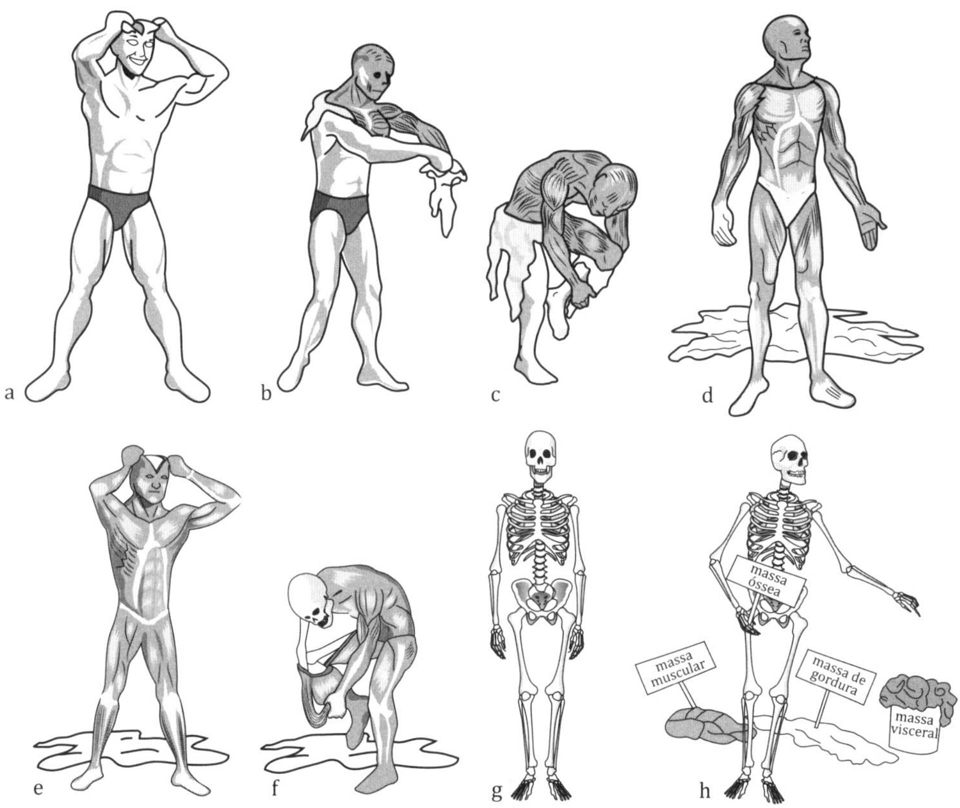

FIGURA 7.2 – Fracionamento do peso corporal.

Nesse enfoque, Matiegka (1921) foi o primeiro pesquisador a tentar fracionar o peso corporal. Tendo como amostra 12 rapazes (entre 16 e 17 anos) e usando medidas de circunferências, diâmetros ósseos e espessura de dobras cutâneas, estabeleceu equações para determinar os valores de quatro componentes corporais: gordura, músculos, ossos e resíduos. Por esse modelo, o componente residual era formado por órgãos, pele, sangue, tecido epitelial e sistema nervoso (Figura 7.3).

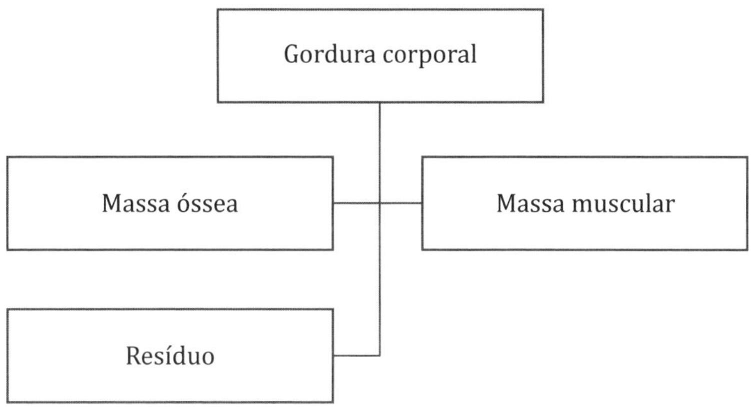

FIGURA 7.3 – Fracionamento da composição corporal (quatro componentes).

O conceito da divisão do peso corporal em dois componentes foi desenvolvido por Behnke, na década de 1940. Nessa época, ocorreu um acidente com o submarino americano USS Squalus, e as operações de salvamento, desenvolvidas a 150 metros de profundidade, faziam que os cientistas discutissem problemas de flutuação, deslocamento da massa de água e peso sob a água (De Rose, Pigatto e De Rose, 1984) (Figura 7.4).

Foi então que Behnke Jr., Feen e Welham (1942), fundamentados no princípio de Arquimedes (287-212 a.C.), e usando como amostra 99 homens saudáveis, com idades variando entre 20 e 40 anos, desenvolveram conceitos sobre gravidade específica, pesando o corpo humano no ar e na água. Nesse estudo, os referidos autores encontraram valores de gravidade específica variando entre 1,021 e 1,097 g/ml. Eles afirmaram que baixos valores de gravidade específica indicam obesidade, ao passo que altos valores indicam magreza.

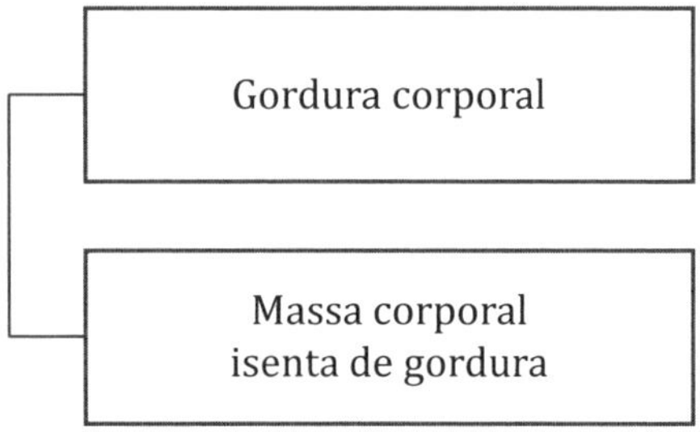

Figura 7.4 – Esquema do fracionamento da composição corporal (dois componentes).

Nessa mesma época, Welham e Behnke (1942) realizaram estudos com jogadores profissionais de futebol americano que tinham sido classificados como inaptos para o serviço militar, em virtude das tabelas de sobrepeso das companhias de seguro. Esses jogadores, quando avaliados, apresentaram altos valores de gravidade específica, indicando que tinham pouca gordura. O sobrepeso observado era decorrente do grande desenvolvimento osteomuscular.

7.2.1 Principais aplicações do fracionamento da composição corporal

- identificar os riscos de saúde do cliente associados com valores muito altos ou muito baixos de gordura corporal;
- identificar o risco de saúde do cliente associado ao excesso de gordura abdominal;
- monitorar modificações na composição corporal associadas com certas doenças;
- avaliar o efeito de intervenções nutricionais e programas de exercícios físicos nas alterações da composição corporal;
- estimar o peso corporal ideal;
- monitorar o crescimento, o desenvolvimento, a maturação e as modificações na composição corporal relacionadas com a idade.

7.3 Métodos para avaliação da composição corporal

Atualmente, para o estudo da composição corporal, podem ser utilizados métodos diretos, indiretos e duplamente indiretos de determinação.

Diretos
Dissecação de tecidos
Estudos em animais

Indiretos
Densitometria (pesagem hidrostática, pletismografia)
Hidrometria (diluição de isótopos), Espectometria, Tomografia computadorizada
Ativação de nêutrons, Ultrassom, Absortometria de dupla energia (DEXA) etc.

Duplamente indiretos
Interactância de raios infravermelhos
Antropometria
Bioimpedância

FIGURA 7.5 – Métodos para avaliação da composição corporal.

Os métodos diretos envolvem a dissecação de tecidos (Figura 7.6), o que logicamente não pode ser feito em indivíduos com vida, restringindo-se apenas a cadáveres. Esse procedimento, porém, é importante para fornecer embasamento teórico para os métodos indiretos.

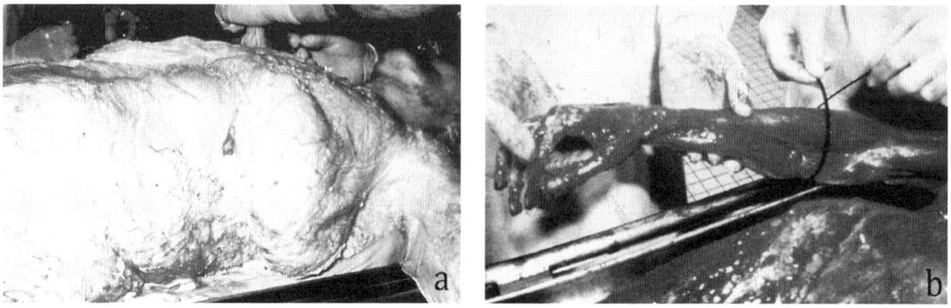

FIGURA 7.6 – Dissecação de tecidos.

Os métodos indiretos mais utilizados envolvem a técnica da hidrometria, da espectrometria de raios gama e da densitometria, ao passo que o método duplamente indireto mais utilizado tem sido a antropometria. No entanto, não se pode ignorar a existência de outros métodos, como a ultrassonografia, o raio X, a tomografia axial computadorizada, a excreção de creatinina, a bioimpedância (BIA) etc. (Guedes, 1994).

7.3.1 Modelo bioquímico

Pelo método direto, pode-se chegar ao modelo bioquímico de fracionamento do peso corporal, no qual o corpo humano é constituído por quatro componentes primários: gordura, água, mineral e proteína (Martin e Drinkwater, 1991). Esse método serve de critério para o desenvolvimento dos procedimentos indiretos para fracionamento da composição corporal.

Modelo bioquímico (gordura, água, mineral e proteína)

- *Gordura*:
  - Densidade da massa corporal isenta de gordura (MCIG) = 1,100 g/cm^2
  - Densidade da gordura = 0,900 g/cm^2
- *Percentual dos componentes da MCIG*:
  - Água = 73,8%
  - Mineral = 6,8%
  - Proteína = 19,4%

7.3.2 Modelos para fracionamento da composição corporal

- *Dois componentes*: gordura corporal e MCIG. A aplicação desse modelo requer os seguintes pressupostos:
  - a densidade da gordura é de 0,901 g/cm^2;
  - a densidade da massa corporal magra é de 1,100 g/cm^2;
  - a densidade da gordura e dos componentes da massa magra (água, proteína e mineral) são as mesmas para todos os indivíduos.
- *Multicomponentes*: densidade corporal, conteúdo de mineral, conteúdo de água, conteúdo de proteína.

7.3.3 Hidrodensitometria

Com relação à hidrodensitometria, os fundamentos para a determinação do volume corporal por deslocamento da água foi fornecido por Arquimedes, ao comprovar que um corpo, quando submerso, desloca um volume de líquido igual ao próprio volume do corpo submerso, bem como que um corpo submerso em água perde um peso igual ao volume de água por ele deslocado, o que tem servido de embasamento para a utilização da pesagem hidrostática na determinação da densidade e do volume corporal (Figuras 7.7 e 7.8).

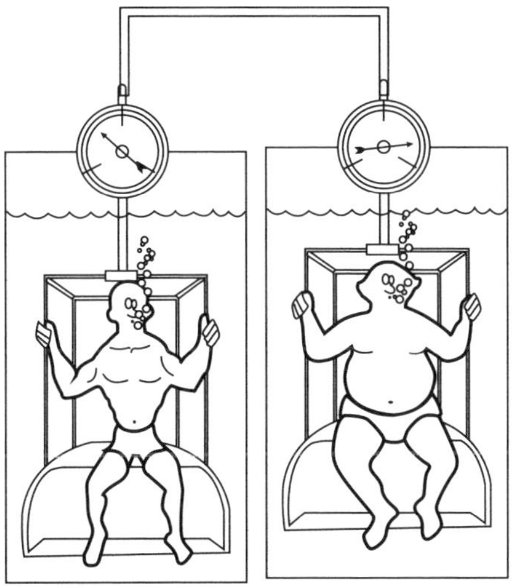

FIGURA 7.7 – Hidrodensitometria.

FIGURA 7.8 – Equipamento para hidrodensitometria.

Para a determinação da densidade corporal, o indivíduo deve ser pesado fora e dentro d'água; em seguida, deve ser aplicada a equação:

$$D(g/cm^3)\ \frac{P}{[(P - Pa) / Da] - (VR + 0{,}1)}$$

Em que:

D: densidade corporal; P: peso corporal; Pa: peso água; Da: densidade da água; VR: volume residual; 0,1: constante de gás gastrointestinal.

Para cálculo do volume residual, utilizam-se as seguintes equações:

Mulheres

$$VR = 0{,}0210\ (idade) + 0{,}023\ (estatura\ em\ cm) - 2{,}978$$

Fonte: Black, Offord e Hyatt (1974).

Homens

$$VR = 0{,}0115\ (idade) + 0{,}019\ (estatura\ em\ cm) - 2{,}240$$

Fonte: Boren, Kory e Syner (1966).

Para a determinação da densidade da água, utiliza-se a tabela de temperaturas (Tabela 7.5).

Tabela 7.5 – Densidade da água a diferentes temperaturas

Temperatura	Densidade (g/cm²)
21	0,9980
22	0,9978
23	0,9975
24	0,9973
25	0,9971
26	0,9968
27	0,9965
28	0,9963
29	0,9960
30	0,9957
31	0,9954
32	0,9951
33	0,9947
34	0,9944
35	0,9941
36	0,9937
37	0,9934
38	0,9930
39	0,9926
40	0,9922

Após a estimativa da densidade corporal, é necessário converter esses valores para gordura. Dessa forma, Rathbun e Pace (1945), estudando a gordura de porcos, foram os primeiros autores a desenvolverem uma equação para estimativa do percentual de gordura corporal com base na densidade corporal. Posteriormente, Brozek (1953) e Siri (1961) desenvolveram equações semelhantes utilizando o mesmo raciocínio e considerando que as densidades da gordura e da massa corporal magra seriam constantes, em torno de 0,9007 g/ml e 1,100 g/ml, respectivamente.

$$\%G = (4{,}95/\text{densidade em g/cm}^3 - 4{,}50\ ) \times 100$$

Fonte: Siri (1961).

7.3.4 Absortometria por raios X de dupla energia (DEXA)

A absortometria por raios X de dupla energia (DEXA) é uma tecnologia relativamente nova, reconhecida como método de referência para pesquisas em composição corporal. Esse método estima os valores de gordura, conteúdo de mineral ósseo e massa muscular, sendo bastante utilizado para diagnóstico de osteoporose. Existe uma boa associação entre estimativas de porcentagem de gordura obtidas por DEXA e por hidrodensitometria. A DEXA é considerada uma técnica alternativa para ser utilizada no lugar da hidrodensitometria, como referência para validação de equações para estimativa da composição corporal, porque é rápida, requer o mínimo de cooperação do sujeito avaliado e considera a variação individual no conteúdo de mineral ósseo (Figuras 7.9 e 7.10).

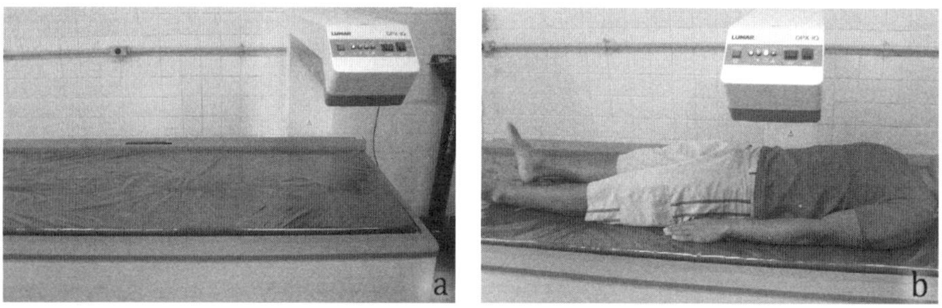

FIGURA 7.9 – Aparelho para medição de percentual de gordura, densidade óssea e massa corporal isenta de gordura – DEXA.

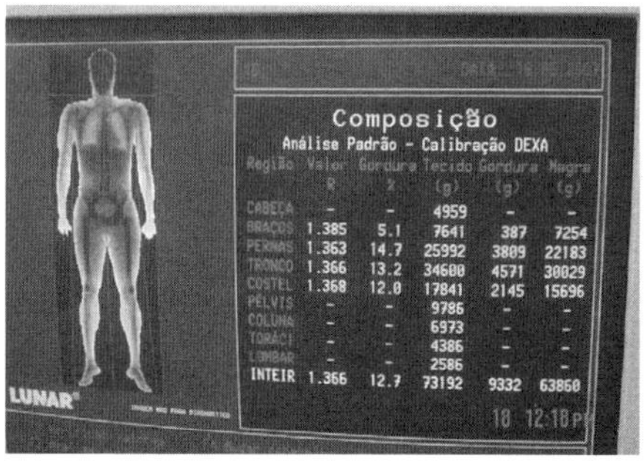

FIGURA 7.10 – Tela com resultado da avaliação para medição de percentual de gordura, densidade óssea e massa corporal isenta de gordura – DEXA.

7.3.5 Bioimpedância (BIA)

A análise da composição corporal por meio da bioimpedância (BIA), ou impedância bioelétrica, é um rápido, não invasivo e relativamente pouco dispendioso método de avaliação em estudos clínicos e de campo. Thomasett (1962) estabeleceu os princípios da BIA. Por esse método, uma corrente elétrica de baixa intensidade passa através do corpo do cliente, e a impedância (Z), ou oposição ao fluxo da corrente, é medida com o analisador de BIA. A água corporal total do indivíduo pode ser estimada por meio da mensuração por BIA, porque os eletrólitos da água do corpo são excelentes condutores de corrente elétrica. Quando o volume de água corporal é grande, o fluxo da corrente elétrica através do corpo é mais fácil.

A resistência (R) ao fluxo da corrente é maior em indivíduos com maior quantidade de gordura corporal, uma vez que o tecido adiposo é pobre condutor de corrente elétrica por seu pequeno conteúdo de água. Em virtude do conteúdo de água do corpo livre de gordura ser grande (73% de água), a massa livre de gordura pode ser predita pela estimativa da água corporal total. Indivíduos com grande quantidade de massa livre de gordura e água corporal total têm menor resistência ao fluxo da corrente comparados com aqueles que têm pouca massa corporal livre de gordura (MCLG) (Figura 7.11).

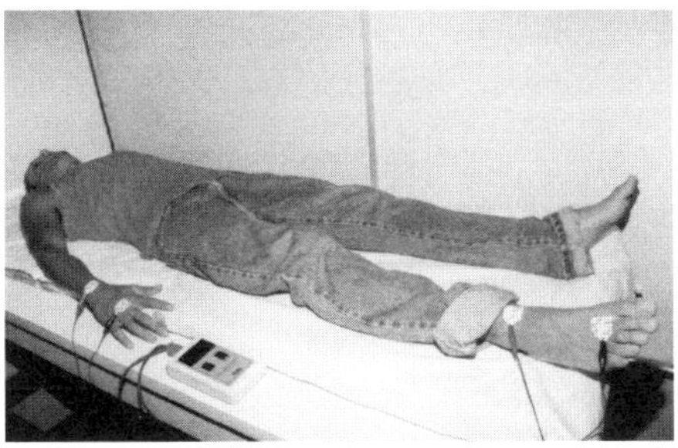

FIGURA 7.11 – Teste de bioimpedância.

O principal pressuposto do método de BIA é que o corpo humano é composto por cinco cilindros (dois braços, duas pernas e o tronco), com área transversal e comprimento uniformes (Figura 7.12).

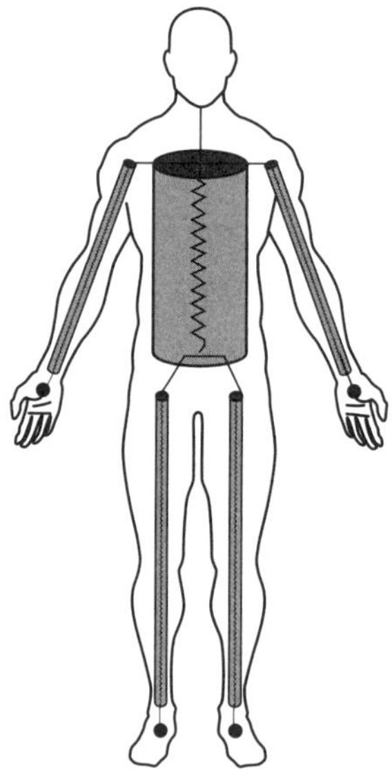

FIGURA 7.12 – Cinco cilindros do corpo humano.

Principais vantagens da BIA:

- não requer alto nível de habilidade do técnico;
- é mais confortável e não retira a privacidade do cliente;
- pode ser usada para estimar a composição corporal de indivíduos obesos.

Origem dos erros de mensuração

Modelo do analisador

O modelo do analisador é uma substancial fonte de erros e uma limitação do método de BIA. As equações utilizadas diferem não apenas entre os diversos fabricantes, mas, também, entre os instrumentos, dependendo da versão do *software* utilizado no analisador. Sugere-se que o fabricante seja questionado quanto à equação utilizada e que o mesmo instrumento seja utilizado quando medidas para acompanhar modificações na composição corporal do cliente forem realizadas.

Fatores individuais

A maior fonte de erros na utilização da BIA é a variabilidade na resistência total do corpo, em virtude dos fatores que alteram o estado de hidratação do cliente, por exemplo, comer e beber, atividades físicas e ciclo menstrual. Comer e beber antes do teste pode aumentar a quantidade de líquido no corpo, provocando diminuição na resistência e superestimativa da massa livre de gordura. Quanto ao efeito da atividade física sobre a medida de resistência, depende da intensidade e da duração do exercício físico. Exercícios aeróbicos de baixa intensidade não provocam alterações significativas na resistência corporal; entretanto, exercícios aeróbicos de moderada a alta intensidade produzem substancial decréscimo na resistência do corpo, resultando em grande superestimativa da MCLG.

A diminuição da resistência após exercícios vigorosos, provavelmente, reflete maior redução da água do corpo no suor e no ar expirado do que dos eletrólitos. Isso levaria a maior concentração eletrolítica nos fluidos do corpo, provocando redução nos valores da resistência. A fase lútea e os primeiros dias de menstruação no ciclo menstrual podem alterar os valores da resistência em virtude do ganho de peso provocado pelo aumento na quantidade de água corporal, bem como por alterações na proporção de água intra e extracelular.

Quadro 7.1 – Sumário de fatores que afetam a medida de bioimpedância

Fator	Efeito "R"	Efeito "MCIG"
Comida/bebida	↓	↑
Desidratação	↑	↓
Exercício leve	SM	SM
Exercício forte	↓	↑
Ciclo menstrual	↓	↑

R: resistência; MCIG: massa corporal isenta de gordura; SM: sem modificações.

Habilidade do técnico

No caso específico da BIA, o nível de habilidade do técnico não provoca erros muito significativos. A técnica de medida é relativamente simples, fato que facilita o trabalho de coleta dos dados.

Principais cuidados

Os principais cuidados para a realização da BIA:

- não comer ou beber por 4 horas antes do teste;
- não fazer exercícios por 12 horas antes do teste;
- urinar 30 minutos antes do teste;
- não consumir álcool 48 horas antes do teste;
- não usar diuréticos 7 dias antes do teste;
- não aplicar o teste em clientes durante a fase lútea e os primeiros dias de menstruação.

Equações para estimativa da massa corporal livre de gordura (MCLG) por bioimpedância

Considerando que existem alterações na quantidade de água corporal e densidade óssea em indivíduos de diferentes idades, sugerem-se equações específicas para os diversos grupos populacionais:

Homens (n = 57) 18 a 30 anos

$$MCLG = 10,97556 - 0,03187\ (R) + 0,17576\ (EST) + 0,50702\ (PC)$$

Mulheres (n = 58) 18 a 28 anos

$$MCLG = 0,33268\ (PC) + 0,38043\ (EST) - 0,02810\ (R) - 19,08062$$

Em que:

R: resistência, EST: estatura; PC: peso corporal.

Fonte: Carvalho (1998).

Rapazes e moças (8 a 15 anos)

$$MCLG = 0,62\ (EST^2 / R) + 0,21\ (PC) + 0,10\ (Rc) + 4,2$$

Em que:

R: resistência; EST: estatura; PC: peso corporal; Rc: reactância.

Fonte: Lohman (1992).

Mulheres idosas (50-70 anos)

$$\text{Massa isenta de gordura} = 0{,}474\ (EST^2 / R) + 0{,}180\ (PC) + 4{,}2$$

Homens idosos (50-70 anos)

$$\text{Massa isenta de gordura} = 0{,}600\ (EST^2 / R) + 0186\ (PC) + 0{,}226\ (Rc) - 10{,}9$$

Mulheres atletas

$$\text{Massa isenta de gordura} = 0{,}73\ (EST^2 / R) + 0{,}23\ (Rc) + 0{,}16\ (PC) + 2{,}0$$

Fonte: Houtkooper *et al.* (1992).

Homens atletas

$$\text{Massa isenta de gordura} = 0{,}734\ (EST^2 / R) + 0{,}096\ (Rc) + 0{,}116\ (PC) - 3{,}152$$

Fonte: Lukaski e Bolonchuk (1987).

As balanças de BIA com oito eletrodos têm sido muito utilizadas para avaliação da composição corporal. Esses equipamentos produzem resultados muito confiáveis, já que uma maior quantidade de eletrodos provoca maior penetração da corrente elétrica nos diferentes tecidos do corpo, aumentando a precisão da medida.

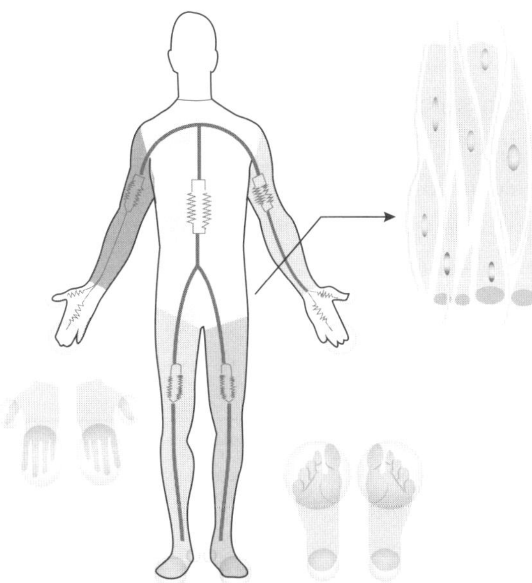

FIGURA 7.13 – Pontos de contato para eletrodos.

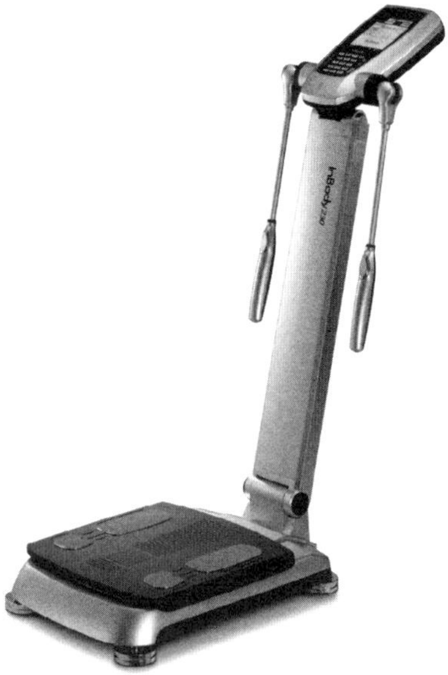

FIGURA 7.14 – Balança Inbody 230.

Um modelo de balança bastante utilizado é o Inbody 230 (Figura 7.14). Ele agrega várias tecnologias inovadoras e avançadas, que permitem a análise dos seguintes parâmetros:

- peso;
- massa de músculo esquelético;
- massa de gordura corporal;
- água corporal total;
- massa livre de gordura;
- índice de massa corporal (IMC);
- percentual de gordura corporal;
- relação cintura-quadril;
- taxa de metabolismo basal;
- controle de gordura;
- controle de músculos;
- análise segmentada de massa magra (membros superiores, membros inferiores e tronco).

O Inbody 230 tem a vantagem de ter um módulo de avaliação específico para adultos e outro específico para crianças e adolescentes.

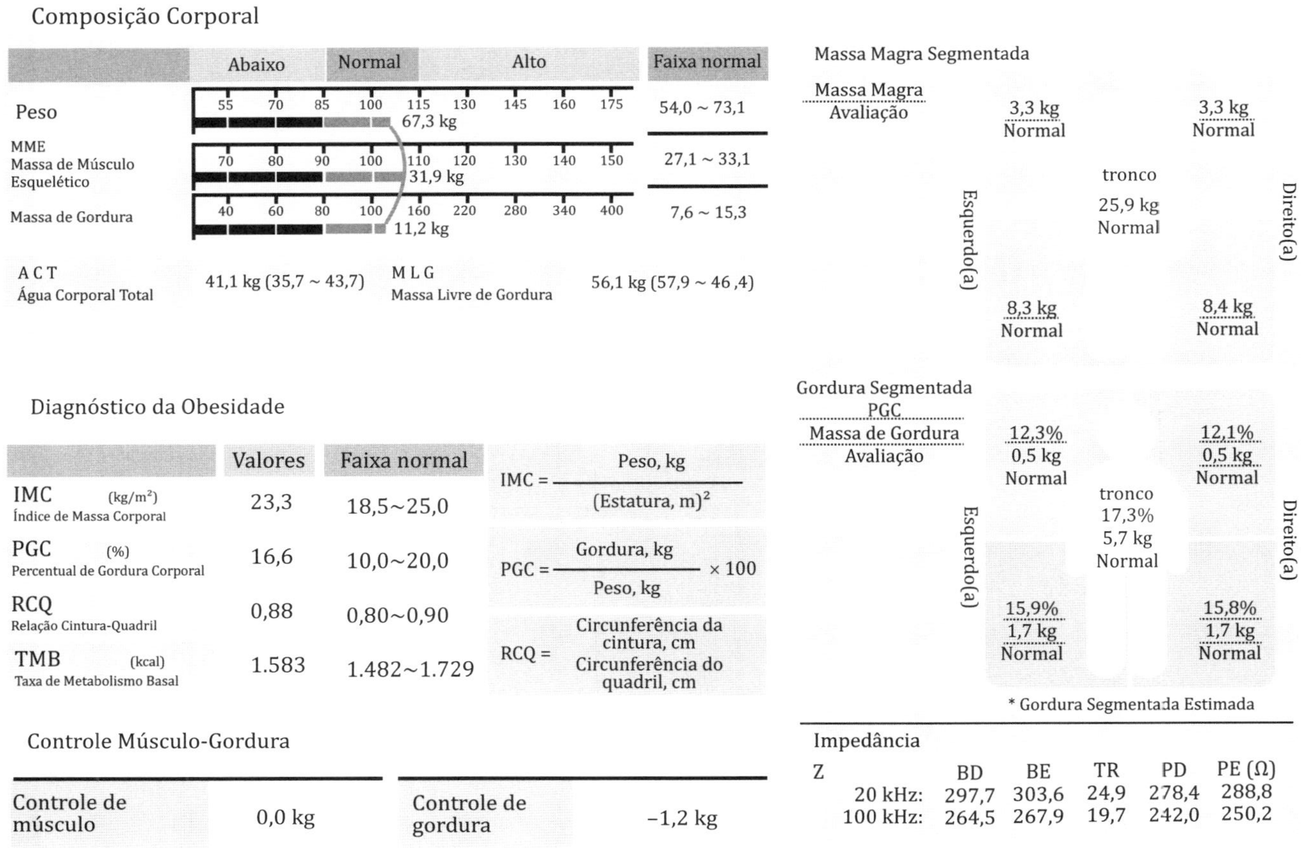

FIGURA 7.15 – Módulo de avaliação da composição corporal para adultos.
Fonte: arquivo do autor.

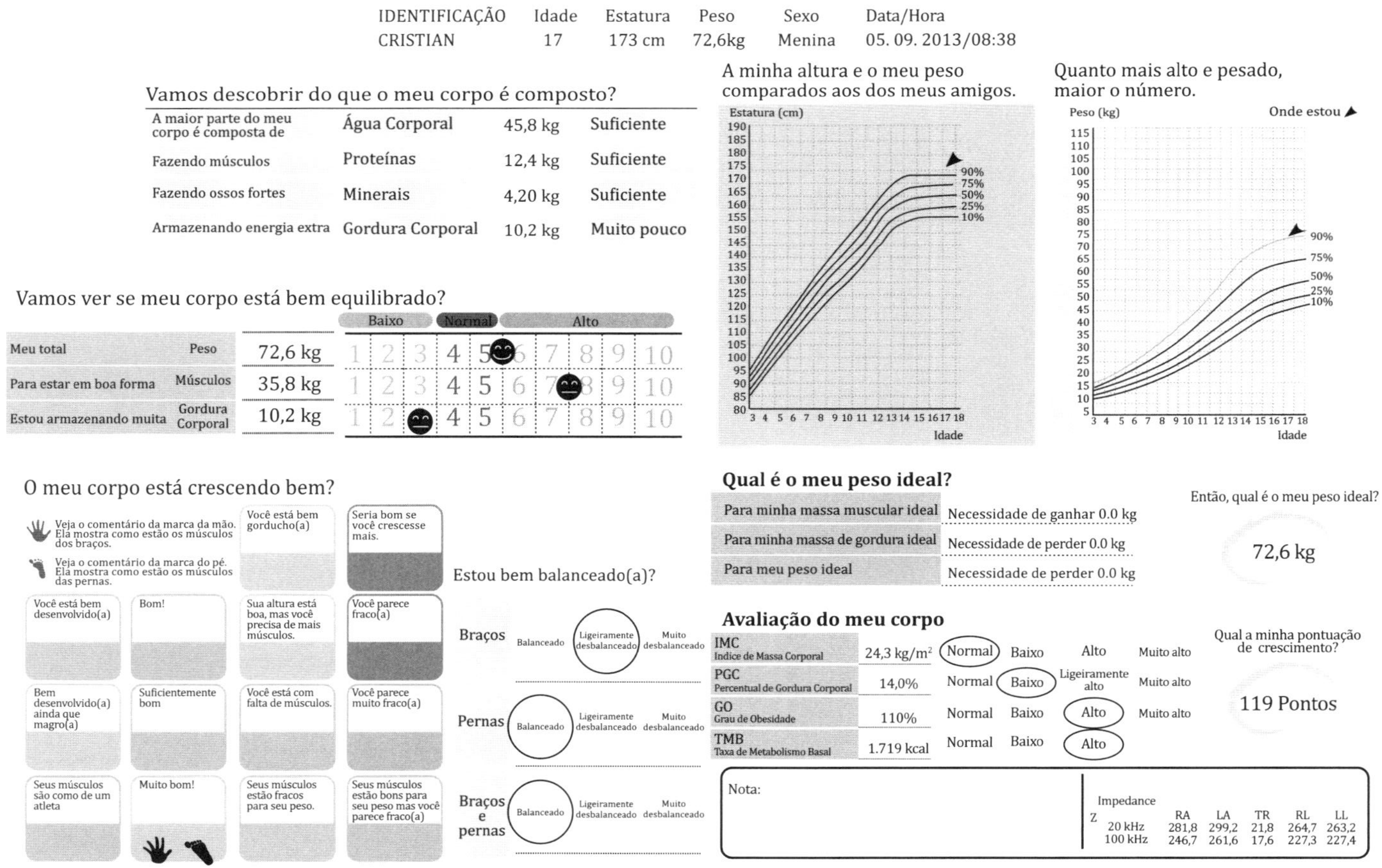

FIGURA 7.16 – Módulo de avaliação da composição corporal para crianças e adolescentes.

Fonte: arquivo do autor.

7.3.6 Dobras cutâneas

Com relação à antropometria, a técnica de espessura do tecido adiposo subcutâneo parece ser a mais adequada para estudos da composição corporal, considerando especialmente o menor custo dos aparelhos utilizados, o fato de ser um método não invasivo, a rapidez na medida, a facilidade para interpretação dos resultados, bem como a boa correlação entre as medidas antropométricas e a densidade corporal.

A possibilidade de se medir a gordura subcutânea foi sugerida por antropólogos no final da Primeira Guerra Mundial. Por volta de 1930, os pesquisadores desenvolveram um compasso especial do tipo pinça, que lhes permitiu medir essa gordura em locais específicos do corpo com relativa exatidão. O compasso trabalha no mesmo princípio que o micrômetro, usado para medir a distância entre dois pontos (Katch e McArdle, 1984).

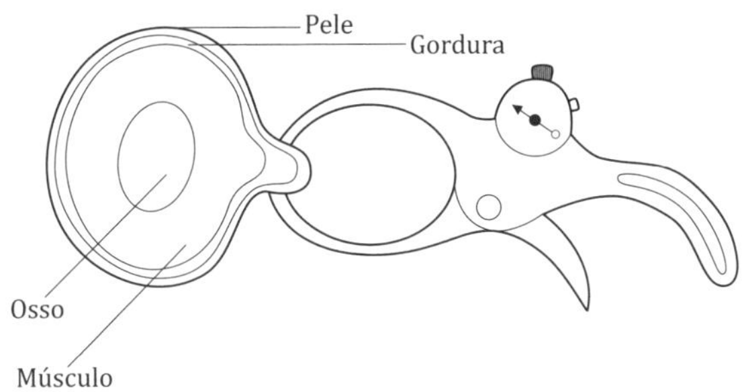

FIGURA 7.17 – Medida de dobra cutânea.

Tipos de compassos

- compassos tipo Harpenden, fabricação inglesa;
- compassos tipo Lange;
- compassos tipo Cescorf, fabricação nacional (estudantil, clínico e científico);
- compasso Slim Guide;
- compasso Ross;
- compasso Skyndex (digital).

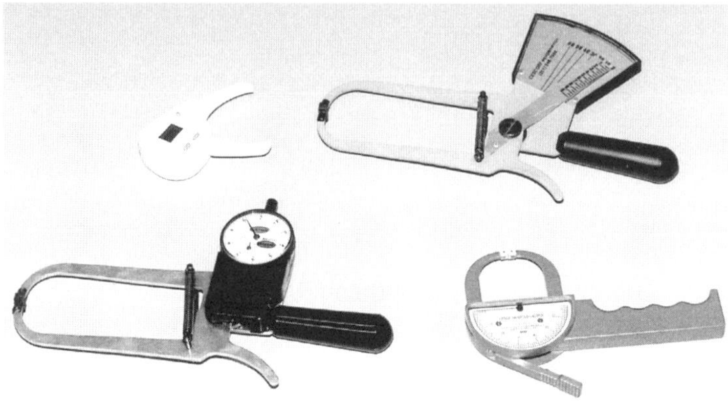

FIGURA 7.18 – Modelos de compassos de dobras cutâneas.

Locais de medida de dobras cutâneas

A literatura especializada menciona a existência de até 93 possíveis locais anatômicos onde uma dobra cutânea pode ser destacada, mas a dificuldade quanto à diferenciação do tecido muscular e as precauções quanto à exata localização reduzem esse número de forma bastante significativa.

Os principais locais de medidas para espessura das dobras cutâneas são:

- *Dobra cutânea do tríceps*: paralelamente ao eixo longitudinal do braço, face posterior, no ponto médio entre o acrômio e o olecrânio (Figuras 7.19 e 7.20).

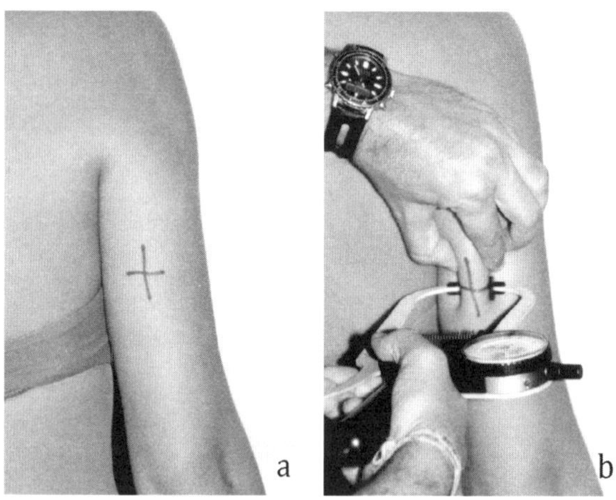

FIGURA 7.19 – Dobra cutânea do tríceps (feminino).

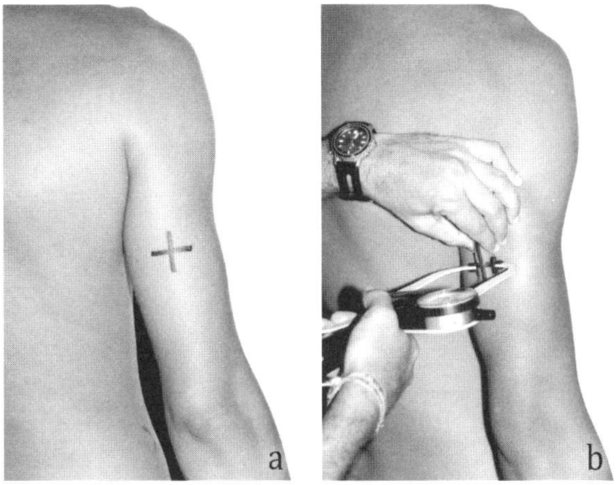

FIGURA 7.20 – Dobra cutânea do tríceps (masculino).

- *Dobra cutânea do bíceps*: no mesmo ponto da dobra do tríceps, transferindo a medida para a face anterior do braço (Figura 7.21).

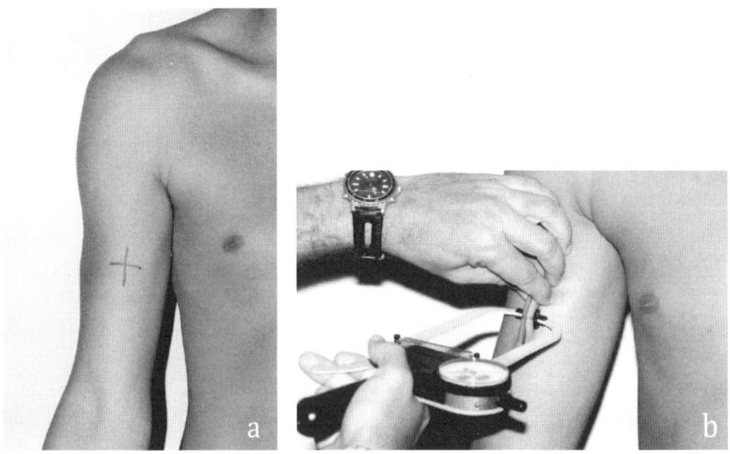

FIGURA 7.21 – Dobra cutânea do bíceps.

- *Dobra cutânea subescapular*: obliquamente ao eixo longitudinal do corpo, segundo orientação dos arcos costais, 2 centímetros abaixo do ângulo inferior da escápula (Figura 7.22).

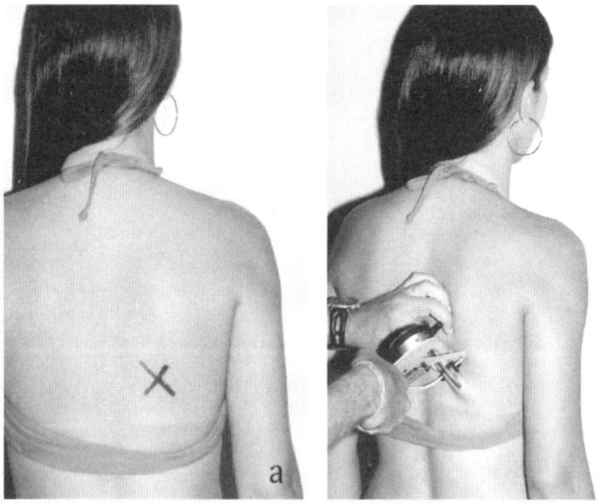

Figura 7.22 – Dobra cutânea subescapular.

- *Dobra cutânea suprailíaca*: sentido oblíquo, 2 centímetros acima do ponto iliocristal, na altura da linha axilar média (equação de Guedes) ou da linha axilar anterior (equação de Jackson, Pollock e Ward) (Figuras 7.23 e 7.24).

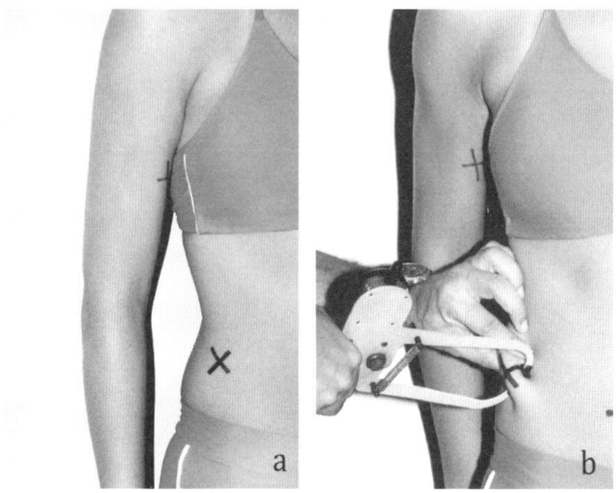

Figura 7.23 – Dobra cutânea suprailíaca (feminino).

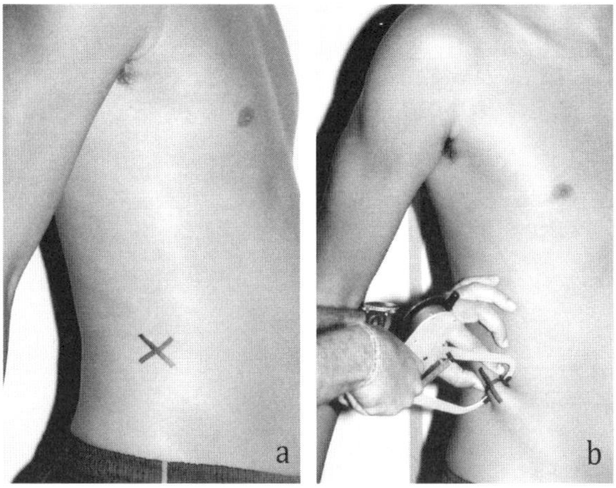

Figura 7.24 – Dobra cutânea suprailíaca (masculino).

- *Dobra cutânea abdominal*: paralelamente ao eixo longitudinal do corpo, 2 centímetros à direita da borda lateral da cicatriz umbilical (Figura 7.25).

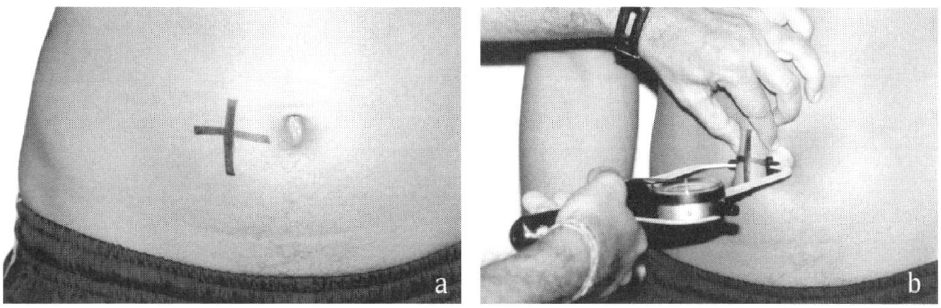

Figura 7.25 – Dobra cutânea abdominal.

- *Dobra cutânea axilar média*: sentido longitudinal do corpo, na linha axilar média, ao nível do apêndice xifoide, no esterno (Figura 7.26).

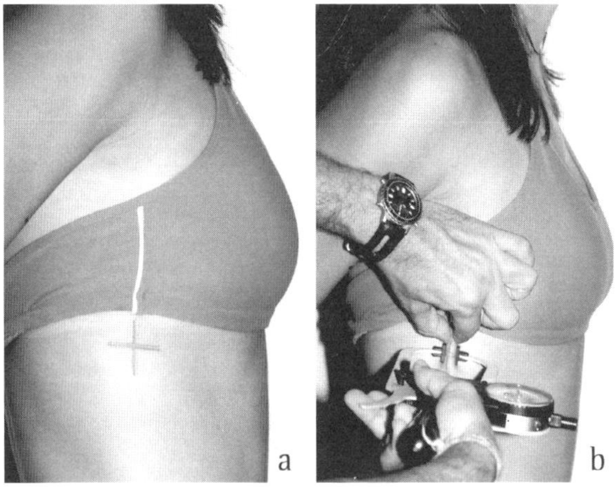

FIGURA 7.26 – Dobra cutânea axilar média.

- *Dobra cutânea da coxa*: paralelamente ao eixo longitudinal do corpo, na distância média entre o trocânter femoral e o bordo superior da patela (equação de Jackson, Pollock e Ward), ou no terço superior da coxa (equação de Guedes) (Figuras 7.27 e 7.28).

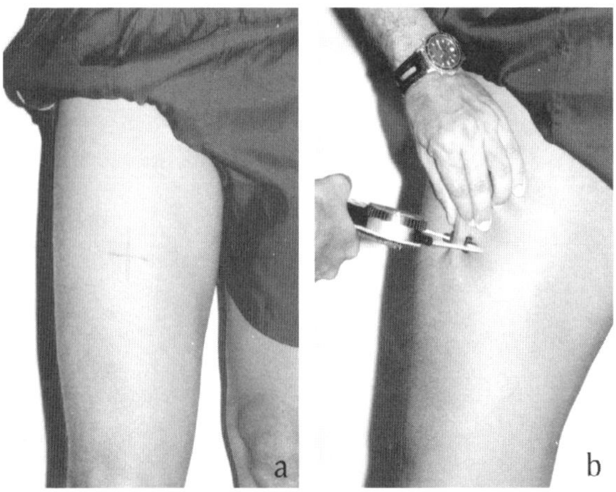

FIGURA 7.27 – Dobra cutânea da coxa (masculino).

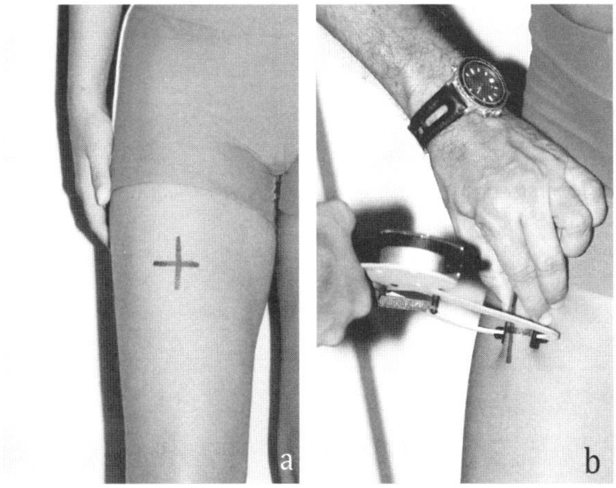

FIGURA 7.28 – Dobra cutânea da coxa (feminino).

- *Dobra cutânea da perna medial*: paralelamente ao eixo longitudinal do corpo, no ponto de maior circunferência da perna (Figura 7.29).

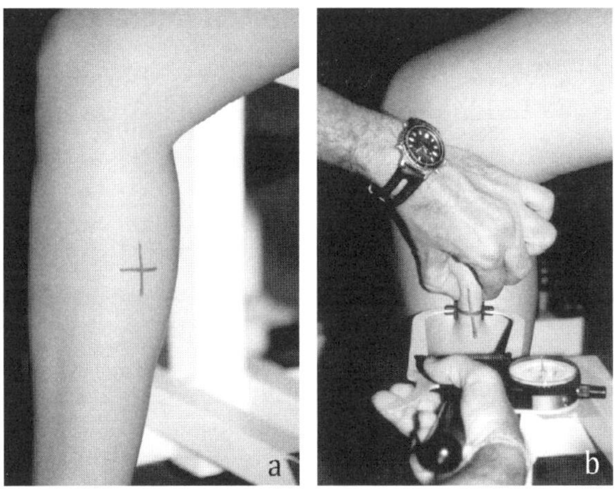

FIGURA 7.29 – Dobra cutânea da perna medial.

- *Dobra cutânea peitoral*: sentido oblíquo, na distância média entre o mamilo e a linha axilar (Figura 7.30).

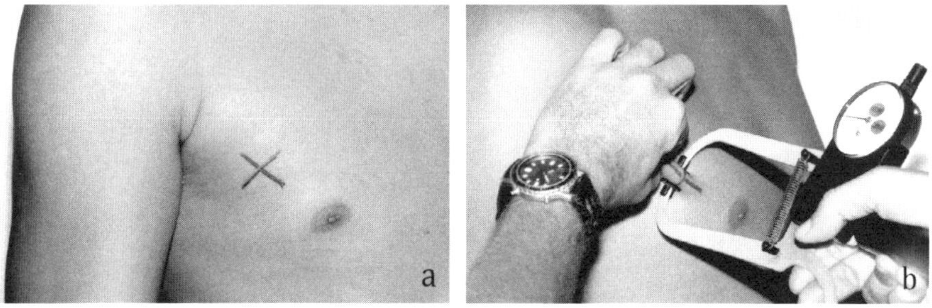

FIGURA 7.30 – Dobra cutânea peitoral.

Principais procedimentos para medida de dobras cutâneas

Para obter as medidas de dobras cutâneas:

- realizar sempre do lado direito do corpo;
- identificar cuidadosamente e marcar o local da medida com lápis dermográfico;
- diferenciar tecido subcutâneo do tecido muscular com o polegar e o indicador, com as pontas do compasso localizadas a 1 centímetro do ponto de reparo;
- manter a dobra segura no momento em que a medida estiver sendo realizada;
- guardar entre 2 e 3 segundos para a leitura ser realizada;
- realizar três medidas e calcular a média;
- observar ordem rotacional ou consecutiva;
- praticar as medidas em pelo menos 100 clientes;
- treinar com técnicos hábeis na medida de dobras cutâneas e comparar os resultados;
- realizar as medidas quando o cliente estiver com a pele seca e livre de óleos e loções;
- não realizar as medidas imediatamente após exercício físico, porque a vasodilatação periférica direciona os fluidos do corpo para a pele, fato que pode aumentar o tamanho da dobra.

Origem dos erros de mensuração

Habilidade do técnico

A pouca habilidade do técnico é responsável pela maior quantidade de erros na medida de dobras cutâneas. Os principais erros dependem, sobretudo, dos pontos onde as medidas são realizadas, e muitos erros são relatados nos pontos das regiões abdominal, da coxa e suprailíaca. A capacidade do teste em produzir escores similares quando administrado por diferentes avaliadores aumenta quando os procedimentos das medidas são padronizados, o avaliador realiza no mínimo 100 mensurações e os pontos de medida das dobras cutâneas são previamente demarcados. Apesar de alguns autores não acharem necessária a demarcação dos pontos de medida, recomenda-se esse procedimento quando o avaliador está em fase de treinamento.

Tipo de compasso

Os compassos de dobras cutâneas podem ser de plástico ou de metal. Compassos de metal de alta qualidade exercem pressão constante ($\cong$ 10 g/mm^2) com a amplitude das suas garras. De modo geral, a tensão dos compassos pode variar entre 2 e 15 g/mm^2. Tensão muito excessiva causa desconforto no cliente e redução na medida da dobra cutânea. Periodicamente, deve-se checar a precisão do equipamento usando o calibrador de compassos de dobras cutâneas. Comparados com os compassos de metal, os de plástico apresentam: menor precisão na escala, tensão não constante, menor escala total para medida. Apesar dessas alterações, vários pesquisadores têm reportado diferenças não significativas entre medidas de dobras cutâneas obtidas por compassos de metal e de plástico. Outros encontram medidas de dobras cutâneas menores quando utilizam compassos tipo Lange ou Ross. Considerando que os diversos tipos de compasso podem ser uma fonte de erro em potencial na medida de dobras cutâneas, recomenda-se a utilização do mesmo instrumento quando o processo de reavaliação do cliente for realizado.

Fatores individuais

A variabilidade nas medidas de dobras cutâneas entre indivíduos pode ser atribuída não apenas à quantidade de gordura subcutânea, mas, também, à espessura da pele, à vasodilatação periférica, ao nível de hidratação do cliente etc. A variabilidade entre indivíduos na espessura da pele é pequena (0,5 a 2,0 mm) e pode não contribuir para erros nas medidas de dobras cutâneas. Entretanto, qualquer acúmulo de líquido extracelular no tecido subcutâneo pode aumentar a espessura da dobra cutânea. Isso sugere que medidas de pregas cutâneas não devem ser realizadas logo após exercícios físicos, especialmente em ambientes quentes. Além disso, mulheres que experimentam ganho de peso ao longo ciclo menstrual, em geral causado por retenção de líquido, podem apresentar aumento nas dobras cutâneas, sobretudo nas regiões do tronco e do abdome.

7.4 Equações utilizadas para a estimativa da densidade corporal

Existem diversas equações utilizadas para a estimativa da densidade corporal e percentual de gordura, e cada uma delas pode apresentar resultados diferentes quando aplicadas a um mesmo indivíduo ou a grupos populacionais. Dessa forma, sugere-se que seja feita a escolha da equação para a estimativa da densidade e do percentual de gordura, considerando o perfil do indivíduo ou do grupo populacional em que será aplicada. Recomenda-se, também, o uso da mesma equação quando o processo de reavaliação for realizado.

7.4.1 Equações utilizadas para a estimativa da densidade/gordura corporal

Brozek e Keys (1951) foram os primeiros a publicar equações de regressão com objetivo de estimar a densidade corporal por meio de variáveis antropométricas. Posteriormente, muitos pesquisadores têm publicado equações usando várias combinações de dobras cutâneas e circunferências corporais (Jackson e Pollock, 1978). Entre eles, pode-se citar: Sloan, Burt e Bilyth (1962); Sloan (1967); Durnin e Rahaman (1967); Durnin e Womersley (1974); Jackson e Pollock (1978); Jackson, Pollock e Ward (1980); Guedes (1985); Petroski (1995); Rodrigues-Añez (1997).

As equações de regressão são classificadas em específicas e generalizadas. As específicas são construídas com base em amostras homogêneas; as generalizadas são desenvolvidas com amostras heterogêneas, diferindo significativamente em idade, em composição corporal e em níveis de aptidão física.

7.4.2 Equações para o cálculo de porcentagem de gordura (generalizadas)

308 homens entre 18 e 61 anos (Jackson e Pollock, 1978)

$$DC = 1{,}1093800 - 0{,}0008267\,(X3) + 0{,}0000016\,(X3)^2 - 0{,}0002574\,(X4)$$

Em que:

X3 = DC + AB + CX

X4: idade

DC: dobra cutânea

AB: dobra cutânea abdominal

CX: dobra cutânea da coxa

Em seguida:

$$\%G = (4{,}95 \,/\, densidade - 4{,}50) \times 100$$

Fonte: Siri (1961).

Como forma alternativa para facilitar os cálculos para a estimativa do percentual de gordura, pode-se utilizar a Tabela 7.6.

Tabela 7.6 – Estimativa do percentual de gordura corporal com base na idade e no somatório das dobras cutâneas: peitoral, abdominal e coxa (em mm) (homens)

Soma das dobras	Idade < 22	Idade 23 a 27	Idade 28 a 32	Idade 33 a 37	Idade 38 a 42	Idade 43 a 47	Idade 48 a 52	Idade 53 a 57	Idade > 57
11-13	2,2	2,8	3,3	3,9	4,4	4,9	5,5	6,0	6,5
14-16	3,2	3,8	4,3	4,8	5,4	5,9	6,4	7,0	7,5
17-19	4,2	4,7	5,3	5,8	6,3	6,9	7,4	8,0	8,5
20-22	5,1	5,7	6,2	6,8	7,3	7,9	8,4	8,9	9,5
23-25	6,1	6,6	7,2	7,7	8,3	8,8	9,4	9,9	10,5
26-28	7,0	7,6	8,1	8,7	9,2	9,8	10,3	10,9	11,4
29-31	8,0	8,5	9,1	9,6	10,2	10,7	11,3	11,8	12,4
32-34	8,9	9,4	10,0	10,5	11,1	11,6	12,2	12,8	13,3
35-37	9,8	10,4	10,9	11,5	12,0	12,6	13,1	13,7	14,3
38-40	10,7	11,3	11,8	12,4	12,9	13,5	14,1	14,6	15,2
41-43	11,6	12,2	12,7	13,3	13,8	14,4	15,0	15,5	16,1
44-46	12,5	13,1	13,6	14,2	14,7	15,3	15,9	16,4	17,0
47-49	13,4	13,9	14,5	15,1	15,6	16,2	16,8	17,3	17,9
50-52	14,3	14,8	15,4	15,9	16,5	17,1	17,6	18,2	18,8
53-55	15,1	15,7	16,2	16,8	17,4	17,9	18,5	19,1	19,7
56-58	16,0	16,5	17,1	17,7	18,2	18,8	19,4	20,0	20,5
59-61	16,9	17,4	17,9	18,5	19,1	19,7	20,2	20,8	21,4
62-64	17,6	18,2	18,8	19,4	19,9	20,5	21,1	21,7	22,2
65-67	18,5	19,0	19,6	20,2	20,8	21,3	21,9	22,5	23,1
68-70	19,3	19,9	20,4	21,0	21,6	22,3	22,7	23,3	23,9
71-73	20,1	20,7	21,2	21,8	22,4	23,0	23,6	24,1	24,7
74-76	20,9	21,5	22,0	22,6	23,2	23,8	24,4	25,0	25,5
77-79	21,7	22,2	22,8	23,4	24,0	24,6	25,2	25,8	26,3
80-82	22,4	23,0	23,6	24,2	24,8	25,4	25,9	26,5	27,1
83-85	23,2	23,8	24,4	25,0	25,5	26,1	26,7	27,3	27,9
86-88	24,0	24,5	25,1	25,7	26,3	26,9	27,5	28,1	28,7
89-91	24,7	25,3	25,9	26,5	27,1	27,6	28,2	28,8	29,4
92-94	25,4	26,0	26,6	27,2	27,8	28,4	29,0	29,6	30,2
95-97	26,1	26,7	27,3	27,9	28,5	29,1	29,7	30,3	30,9
98-100	26,9	27,4	28,0	28,6	29,2	29,8	30,4	31,0	31,6
101-103	27,5	28,1	28,7	29,3	29,9	30,5	31,1	31,7	32,3
104-106	28,2	28,8	29,4	30,0	30,6	31,2	31,8	32,4	33,0
107-109	28,9	29,5	30,1	30,7	31,3	31,9	32,5	33,1	33,7
110-112	29,6	30,2	30,8	31,4	32,0	32,6	33,2	33,8	34,4
113-115	30,2	30,8	31,4	32,0	32,6	33,2	33,8	34,5	35,1
116-118	30,9	31,5	32,1	32,7	33,3	33,9	34,5	35,1	35,7
119-121	31,5	32,1	32,7	33,3	33,9	35,4	35,1	35,7	36,4

249 mulheres entre 18 e 55 anos (Jackson, Pollock e Ward, 1980)

$$DC = 1{,}099492 - 0{,}0009929\ (X3) + 0{,}0000023\ (X3)^2 - 0{,}0001392\ (X4)$$

Em que:

X3 = DCTR + CX + SI

X4: Idade

Em seguida:

$$\%G = (4{,}95 / \text{densidade} - 4{,}50) \times 100$$

Fonte: Siri (1961).

Pode-se utilizar a Tabela 7.7, como forma alternativa para facilitar os cálculos para a estimativa do percentual de gordura.

Tabela 7.7 – Estimativa do percentual de gordura corporal com base na idade e no somatório das dobras cutâneas: tríceps, suprailíaca e coxa (em mm) (mulheres)

Soma das dobras	Idade < 22	Idade 23 a 27	Idade 28 a 32	Idade 33 a 37	Idade 38 a 42	Idade 43 a 47	Idade 48 a 52	Idade 53 a 57	Idade > 57
26-28	11,0	11,2	11,5	11,7	12,0	12,3	12,5	12,7	13,0
29-31	12,3	12,5	12,8	13,0	13,3	13,5	13,8	14,0	14,3
32-34	13,6	13,8	14,0	14,3	14,5	14,8	15,0	15,3	15,5
35-37	14,8	15,0	15,2	15,5	15,8	16,0	16,3	16,5	16,8
38-40	16,0	16,3	16,5	16,7	17,0	17,2	17,5	17,7	18,0
41-43	17,2	17,4	17,7	17,9	18,2	18,4	18,7	18,9	19,2
44-46	18,3	18,6	18,8	19,1	19,3	19,6	19,8	20,1	20,3
47-49	19,5	19,7	20,0	20,2	20,5	20,7	21,0	21,2	21,5
50-52	20,6	20,8	21,1	21,3	21,6	21,8	22,1	22,3	22,6
53-55	21,7	21,9	22,1	22,4	22,6	22,9	23,1	23,4	23,6
56-58	22,7	23,0	23,2	23,4	23,7	23,9	24,2	24,4	24,7
59-61	23,7	24,0	24,2	24,5	24,7	25,0	25,2	25,5	25,7
62-64	24,7	25,0	25,2	25,5	25,7	26,0	26,2	26,4	26,7
65-67	25,7	25,9	26,2	26,4	26,7	26,9	27,2	27,4	27,7
68-70	26,6	26,9	27,1	27,4	27,6	27,9	28,1	28,4	28,6
71-73	27,5	27,8	28,0	28,3	28,5	28,8	29,0	29,3	29,5
74-76	28,4	28,7	28,9	29,2	29,4	29,7	29,9	30,2	30,4
77-79	29,3	29,5	29,8	30,0	30,3	30,5	30,8	31,0	31,3
80-82	30,1	30,4	30,6	30,9	31,1	31,4	31,6	31,9	32,1
83-85	30,9	31,2	31,4	31,7	31,9	32,2	32,4	32,7	32,9
86-88	31,7	32,0	32,2	32,5	32,7	32,9	33,2	33,4	33,7
89-91	32,5	32,7	33,0	33,2	33,5	33,7	33,9	34,2	34,4

Continua

Continuação

Soma das dobras	Idade < 22	Idade 23 a 27	Idade 28 a 32	Idade 33 a 37	Idade 38 a 42	Idade 43 a 47	Idade 48 a 52	Idade 53 a 57	Idade > 57
92-94	33,2	33,4	33,7	33,9	34,2	34,4	34,7	34,9	35,2
95-97	33,9	34,1	34,4	34,6	34,9	35,1	35,4	35,6	35,9
98-100	34,6	34,8	35,1	35,3	35,5	35,8	36,0	36,3	36,5
101-103	35,3	35,4	35,7	35,9	36,2	36,4	36,7	36,9	37,2
104-106	35,8	36,1	36,3	36,6	36,8	37,1	37,3	37,5	37,8
107-109	36,4	36,7	36,9	37,1	37,4	37,6	37,9	38,1	38,4
110-112	37,0	37,2	37,5	37,7	38,0	38,2	38,5	38,7	38,9
113-115	37,5	37,8	38,0	38,2	38,5	38,7	39,0	39,2	39,5
116-118	38,0	38,3	38,5	38,8	39,0	39,3	39,5	39,7	40,0
119-121	38,5	38,7	39,0	39,2	39,5	39,7	40,0	40,2	40,5

7.4.3 Equações específicas

- 100 universitários

Feminino (Sloan, Burt e Blyth, 1961): 50 mulheres universitárias, idade média de 20 anos

$$DC = 1{,}0764 - 0{,}00081\,(SI) - 0{,}00088\,(TR)$$

Em que:

DC: dobra cutânea

SI: dobra cutânea suprailíaca

TR: dobra cutânea do tríceps

Masculino (Sloan, 1967): 50 homens universitários entre 18 e 26 anos

$$DC = 1{,}1043 - 0{,}001327\,(CX) - 0{,}001310\,(SE)$$

Em que:

DC: dobra cutânea

CX: dobra cutânea da coxa

SE: dobra cutânea subescapular

- 206 estudantes da Universidade Federal de Santa Maria (Guedes, 1985)

Masculino: 110 homens entre 17 e 27 anos

$$\text{densidade} = 1{,}17136 - 0{,}06706 \log (TR + SI + AB)$$

Em que:

TR: dobra cutânea do tríceps

SI: dobra cutânea suprailíaca

AB: dobra cutânea abdominal

Em seguida:

$$\%G = (4{,}95 / \text{densidade} - 4{,}50) \times 100$$

Fonte: Siri (1961).

Pode-se utilizar a Tabela 7.8, como forma alternativa para facilitar os cálculos para a estimativa do percentual de gordura.

Tabela 7.8 – Estimativa do percentual de gordura corporal com base no somatório das dobras cutâneas: tríceps, suprailíaca e abdominal (em mm) (homens)

Soma das dobras	0,0	0,1	0,2	0,3	0,4	0,5	0,6	0,7	0,8	0,9
20	6,58	6,66	6,72	6,78	6,84	6,90	6,96	7,02	7,08	7,14
21	7,19	7,25	7,31	7,37	7,43	7,48	7,54	7,60	7,65	7,71
22	7,77	7,82	7,88	7,93	7,99	8,04	8,10	8,15	8,21	8,26
23	8,32	8,37	8,42	8,48	8,53	8,58	8,63	8,69	8,74	8,79
24	8,84	8,89	8,94	9,00	9,05	9,10	9,15	9,20	9,25	9,30
25	9,15	9,40	9,45	9,50	9,55	9,59	9,64	9,69	9,74	9,79
26	9,84	9,88	9,91	9,98	10,03	10,07	10,12	10,17	10,21	10,26
27	10,31	10,35	10,40	10,44	10,49	10,53	10,58	10,62	10,67	10,71
28	10,76	10,80	10,85	10,89	10,94	10,98	11,02	11,07	11,11	11,15
29	11,20	11,24	11,28	11,33	11,37	11,41	11,45	11,50	11,54	11,58
30	11,62	11,66	11,71	11,75	11,79	11,83	11,87	11,91	11,95	11,99
31	12,03	12,07	12,11	12,16	12,20	12,24	12,28	12,31	12,35	12,39
32	12,43	12,47	12,51	12,55	12,59	12,63	12,67	12,71	12,74	12,78
33	12,82	12,86	12,90	12,93	12,97	13,01	13,05	13,09	13,12	13,16
34	13,20	13,23	13,27	13,31	13,35	13,38	13,42	13,45	13,49	13,53
35	13,56	13,60	13,64	13,67	13,71	13,74	13,78	13,81	13,85	13,88
36	13,92	13,96	13,99	14,03	14,06	14,09	14,13	14,16	14,20	14,23

Continua

Continuação

Soma das dobras	0,0	0,1	0,2	0,3	0,4	0,5	0,6	0,7	0,8	0,9
37	14,27	14,30	14,34	14,37	14,40	14,44	14,47	14,50	14,54	14,57
38	14,61	14,64	14,67	14,71	14,74	14,77	14,80	14,84	14,87	14,90
39	14,94	14,97	15,00	15,03	15,07	15,10	15,13	15,16	15,19	15,23
40	15,26	15,29	15,32	15,35	15,38	15,42	15,45	15,48	15,51	15,54
41	15,57	15,60	15,63	15,67	15,70	15,73	15,76	15,79	15,82	15,85
42	15,88	15,91	15,94	15,97	16,00	16,03	16,06	16,09	16,12	16,15
43	16,18	16,21	16,24	16,27	16,30	16,33	16,33	16,36	16,42	16,45
44	16,48	16,50	16,53	16,56	16,59	16,62	16,65	16,68	16,71	16,73
45	16,76	16,79	16,82	16,85	16,88	16,90	16,93	16,96	16,99	17,02
46	17,04	17,07	17,10	17,13	17,16	17,18	17,21	17,24	17,27	17,29
47	17,32	17,35	17,38	17,40	17,43	17,46	17,48	17,51	17,54	17,56
48	17,59	17,62	17,65	17,67	17,70	17,73	17,75	17,78	17,80	17,83
49	17,86	17,88	17,91	17,94	17,96	17,99	18,01	18,04	18,07	18,09
50	18,12	18,14	18,17	18,19	18,22	18,25	18,27	18,30	18,32	18,35
51	18,37	18,40	18,42	18,45	18,47	18,50	18,52	18,55	18,57	18,60
52	18,62	18,65	18,67	18,70	18,72	18,75	18,77	18,80	18,82	18,85
53	18,87	18,89	18,92	18,94	18,97	18,99	19,02	19,04	19,06	19,09
54	19,11	19,14	19,16	19,18	19,21	19,23	19,25	19,28	19,30	19,33
55	19,35	19,37	19,40	19,42	19,44	19,47	19,49	19,51	19,54	19,56
56	19,58	19,61	19,63	19,65	19,68	19,70	19,72	19,74	19,77	19,78
57	19,81	19,84	19,86	19,88	19,90	19,93	19,95	19,97	19,99	20,02
58	20,04	20,06	20,08	20,11	20,13	20,15	20,17	20,19	20,22	20,24
59	20,26	20,28	20,31	20,33	20,35	20,37	20,39	20,41	20,44	20,46
60	20,48	20,50	20,52	20,54	20,57	20,59	20,61	20,63	20,65	20,67
61	20,70	20,72	20,74	20,76	20,78	20,80	20,82	20,84	20,87	20,89
62	20,91	20,93	20,95	20,97	20,99	21,01	21,03	21,05	21,07	21,10
63	21,12	21,14	21,16	21,18	21,20	21,22	21,24	21,26	21,28	21,30
64	21,32	21,34	21,36	21,38	21,40	21,42	21,44	21,46	21,48	21,50
65	21,52	21,54	21,56	21,58	21,60	21,62	21,64	21,66	21,68	21,70
66	21,72	21,74	21,76	21,78	21,80	21,82	21,84	21,86	21,88	21,90
67	21,92	21,94	21,96	21,98	22,00	22,02	22,04	22,06	22,08	22,10
68	22,12	22,13	22,15	22,17	22,19	22,21	22,23	22,25	22,27	22,29
69	22,31	22,33	22,35	22,36	22,38	22,40	22,42	22,44	22,46	22,48
70	22,50	22,51	22,53	22,55	22,57	22,59	22,61	22,63	22,65	22,66
71	22,68	22,70	22,72	22,74	22,76	22,77	22,79	22,81	22,83	22,85
72	22,87	22,88	22,90	22,92	22,94	22,96	22,98	22,99	23,01	23,03
73	23,05	23,07	23,08	23,10	23,12	23,14	23,16	23,17	23,19	23,21
74	23,23	23,24	23,26	23,28	23,30	23,32	23,33	23,35	23,37	23,39
75	23,40	23,42	23,44	23,46	23,47	23,49	23,51	23,53	23,54	23,56

Feminino: 96 mulheres entre 17 e 29 anos

$$\text{densidade} = 1{,}16650 - 0{,}07063 \log (SE + SI + CX)$$

Em que:

SE: dobra cutânea subescapular

SI: dobra cutânea suprailíaca

CX: dobra cutânea da coxa

Em seguida:

$$\%G = (4{,}95 / \text{densidade} - 4{,}50) \times 100$$

Fonte: Siri (1961).

Como forma alternativa para facilitar os cálculos para a estimativa do percentual de gordura, pode-se utilizar a Tabela 7.9.

Tabela 7.9 – Estimativa do percentual de gordura corporal com base no somatório das dobras cutâneas: coxa, suprailíaca e subescapular (em mm) (mulheres)

Soma das dobras	0,0	0,1	0,2	0,3	0,4	0,5	0,6	0,7	0,8	0,9
30	16,03	16,07	16,12	16,16	16,21	16,25	16,29	16,34	16,38	16,42
31	16,47	16,51	16,56	16,60	16,64	16,68	16,73	16,77	16,81	16,85
32	16,90	16,94	16,98	17,02	17,06	17,11	17,15	17,19	17,23	17,27
33	17,31	17,35	17,39	17,44	17,48	17,52	17,56	17,60	17,64	17,68
34	17,72	17,76	17,80	17,84	17,88	17,92	17,95	17,99	18,03	18,07
35	18,11	18,15	18,19	18,23	18,26	18,30	18,34	18,38	18,42	18,46
36	18,49	18,53	18,57	18,61	18,64	18,68	18,72	18,76	18,79	18,83
37	18,87	18,90	18,94	18,98	19,01	19,05	19,09	19,12	19,16	19,19
38	19,23	19,27	19,30	19,34	19,37	19,41	19,44	19,48	19,51	19,55
39	19,58	19,62	19,65	19,69	19,72	19,76	19,79	19,83	19,86	19,90
40	19,93	19,97	20,00	20,03	20,07	20,10	20,13	20,17	20,21	20,24
41	20,27	20,30	20,34	20,37	20,40	20,44	20,47	20,50	20,53	20,57
42	20,60	20,63	20,66	20,70	20,73	20,76	20,79	20,83	20,86	20,89
43	20,92	20,95	20,99	21,02	21,05	21,08	21,11	21,14	21,18	21,21
44	21,24	21,27	21,30	21,33	21,36	21,39	21,43	21,46	21,49	21,52
45	21,55	21,58	21,61	21,64	21,67	21,70	21,73	21,76	21,79	21,82
46	21,85	21,88	21,91	21,94	21,97	22,00	22,03	22,06	22,09	22,12
47	22,15	22,18	22,21	22,24	22,27	22,29	22,32	22,35	22,38	22,41
48	22,44	22,47	22,50	22,53	22,55	22,58	22,61	22,64	22,67	22,70
49	22,72	22,75	22,78	22,81	22,84	22,87	22,89	22,92	22,95	22,98
50	23,00	22,03	23,06	23,09	23,11	23,14	23,17	23,20	23,22	23,25
51	23,28	23,31	23,33	23,36	23,39	23,41	23,44	23,47	23,50	23,52

Continua

Continuação

Soma das dobras	0,0	0,1	0,2	0,3	0,4	0,5	0,6	0,7	0,8	0,9
52	23,55	23,58	23,60	23,63	23,66	23,68	23,71	23,73	23,76	22,79
53	23,81	23,84	23,87	23,89	23,92	23,94	23,97	24,00	24,02	24,05
54	24,07	24,10	24,13	24,15	24,18	24,20	24,23	24,25	24,28	24,30
55	24,33	24,35	24,38	24,41	24,43	24,46	24,48	24,51	24,53	24,56
56	24,58	24,61	24,63	24,66	24,68	24,71	24,73	24,75	24,78	24,80
57	24,83	24,85	24,88	24,90	24,93	24,95	24,97	25,00	25,02	25,05
58	25,07	25,10	25,12	25,14	24,17	25,19	25,22	25,24	25,26	25,29
59	25,31	25,33	25,36	25,38	25,41	25,43	25,45	25,48	25,50	25,52
60	25,55	25,57	25,59	25,62	25,64	25,66	25,69	25,71	25,73	25,76
61	25,78	25,80	25,82	25,85	25,87	25,89	25,91	25,94	25,96	25,98
62	26,01	26,03	26,05	26,07	26,10	26,12	26,14	26,16	26,19	26,21
63	26,23	26,25	26,28	26,30	26,32	26,34	26,36	26,39	26,41	26,43
64	26,45	26,47	26,50	26,52	26,54	26,56	26,58	26,61	26,63	26,65
65	26,67	26,69	26,71	26,74	26,76	26,78	26,80	26,82	26,84	26,86
66	26,89	26,91	26,93	26,95	26,97	26,99	27,01	27,03	27,06	27,08
67	27,10	27,12	27,14	27,16	27,18	27,20	27,22	27,24	27,26	27,29
68	27,31	27,33	27,35	27,37	27,39	27,41	27,43	27,45	27,47	27,49
69	27,51	27,53	27,55	27,57	27,59	27,61	27,63	27,66	27,68	27,70
70	27,72	27,74	27,76	27,78	27,80	27,82	27,84	27,86	27,88	27,90
71	27,92	27,94	27,96	27,98	28,00	28,02	28,04	28,06	28,08	28,09
72	28,11	28,13	28,15	28,17	28,19	28,21	28,23	28,25	28,27	28,29
73	28,31	28,33	28,35	28,37	28,39	28,41	28,43	28,45	28,46	28,48
74	28,50	28,52	28,54	28,56	28,58	28,60	28,62	28,64	28,66	28,67
75	28,69	28,71	28,73	28,75	28,77	28,79	28,81	28,83	28,84	28,86
76	28,88	28,90	28,92	28,94	28,96	28,97	28,99	29,01	29,03	29,05
77	29,07	29,09	29,10	29,12	29,14	29,16	29,18	29,20	29,21	29,23
78	29,25	29,27	29,29	29,31	29,32	29,34	29,36	29,38	29,40	29,41
79	29,43	29,45	29,47	29,49	29,50	29,52	29,54	29,56	29,58	29,59
80	29,61	29,63	29,65	29,67	29,68	29,70	29,72	29,74	29,75	29,77
81	29,79	29,81	29,82	29,84	29,86	29,88	29,89	29,91	29,93	29,95
82	29,96	29,98	30,00	30,02	30,03	30,05	30,07	30,09	30,10	30,12
83	30,14	30,15	30,17	30,19	30,21	30,22	30,24	30,26	30,27	30,29
84	30,31	30,33	30,34	30,36	30,38	30,39	30,41	30,43	30,44	30,46
85	30,48	30,49	30,51	30,53	30,54	30,56	30,58	30,59	30,61	30,63

Após a estimativa do percentual de gordura por qualquer das equações matemáticas apresentadas, pode-se calcular o peso em gordura pelo seguinte procedimento:

$$\text{peso em gordura} = \%G \times \text{peso total} / 100$$

Em seguida, calcula-se a massa corporal isenta de gordura:

$$\text{MCIG} = \text{peso total} - \text{peso em gordura}$$

Para realizar o fracionamento da composição corporal em quatro componentes, pode-se utilizar o procedimento a seguir:

$$\text{peso em gordura (PG)} = \text{peso total (PT)} \times (\%G / 100)$$

$$\text{peso ósseo (PO)} = 3{,}02\ (H^2 \times R \times F \times 400)^{0{,}712}$$

Em que:
H: estatura, em metros
R: diâmetro do rádio
F: diâmetro do fêmur

$$\text{peso residual (PR) (masc.)} = PT \times (24{,}1 / 100)$$

$$\text{peso residual (PR) (fem.)} = PT \times (20{,}9 / 100)$$

$$\text{peso muscular} = PT - (PG + PO + PR)$$

7.4.4 Equações específicas para crianças e adolescentes

As equações específicas para crianças e adolescentes foram criadas por alguns autores, considerando os seguintes aspectos:

- diferenças na densidade corporal entre crianças e adultos;
- relação não linear entre gordura subcutânea e gordura total;
- maturidade musculoesquelética não consolidada em crianças e adolescentes.

Entre as mais utilizadas, há as propostas por Slaughter *et al.* (1988):

Rapazes

(TR + SE) < 35 mm

$$(7\text{-}8 \text{ anos})\ \%G = 1{,}21\ (TR + SE) - 0{,}008\ (TR + SE)^2 - 1{,}7$$

$$(9\text{-}10 \text{ anos})\ \%G = 1{,}21\ (TR + SE) - 0{,}008\ (TR + SE)^2 - 2{,}5$$

$$(11\text{-}12 \text{ anos})\ \%G = 1{,}21\ (TR + SE) - 0{,}008\ (TR + SE)^2 - 3{,}4$$

$$(13\text{-}14 \text{ anos})\ \%G = 1{,}21\ (TR + SE) - 0{,}008\ (TR + SE)^2 - 4{,}4$$

$$(15\text{-}17 \text{ anos})\ \%G = 1{,}21\ (TR + SE) - 0{,}008\ (TR + SE)^2 - 5{,}5$$

(TR + SE) > 35 mm

$$(7 \text{ a } 17 \text{ anos})\ \%G = 0{,}783\ (TR + SE) + 1{,}6$$

Moças

(TR + SE) < 35 mm

$$(7 \text{ a } 17 \text{ anos})\ \%G = 1{,}33\ (TR + SB) - 0{,}013\ (TR + SE)^2 - 2{,}5$$

(TR + SE) > 35 mm

$$(7 \text{ a } 17 \text{ anos})\ \%G = 0{,}546\ (TR + SE) + 9{,}7$$

Em que:
TR: dobra cutânea do tríceps; SE: dobra cutânea subescapular.

Em seguida, para a classificação, pode-se utilizar as Tabelas 7.10 e 7.11, propostas por Lohman (1987).

Tabela 7.10 – Classificação do percentual de gordura corporal para crianças e adolescentes (feminino)

Muito baixo	Até 11%
Baixo	12%–15%
Normal	16%–25%
Moderadamente alto	26%–30%
Alto	31%–35%
Muito alto	> 35%

Fonte: adaptada de Lohman (1987).

Tabela 7.11 – Classificação do percentual de gordura corporal para crianças e adolescentes (masculino)

Muito baixo	Até 6%
Baixo	7%–12%
Normal	13%–18%
Moderadamente alto	19%–25%
Alto	26%–32%
Muito alto	> 32%

Fonte: adaptada de Lohman (1987).

7.4.5 Equações específicas para atletas

O percentual de gordura mínimo admitido para atletas é de 5% para homens e de 12% para mulheres. Esses valores determinam a chamada gordura essencial que é utilizada pelo organismo para diversas funções metabólicas. Nas mulheres, valores menores que 12% de gordura corporal são associados à amenorreia e à osteoporose prematura.

A principal importância da validação de equações específicas para atletas reside no fato de que, em geral, esses indivíduos apresentam aumento na densidade corporal, aumento na quantidade de mineral ósseo e na massa muscular, quando comparados a não atletas. Dessa forma, segundo Heyward e Stolarczyk (1996), as equações que apresentam menores erros para a estimativa da gordura corporal em atletas estão relatadas a seguir:

Equação sugerida para homens atletas

$$\text{Dens} = 1{,}112 - 0{,}00043499\,(\underline{S}7DC) + 0{,}00000055\,(\underline{S}7DC)^2 - 0{,}00028826\,(\text{Idade})$$

Em que:

$(\underline{S}7DC) = (DC\ PT + AX + TR + SE + AB + SI + CX)$

DC: dobra cutânea; PT: peso total; AX: dobra cutânea axilar média; TR: dobra cutânea do tríceps; SE: dobra cutânea subescapular; AB: dobra cutânea abdominal; SI: dobra cutânea suprailíaca; CX: dobra cutânea da coxa.

Fonte: Jackson e Pollock (1978).

Equação sugerida para mulheres atletas

$$Dens = 1{,}096095 - 0{,}0006952\ (\underline{S}4DC) + 0{,}0000011\ (\underline{S}4DC)^2 - 0{,}0000714\ (Idade)$$

Em que: $(\underline{S}4DC) = (DC\ TR + AB + SI + CX)$
DC: dobra cutânea; TR: dobra cutânea do tríceps; AB: dobra cutânea abdominal; SI: dobra cutânea suprailíaca; CX: dobra cutânea da coxa.
Fonte: Jackson, Pollock e Ward, 1980.

Em seguida, é apresentado o percentual de gordura médio para algumas modalidades desportivas (Tabela 7.12).

Tabela 7.12 – Percentual de gordura médio em algumas modalidades desportivas

Esporte	Masculino	Feminino
Basquete	7%–11%	20%–27%
Ciclismo	8%–10%	15%
Natação	9%–12%	14%–24%
Voleibol	11%–12%	16%–25%
Corrida de fundo	6%–13%	10%–19%
Triatlo	5%–11%	7%–17%
Tênis	15%–16%	20%

7.4.6 Equações específicas para idosos

No caso específico de idosos, não é recomendada a adipometria, considerando certos fatores, como a maior quantidade de gordura estocada no tronco do que nas extremidades, a redução na elasticidade e na hidratação da pele e o aumento na compressibilidade do tecido adiposo subcutâneo.

7.4.7 Equações para obesidade pronunciada

Nesse caso, também não é recomendada a adipometria, considerando os seguintes fatores: modificações na proporção de gordura subcutânea/gordura total; dificuldade quanto à seleção e à palpação dos pontos anatômicos; em alguns pontos, a dobra cutânea pode ser maior do que a abertura do compasso;

a variabilidade na composição do tecido adiposo afeta a compressibilidade da dobra cutânea; grande variação entre avaliadores na medida da dobra cutânea.

O excesso de gordura corporal é um sério problema de saúde, que reduz a expectativa de vida pelo aumento no risco de desenvolvimento de doença cardíaca coronariana, hipertensão, dislipidemias, diabetes, osteoartrite e certos tipos de câncer. Para classificar o nível de gordura corporal, são recomendados valores de 15% para homens e 23% para mulheres, ao passo que a quantidade de gordura de 25% ou mais para homens e de 32% ou mais para mulheres é considerada obesidade (Tabela 7.13).

Tabela 7.13 – Classificação do percentual de gordura corporal

Classificação	%G em homens	%G em mulheres
Normal	Até 15	Até 23
Obesidade	> 25	> 32

Fonte: Heyward e Stolarczyk (1996).

As Tabelas 7.14 e 7.15 apresentam a classificação do percentual de gordura corporal, considerando a compilação de resultados de diversos estudos.

Tabela 7.14 – Classificação do percentual de gordura corporal (feminino)

Abaixo do normal	Até 16%
Normal	16%–25%
Acima do normal	25%–33%
Tendência à obesidade	> 33%

Tabela 7.15 – Classificação do percentual de gordura corporal (masculino)

Abaixo do normal	Até 12%
Normal	12%–18%
Acima do normal	18%–25%
Tendência à obesidade	> 25%

7.5 Índice de massa corporal

A necessidade de estabelecer um índice para peso corporal relativo é reconhecida desde o início da antropometria, podendo ser simples e muito informativo expressar o peso do indivíduo conforme a porcentagem do peso médio de pessoas de mesma estatura, mesma idade e mesmo sexo na população em que estão inseridos. Essa foi a razão que levou as companhias de seguro de saúde a publicarem tabelas-padrão de peso-estatura. Conforme a publicação original, essas tabelas simplesmente promoveram, para ambos os sexos, pesos corporais médios para idade e estatura específicas (Keys *et al.*, 1972).

O pesquisador Quetelet observou que o peso corporal de adultos é proporcional à estatura. Em outros trabalhos, verificou que a relação peso/(estatura)^2 é constante em indivíduos de constituição física normal. Em virtude do pioneirismo nesse tipo de estudo, entre os antropometristas, a relação peso/(estatura)^2 foi referendada como índice de Quetelet (Garrow e Webster, 1985).

Foi analisada, também, a correlação entre estatura, espessura do tecido subcutâneo e densidade corporal com os diversos índices de peso relativo. Determinou-se que o melhor índice seria aquele que tivesse menor correlação com a estatura porque removeria a dependência do peso sobre a estatura, e, ao mesmo tempo, tivesse a maior correlação positiva com a gordura subcutânea e negativa com a densidade corporal, para determinar o nível em que os diversos índices indicavam relativa obesidade ou excesso de gordura. Como resultado, estabeleceu-se que a relação peso/(estatura)^2 foi o índice que apresentou a menor correlação com a estatura e maior correlação com excesso de gordura, sendo, portanto, recomendado pelos autores para uso geral. Nessa mesma época, sugeriu-se denominar a relação peso/(estatura)^2 de índice de massa corporal (IMC). A partir de então, essa relação tornou-se bastante utilizada na avaliação morfológica de adultos, sendo preferível aos outros métodos, em virtude dos resultados do estudo apresentado, bem como pela simplicidade para a realização de suas medidas e de seus cálculos (Keys *et al.*, 1972).

$$\text{IMC} = \frac{\text{peso}}{(\text{estatura})^2}$$

Os valores de IMC podem ser utilizados tanto para diagnosticar sobrepeso e obesidade quanto para diagnosticar desnutrição energética crônica. No entanto, existe certo impasse com relação a quais seriam os valores de corte para esses diagnósticos (Anjos, 1992).

De acordo com Bray (1992), os limites de corte sugeridos seriam os apresentados na Tabela 7.16. Existe, também, a classificação proposta por Garrow e Webster (1985), disposta na Tabela 7.17.

Um grupo de estudiosos da Organização Mundial de Saúde (Use..., 1986) sugeriu o valor de 25 kg/m^2 como limite máximo para normalidade.

Tabela 7.16 – Normas para classificação do IMC, para Bray (1992)

Classificação	IMC (kg/m^2)
Baixo peso	< 20
Normal	20–25
Sobrepeso	26–30
Obesidade	> 30

Fonte: adaptada de Bray (1992).

Tabela 7.17 – Normas para classificação do IMC, para Garrow e Webster (1985)

Classificação	IMC (kg/m^2)
Normal	Até 25
Obesidade grau I	25–29,9
Obesidade grau II	30–40
Obesidade grau III	Acima de 40

Fonte: adaptada de Garrow e Webster (1985).

Muitos dos conhecimentos epidemiológicos sobre as implicações da obesidade na saúde foram estabelecidos de acordo com o conceito de sobrepeso, uma variável contínua, unidimensional, que supostamente determina o conteúdo de gordura do corpo. O IMC é, em geral, usado como o referencial de preferência.

O relacionamento entre o sobrepeso e o início de doenças cardiovasculares, em particular doenças cardíacas coronarianas, tem sido investigado e evidenciado em diversos estudos. Da mesma forma, muitos resultados convincentes foram obtidos em pesquisas que relacionam o aumento do risco de doenças hipocinéticas com valores de IMC elevados, tanto em homens como em mulheres (Bloch *et al.*, 1994; Pitanga, 1995; Villalpando e Stern, 1993).

7.6 Antropometria na avaliação da obesidade abdominal e risco coronariano em crianças, adolescentes e adultos

Um aspecto que desperta atenção nas pesquisas sobre obesidade é a distribuição da gordura no corpo. A incidência de diabetes, aterosclerose e morte cardíaca súbita é bastante frequente em pessoas obesas, mas, quando a obesidade está centralizada na região abdominal, as repercussões negativas, tanto de ordem metabólica quanto cardiovascular, são mais significativas (De Koning *et al.*, 2007).

Vague (1956) criou o índice de diferenciação masculina e, com ele, classificou a gordura em:

- *Androide*: gordura localizada na região central e mais específica para homens.
- *Ginoide*: gordura localizada nos quadris e nas coxas e mais específica para mulheres.

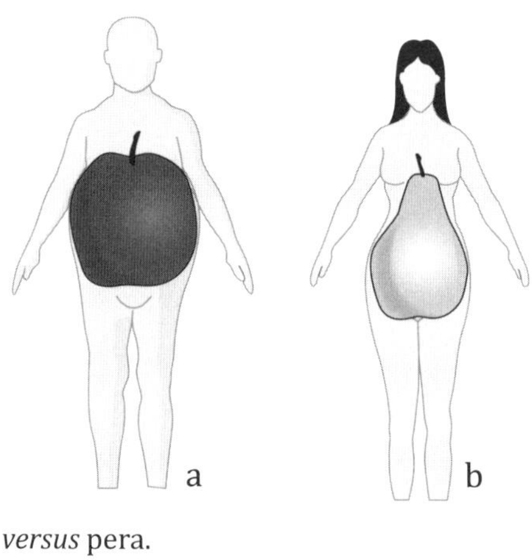

FIGURA 7.31 – Maçã *versus* pera.

A obesidade abdominal pode ser avaliada por tomografia computadorizada, ressonância magnética nuclear e por diversos indicadores antropométricos: circunferência da cintura (CC), razão circunferência cintura-quadril (RCCQ), índice de conicidade (índice C) e razão circunferência cintura-estatura (RCEst).

Apesar de a tomografia computadorizada ser considerada o método mais preciso para a avaliação da gordura abdominal, poucos estudos populacionais têm sido realizados sobre esse método, em razão do elevado custo operacional. Por isso, os indicadores antropométricos parecem ser uma boa alternativa para testes de diagnóstico de obesidade abdominal.

Na década de 1980, Larsson *et al.* (1984) relacionaram a RCCQ com o aumento do risco de infarto do miocárdio, de acidente vascular encefálico e de morte prematura, encontrando forte associação entre essas variáveis. Corroborando os conceitos daquela época, o mais alto risco de infarto do miocárdio ou de morte prematura foi encontrado em homens com altos valores de RCCQ e baixo IMC, sugerindo que indivíduos com gordura corporal concentrada no abdome são aqueles com mais alto risco para desenvolver doenças cardiovasculares.

Posteriormente, a medida da CC passou a ser utilizada para avaliar a obesidade abdominal, associando-a com o nível de tecido adiposo abdominal visceral (Pouliot *et al.*, 1994). A medida de circunferência da cintura é realizada com os sujeitos na posição ortostática, com o abdome relaxado, a fita posicionada no plano horizontal, no nível natural da cintura, que é a parte mais estreita do tronco (Figura 7.32). Para a medida do quadril, os sujeitos continuam na posição ortostática, com a fita posicionada no plano horizontal, no ponto de maior circunferência da região glútea (Figura 7.33) (Callaway *et al.*, 1988).

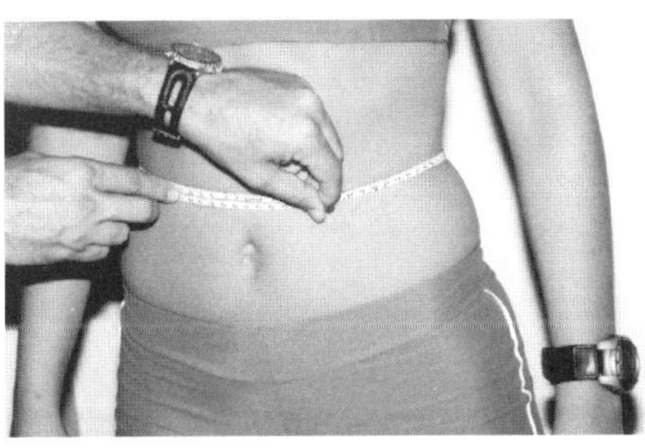

Figura 7.32 – Circunferência da cintura.

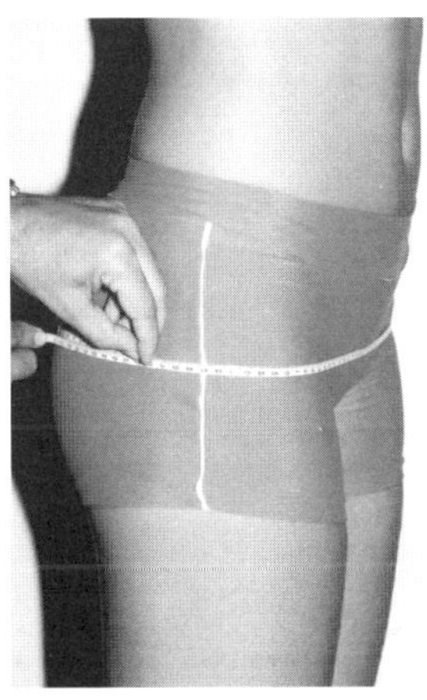

Figura 7.33 – Circunferência do quadril.

Alguns autores têm proposto normas para classificar os valores da proporção cintura-quadril. Em geral, adultos jovens, com valores maiores do que 0,94 para homens e 0,82 para mulheres, têm alto risco para consequências de saúde adversas (Bray e Gray, 1988; Heyward e Stolarczyk, 1996) (Tabelas 7.18, 7.19 e 7.20).

Tabela 7.18 – Normas para classificação da RCCQ – razão circunferência cintura-quadril

Classificação	**Cintura/Quadril (cm)**	
	Homens	**Mulheres**
Normal	Até 0,94	Até 0,82

Fonte: adaptada de Bray e Gray (1988); Heyward e Stolarczyk (1996).

Tabela 7.19 – Normas para classificação da RCCQ (homens)

Idade	**Baixo**	**Moderado**	**Alto**	**Muito alto**
Até 29	< 0,83	0,83–0,88	0,89–0,94	> 0,94
30-39	< 0,84	0,84–0,91	0,92–0,96	> 0,96
40-49	< 0,88	0,88–0,95	0,96–1,00	> 1,00
50-59	< 0,90	0,90–0,96	0,97–1,02	> 1,02
> 59	< 0,91	0,91–0,98	0,99–1,03	> 1,03

Fonte: adaptada de Bray e Gray (1988).

Tabela 7.20 – Normas para classificação da RCCQ (mulheres)

Idade	**Baixo**	**Moderado**	**Alto**	**Muito alto**
Até 29	< 0,71	0,71–0,77	0,78–0,82	> 0,82
30-39	< 0,72	0,72–0,78	0,79–0,84	> 0,84
40-49	< 0,73	0,73–0,79	0,80–0,87	> 0,87
50-59	< 0,74	0,74–0,81	0,82–0,88	> 0,88
> 59	< 0,76	0,76–0,83	0,84–0,90	> 0,90

Fonte: adaptada de Bray e Gray (1988).

Valdez (1991) propôs o índice C como modelo para avaliação da distribuição da gordura corporal. Esse índice utiliza como variáveis o peso, a estatura e a circunferência da cintura. É baseado na ideia de que pessoas que acumulam gordura em volta da região central do tronco têm a forma do corpo parecida com um duplo cone, ou seja, dois cones com uma base comum, ao passo que aquelas com menor quantidade de gordura na região central teriam aparência de um cilindro.

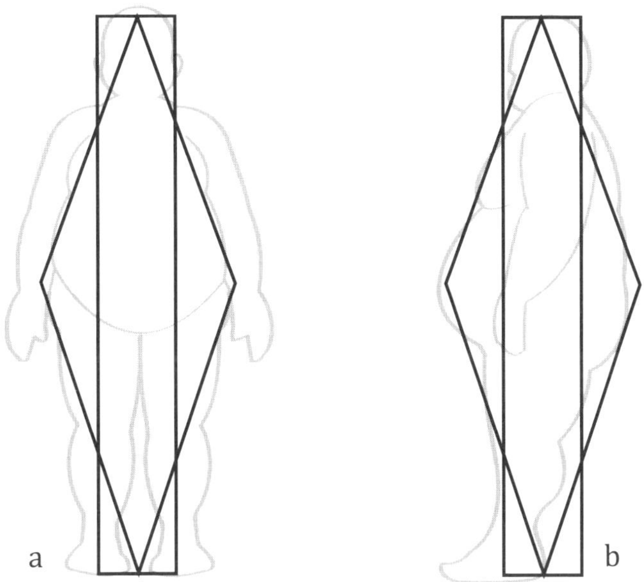

FIGURA 7.34 – Índice de conicidade.

O índice C é calculado com a seguinte fórmula:

$$\text{Índice C} = \frac{(\text{circunferência da cintura em m})}{0{,}109\sqrt{\dfrac{(\text{peso corporal em kg})}{(\text{estatura em m})}}}$$

O numerador é a medida da circunferência da cintura em metros. O valor 0,109 é a constante que resulta da raiz da razão entre 4π (originado da dedução do perímetro do círculo de um cilindro) e a densidade média do ser humano de 1,050 kg/m^3. Assim, o denominador é o cilindro produzido pelo peso pela estatura de determinado indivíduo. Dessa forma, ao ser calculado o índice C, há a seguinte interpretação: por exemplo, se a pessoa tem o índice C de 1,30, isso significa que a circunferência da sua cintura, já levando em consideração a sua estatura e peso, é 1,30 vez maior do que a circunferência que teria, caso não houvesse gordura abdominal (pessoa de forma cilíndrica).

Com relação ao local da medida da CC, Valdez (1991), ao propor o índice C, adotou a circunferência da cintura como critério sensível para adiposidade abdominal, sem definir a localização anatômica dela. Em seguida, Valdez *et al.* (1993), ao realizar estudo populacional, adotou dois diferentes pontos para realização da medida de CC: o primeiro em cima da cicatriz umbilical; e o segundo no maior perímetro entre o processo xifoide e a crista ilíaca anteroposterior. Considerando a maior facilidade de identificação do ponto anatômico, propomos a *utilização da menor circunferência do tronco* como referência para medida da CC, no momento da determinação do índice C.

As principais vantagens apresentadas por esse índice são: não é necessária a circunferência de quadril para avaliação da distribuição da gordura corporal; os valores do denominador do índice C podem ser prétabulados sobre uma ampla série de peso e estaturas humanas; e os valores da circunferência de cintura, utilizados no numerador, necessitariam apenas ser divididos pelo denominador, já previamente tabulado para o índice C ser conhecido.

O cálculo dos valores do denominador pode ser bastante facilitado com o uso da Tabela 7.21. Para isso, basta observar o valor descrito na intersecção entre o peso e a estatura do avaliado. Na sequência, deve-se dividir a circunferência da cintura (metros) pelo valor do denominador encontrado na Tabela 7.21.

Tabela 7.21 – Valor do denominador segundo peso e estatura para cálculo do índice C

P \ E	1,50	1,51	1,52	1,53	1,54	1,55	1,56	1,57	1,58	1,59	1,60
50	0,63	0,63	0,63	0,62	0,62	0,62	0,62	0,62	0,61	0,61	0,61
51	0,63	0,63	0,63	0,63	0,63	0,63	0,62	0,62	0,62	0,62	0,62
52	0,64	0,64	0,64	0,64	0,63	0,63	0,63	0,63	0,63	0,62	0,62
53	0,65	0,65	0,64	0,64	0,64	0,64	0,64	0,63	0,63	0,63	0,63
54	0,65	0,65	0,65	0,65	0,65	0,64	0,64	0,64	0,64	0,64	0,63
55	0,66	0,66	0,66	0,65	0,65	0,65	0,65	0,65	0,64	0,64	0,64
56	0,67	0,66	0,66	0,66	0,66	0,66	0,65	0,65	0,65	0,65	0,64
57	0,67	0,67	0,67	0,67	0,66	0,66	0,66	0,66	0,65	0,65	0,65
58	0,68	0,68	0,67	0,67	0,67	0,67	0,66	0,66	0,66	0,66	0,66
59	0,68	0,68	0,68	0,68	0,67	0,67	0,67	0,67	0,67	0,66	0,66
60	0,69	0,69	0,68	0,68	0,68	0,68	0,68	0,67	0,67	0,67	0,67
61	0,70	0,69	0,69	0,69	0,69	0,68	0,68	0,68	0,68	0,68	0,67
62	0,70	0,70	0,70	0,69	0,69	0,69	0,69	0,69	0,68	0,68	0,68
63	0,71	0,70	0,70	0,70	0,70	0,69	0,69	0,69	0,69	0,69	0,68
64	0,71	0,71	0,71	0,71	0,70	0,70	0,70	0,70	0,69	0,69	0,69
65	0,72	0,72	0,71	0,71	0,71	0,71	0,70	0,70	0,70	0,70	0,69
66	0,72	0,72	0,72	0,72	0,71	0,71	0,71	0,71	0,70	0,70	0,70
67	0,73	0,73	0,72	0,72	0,72	0,72	0,71	0,71	0,71	0,71	0,71
68	0,73	0,73	0,73	0,73	0,72	0,72	0,72	0,72	0,72	0,71	0,71
69	0,74	0,74	0,73	0,73	0,73	0,73	0,72	0,72	0,72	0,72	0,72
70	0,74	0,74	0,74	0,74	0,73	0,73	0,73	0,73	0,73	0,72	0,72
71	0,75	0,75	0,74	0,74	0,74	0,74	0,74	0,73	0,73	0,73	0,73
72	0,76	0,75	0,75	0,75	0,75	0,74	0,74	0,74	0,74	0,73	0,73
73	0,76	0,76	0,76	0,75	0,75	0,75	0,75	0,74	0,74	0,74	0,74
74	0,77	0,76	0,76	0,76	0,76	0,75	0,75	0,75	0,75	0,74	0,74
75	0,77	0,77	0,77	0,76	0,76	0,76	0,76	0,75	0,75	0,75	0,75
76	0,78	0,77	0,77	0,77	0,77	0,76	0,76	0,76	0,76	0,75	0,75
77	0,78	0,78	0,78	0,77	0,77	0,77	0,77	0,76	0,76	0,76	0,76
78	0,79	0,79	0,78	0,78	0,78	0,77	0,77	0,77	0,77	0,76	0,76
79	0,79	0,79	0,79	0,78	0,78	0,78	0,78	0,77	0,77	0,77	0,77
80	0,80	0,79	0,79	0,79	0,79	0,78	0,78	0,78	0,78	0,77	0,77
81	0,80	0,80	0,80	0,79	0,79	0,79	0,79	0,78	0,78	0,78	0,78
82	0,81	0,80	0,80	0,80	0,80	0,79	0,79	0,79	0,79	0,78	0,78
83	0,81	0,81	0,81	0,80	0,80	0,80	0,80	0,79	0,79	0,79	0,79
84	0,82	0,81	0,81	0,81	0,81	0,80	0,80	0,80	0,79	0,79	0,79
85	0,82	0,82	0,82	0,81	0,81	0,81	0,80	0,80	0,80	0,80	0,79
86	0,82	0,82	0,82	0,82	0,81	0,81	0,81	0,81	0,80	0,80	0,80
87	0,83	0,83	0,82	0,82	0,82	0,82	0,81	0,81	0,81	0,81	0,80
88	0,83	0,83	0,83	0,82	0,82	0,82	0,82	0,82	0,81	0,81	0,81
89	0,84	0,84	0,83	0,83	0,83	0,82	0,82	0,82	0,82	0,82	0,81
90	0,84	0,84	0,84	0,84	0,83	0,83	0,83	0,83	0,82	0,82	0,82

Continua

Continuação

P \ E	1,61	1,62	1,63	1,64	1,65	1,66	1,67	1,68	1,69	1,70
50	0,61	0,61	0,60	0,60	0,60	0,60	0,60	0,59	0,59	0,59
51	0,61	0,61	0,61	0,61	0,61	0,60	0,60	0,60	0,60	0,60
52	0,62	0,62	0,62	0,61	0,61	0,61	0,61	0,61	0,60	0,60
53	0,63	0,62	0,62	0,62	0,62	0,62	0,61	0,61	0,61	0,61
54	0,63	0,63	0,63	0,63	0,62	0,62	0,62	0,62	0,62	0,61
55	0,64	0,64	0,63	0,63	0,63	0,63	0,63	0,62	0,62	0,62
56	0,64	0,64	0,64	0,64	0,63	0,63	0,63	0,63	0,63	0,63
57	0,65	0,65	0,64	0,64	0,64	0,64	0,64	0,63	0,63	0,63
58	0,65	0,65	0,65	0,65	0,65	0,64	0,64	0,64	0,64	0,64
59	0,66	0,66	0,66	0,65	0,65	0,65	0,65	0,65	0,64	0,64
60	0,67	0,66	0,66	0,66	0,66	0,66	0,65	0,65	0,65	0,65
61	0,67	0,67	0,67	0,66	0,66	0,66	0,66	0,66	0,65	0,65
62	0,68	0,67	0,67	0,67	0,67	0,67	0,66	0,66	0,66	0,66
63	0,68	0,68	0,68	0,68	0,67	0,67	0,67	0,67	0,67	0,66
64	0,69	0,69	0,68	0,68	0,68	0,68	0,67	0,67	0,67	0,67
65	0,69	0,69	0,69	0,69	0,68	0,68	0,68	0,68	0,68	0,67
66	0,70	0,70	0,69	0,69	0,69	0,69	0,69	0,68	0,68	0,68
67	0,70	0,70	0,70	0,70	0,69	0,69	0,69	0,69	0,69	0,68
68	0,71	0,71	0,70	0,70	0,70	0,70	0,70	0,69	0,69	0,69
69	0,71	0,71	0,71	0,71	0,70	0,70	0,70	0,70	0,70	0,69
70	0,72	0,72	0,71	0,71	0,71	0,71	0,71	0,70	0,70	0,70
71	0,72	0,72	0,72	0,72	0,72	0,71	0,71	0,71	0,71	0,70
72	0,73	0,73	0,72	0,72	0,72	0,72	0,72	0,71	0,71	0,71
73	0,73	0,73	0,73	0,73	0,72	0,72	0,72	0,72	0,72	0,71
74	0,74	0,74	0,73	0,73	0,73	0,73	0,73	0,72	0,72	0,72
75	0,74	0,74	0,74	0,74	0,73	0,73	0,73	0,73	0,73	0,72
76	0,75	0,75	0,74	0,74	0,74	0,74	0,74	0,73	0,73	0,73
77	0,75	0,75	0,75	0,75	0,74	0,74	0,74	0,74	0,74	0,73
78	0,76	0,76	0,75	0,75	0,75	0,75	0,74	0,74	0,74	0,74
79	0,76	0,76	0,76	0,76	0,75	0,75	0,75	0,75	0,75	0,74
80	0,77	0,77	0,76	0,76	0,76	0,76	0,75	0,75	0,75	0,75
81	0,77	0,77	0,77	0,77	0,76	0,76	0,76	0,76	0,75	0,75
82	0,78	0,78	0,77	0,77	0,77	0,77	0,76	0,76	0,76	0,76
83	0,78	0,78	0,78	0,78	0,77	0,77	0,77	0,77	0,76	0,76
84	0,79	0,78	0,78	0,78	0,78	0,78	0,77	0,77	0,77	0,77
85	0,79	0,79	0,79	0,78	0,78	0,78	0,78	0,78	0,77	0,77
86	0,80	0,79	0,79	0,79	0,79	0,78	0,78	0,78	0,78	0,78
87	0,80	0,80	0,80	0,79	0,79	0,79	0,79	0,78	0,78	0,78
88	0,81	0,80	0,80	0,80	0,80	0,79	0,79	0,79	0,79	0,78
89	0,81	0,81	0,81	0,80	0,80	0,80	0,80	0,79	0,79	0,79
90	0,82	0,81	0,81	0,81	0,81	0,80	0,80	0,80	0,80	0,79

Continua

Continuação

P \ E	1,71	1,72	1,73	1,74	1,75	1,76	1,77	1,78	1,79	1,80
50	0,59	0,59	0,59	0,58	0,58	0,58	0,58	0,58	0,58	0,57
51	0,60	0,59	0,59	0,59	0,59	0,59	0,59	0,58	0,58	0,58
52	0,60	0,60	0,60	0,60	0,59	0,59	0,59	0,59	0,59	0,59
53	0,61	0,61	0,60	0,60	0,60	0,60	0,60	0,59	0,59	0,59
54	0,61	0,61	0,61	0,61	0,61	0,60	0,60	0,60	0,60	0,60
55	0,62	0,62	0,61	0,61	0,61	0,61	0,61	0,61	0,60	0,60
56	0,62	0,62	0,62	0,62	0,62	0,61	0,61	0,61	0,61	0,61
57	0,63	0,63	0,63	0,62	0,62	0,62	0,62	0,62	0,62	0,61
58	0,63	0,63	0,63	0,63	0,63	0,63	0,62	0,62	0,62	0,62
59	0,64	0,64	0,64	0,63	0,63	0,63	0,63	0,63	0,63	0,62
60	0,65	0,64	0,64	0,64	0,64	0,64	0,63	0,63	0,63	0,63
61	0,65	0,65	0,65	0,65	0,64	0,64	0,64	0,64	0,64	0,63
62	0,66	0,65	0,65	0,65	0,65	0,65	0,65	0,64	0,64	0,64
63	0,66	0,66	0,66	0,66	0,65	0,65	0,65	0,65	0,65	0,64
64	0,67	0,66	0,66	0,66	0,66	0,66	0,66	0,65	0,65	0,65
65	0,67	0,67	0,67	0,67	0,66	0,66	0,66	0,66	0,66	0,66
66	0,68	0,68	0,67	0,67	0,67	0,67	0,67	0,66	0,66	0,66
67	0,68	0,68	0,68	0,68	0,67	0,67	0,67	0,67	0,67	0,67
68	0,69	0,69	0,68	0,68	0,68	0,68	0,68	0,67	0,67	0,67
69	0,69	0,69	0,69	0,69	0,68	0,68	0,68	0,68	0,68	0,67
70	0,70	0,70	0,69	0,69	0,69	0,69	0,69	0,68	0,68	0,68
71	0,70	0,70	0,70	0,70	0,69	0,69	0,69	0,69	0,69	0,68
72	0,71	0,71	0,70	0,70	0,70	0,70	0,70	0,69	0,69	0,69
73	0,71	0,71	0,71	0,71	0,70	0,70	0,70	0,70	0,70	0,69
74	0,72	0,72	0,71	0,71	0,71	0,71	0,70	0,70	0,70	0,70
75	0,72	0,72	0,72	0,71	0,71	0,71	0,71	0,71	0,71	0,70
76	0,73	0,72	0,72	0,72	0,72	0,72	0,71	0,71	0,71	0,71
77	0,73	0,73	0,73	0,73	0,72	0,72	0,72	0,72	0,71	0,71
78	0,74	0,73	0,73	0,73	0,73	0,73	0,72	0,72	0,72	0,72
79	0,74	0,74	0,74	0,73	0,73	0,73	0,73	0,73	0,72	0,72
80	0,75	0,74	0,74	0,74	0,74	0,74	0,73	0,73	0,73	0,73
81	0,75	0,75	0,75	0,74	0,74	0,74	0,74	0,74	0,73	0,73
82	0,75	0,75	0,75	0,75	0,75	0,74	0,74	0,74	0,74	0,74
83	0,76	0,76	0,76	0,75	0,75	0,75	0,75	0,74	0,74	0,74
84	0,76	0,76	0,76	0,76	0,76	0,75	0,75	0,75	0,75	0,74
85	0,77	0,77	0,76	0,76	0,76	0,76	0,76	0,75	0,75	0,75
86	0,77	0,77	0,77	0,77	0,76	0,76	0,76	0,76	0,76	0,75
87	0,78	0,78	0,77	0,77	0,77	0,77	0,76	0,76	0,76	0,76
88	0,78	0,78	0,78	0,78	0,77	0,77	0,77	0,77	0,76	0,76
89	0,79	0,78	0,78	0,78	0,78	0,78	0,77	0,77	0,77	0,77
90	0,79	0,79	0,79	0,78	0,78	0,78	0,78	0,78	0,77	0,77

E: estatura; P: peso. Para determinar o índice C, inicialmente, é necessário identificar o valor do denominador (cruzar peso e estatura na tabela). Depois, é preciso dividir o valor da circunferência da cintura (em metros) pelo valor do denominador encontrado na tabela.

Pitanga e Lessa (2004) identificaram, por meio da técnica *curvas receiver operating characteristic* (*ROC*), os pontos de corte com suas respectivas sensibilidade e especificidade para utilização do índice C como marcador de risco coronariano elevado (RCE) (Tabela 7.22).

Tabela 7.22 – Pontos de corte, sensibilidade e especificidade do índice C como discriminador de RCE – Salvador, Brasil, 2004

Índice C	Ponto de corte	Sensibilidade	Especificidade
Masculino	1,25	73,91%	74,92%
Feminino	1,18	73,39%	61,15%

Índice C: índice de conicidade; RCE: risco coronariano elevado.

Fonte: adaptada de Pitanga e Lessa (2004).

Alguns estudos foram realizados com vistas a identificar a associação do índice C com fatores de risco cardiovascular. Pitanga *et al.* (2002) encontraram razão de prevalência de 3,20 (2,32–4,41) entre índice C e níveis de glicose plasmática após ajustamento para sexo e idade. Pitanga e Lessa (2002) encontraram razão de prevalência de 1,34 (1,02–1,75) entre índice C e pressão arterial sistólica em homens maiores de 50 anos e de 2,20 (1,40–3,46) em mulheres com menos de 50 anos, após ajustamento para níveis de glicose plasmática. Os resultados desses estudos sugerem que o índice C pode ser utilizado como preditor de doenças cardiovasculares.

Pitanga e Lessa (2005) também compararam diversos indicadores antropométricos de obesidade central como discriminadores de risco coronariano elevado e encontraram que o índice C é melhor preditor para agravos cardiovasculares, devendo ser utilizado na prática clínica para determinação da obesidade abdominal. É importante salientar que, nesse estudo, foi observado que tanto a medida da cintura isolada quanto o IMC não são bons preditores de alto risco coronariano, conforme pode ser observado nas áreas sob a curva ROC nas Tabelas 7.23 e 7.24. Quanto menor a área, menor o poder preditivo do indicador antropométrico de obesidade para risco coronariano elevado.

Tabela 7.23 – Comparação das áreas sob as curvas ROC (feminino)

Indicadores de obesidade e RCE	Área	IC (95%)	p valor
Índice C e RCE	0,75	0,70–0,80	
RCCQ e RCE	0,75	0,70–0,80	
CC e RCE	0,66	0,60–0,71	
IMC e RCE	0,59	0,53–0,65	0,00

Índice C: índice de conicidade, RCE: risco coronariano elevado; IMC: índice de massa corporal; RCCQ: razão circunferência cintura-quadril; CC: circunferência da cintura; IC: intervalo de confiança; p valor: indica se existe diferença entre os valores do IC.

Fonte: adaptada de Pitanga e Lessa (2005).

Tabela 7.24 – Comparação das áreas sob as curvas ROC (masculino)

Indicadores de obesidade e RCE	Área	IC (95%)	p valor
IC e RCE	0,80	0,74–0,85	
RCCQ e RCE	0,76	0,71–0,82	
CC e RCE	0,73	0,67–0,79	
IMC e RCE	0,64	0,57–0,71	0,00

IC: índice de conicidade; RCE: risco coronariano elevado; IMC: índice de massa corporal; RCCQ: razão circunferência cintura-quadril; CC: circunferência da cintura; IC: intervalo de confiança.

Fonte: adaptada de Pitanga e Lessa (2005).

Propuseram, ainda, os melhores pontos de corte para os indicadores antropométricos de obesidade analisados no estudo (Tabela 7.25).

Tabela 7.25 – Pontos de corte, sensibilidade e especificidade dos indicadores antropométricos de obesidade como discriminadores de alto risco coronariano

Indicadores de obesidade	Ponto de corte	Sensibilidade	Especificidade
Masculino			
IC	1,25	73,91%	74,92%
RCCQ	0,92	73,91%	64,88%
CC	88,0	65,22%	66,56%
IMC	24,0	67,39%	52,51%
Feminino			
IC	1,18	73,39%	61,15%
RCCQ	0,83	73,39%	63,36%
CC	83,0	63,71%	61,59%
IMC	26,0	62,10%	52,76%

Índice C: índice de conicidade; RCE: risco coronariano elevado; IMC: índice de massa corporal; RCCQ: razão circunferência cintura-quadril; CC: circunferência da cintura.

Fonte: adaptada de Pitanga e Lessa (2005).

Posteriormente, Pitanga e Lessa (2006a) observaram que a idade é um forte fator de modificação de efeito na avaliação da obesidade abdominal e do risco coronariano elevado quando se utilizam os indicadores antropométricos em pessoas do sexo feminino e propuseram pontos de corte para esses indicadores em mulheres até 49 anos e com mais de 49 anos de idade (Tabela 7.26).

Tabela 7.26 – Pontos de corte, sensibilidade e especificidade dos indicadores de obesidade como discriminadores de RCE em mulheres – Salvador, Brasil, 2005

Indicadores de obesidade	Ponto de corte	Sensibilidade	Especificidade
Mulheres (até 49 anos)			
CC	87,5	78,57%	75,67%
RCCQ	0,84	78,57%	72,99%
Índice C	1,18	78,57%	65,24%
IMC	26,8	85,71%	61,76%
Mulheres (50-74 anos)			
Índice C	1,22	60,00%	65,82%
RCCQ	0,88	52,73%	77,22%
CC	NR		
IMC	NR		

Índice C: índice de conicidade; RCE: risco coronariano elevado; IMC: índice de massa corporal; RCCQ: razão circunferência cintura-quadril; CC: circunferência da cintura; NR: não recomendado.

Fonte: adaptada de Pitanga e Lessa (2006a).

É importante salientar que, em mulheres com mais de 50 anos de idade, os indicadores antropométricos de obesidade perdem o poder preditivo para risco coronariano elevado, conforme pode ser observado na Tabela 7.27. Nessa faixa etária, as áreas sob a curva ROC são menores, e o limite inferior do intervalo de confiança para alguns marcadores antropométricos está abaixo de 0,50, fato que determina a proposta de não recomendação para seu uso.

Os mecanismos pelos quais os indicadores antropométricos de obesidade perdem o poder preditivo para RCE em mulheres após os 50 anos ocorrem porque, para a mesma CC, em mulheres de idade mais avançada, existe maior quantidade de gordura visceral do que entre mulheres mais jovens, fato que pode comprometer o poder dos indicadores de obesidade para discriminar RCE em pessoas do sexo feminino, principalmente após a menopausa. Esses efeitos parecem estar associados aos hormônios sexuais femininos, que promovem alterações no metabolismo do tecido adiposo no período pós-menopausa, em especial no tecido adiposo visceral (Foucan *et al.*, 2002).

Tabela 7.27 – Comparação das áreas sob as curvas ROC – Salvador, Brasil, 2005

Indicadores de obesidade e RCE	Faixa etária					
	Até 49 anos			50-74 anos		
	Área	**IC (95%)**	χ^2	**Área**	**IC (95%)**	χ^2
Índice C	0,81	0,70–0,92		0,65	0,58–0,73	
RCCQ	0,81	0,67–0,95		0,64	0,56–0,72	
CC	0,79	0,68–0,91		0,56	0,48–0,64	
IMC	0,75	0,62–0,88	0,07	0,52	0,44–0,61	0,05

Índice C: índice de conicidade; RCE: risco coronariano elevado; IMC: índice de massa corporal; RCCQ: razão circunferência cintura-quadril; CC: circunferência da cintura; IC: intervalo de confiança; χ^2: teste do qui-quadrado.

Fonte: adaptada de Pitanga e Lessa (2006a).

Pitanga e Lessa (2006b) também analisaram outro indicador antropométrico de obesidade central, denominado razão cintura-estatura (RCEst), como discriminador de risco coronariano elevado e obesidade abdominal, observando que esse indicador pode ser utilizado com tal finalidade. O seu cálculo é muito simples, bastando apenas dividir o valor da cintura em centímetros pela estatura também em centímetros. Esse marcador antropométrico de obesidade central vem sendo utilizado com frequência nos países asiáticos (Lin *et al.*, 2002). Considerando que os melhores pontos de corte encontrados foram de 0,52 para homens e 0,53 para mulheres (Tabela 7.28), a mensagem de saúde pública poderia ser a de que a circunferência da cintura de determinada pessoa não deve ser maior do que a metade da sua estatura.

Tabela 7.28 – Pontos de corte, sensibilidade e especificidade da razão cintura-estatura como discriminador de risco coronariano elevado

RCEst	Ponto de corte	Sensibilidade	Especificidade
Masculino	0,52	68%	64%
Feminino	0,53	67%	58%

RCEst: razão cintura-estatura; RCE: risco coronariano elevado.

Fonte: adaptada de Pitanga e Lessa (2006b).

Todos esses achados foram compilados por Pitanga (2011), quando, ao considerar o acúmulo de evidências com base nos estudos sobre indicadores antropométricos de obesidade e de risco coronariano elevado, sugere a seguinte estratégia para a avaliação da obesidade abdominal:

- *Prática clínica*: utilizar o índice C com os pontos de corte de 1,25 para homens; 1,18 e 1,22 para mulheres até 50 anos e a partir de 50 anos de idade, respectivamente.

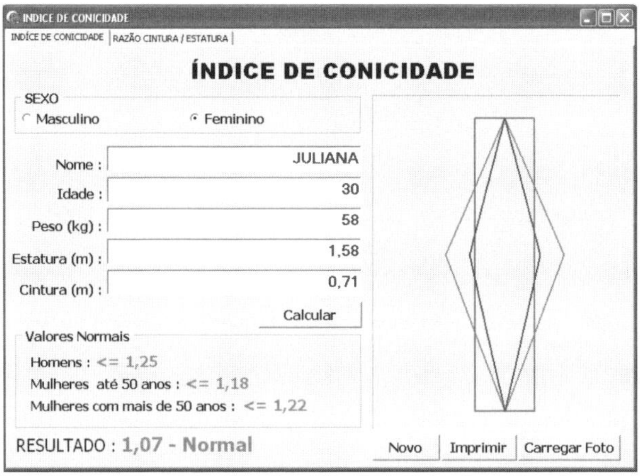

Figura 7.35 – Índice de conicidade.

- *Estudos populacionais*: utilizar a RCEst com a informação de que a cintura não deve ser maior que a metade da estatura de determinada pessoa.

Figura 7.36 – Razão cintura-estatura.

Há evidências de que os indicadores antropométricos podem ser utilizados para discriminar pressão arterial elevada, alterações lipídicas, resistência à insulina e à síndrome metabólica também em crianças e adolescentes, mas, diferentemente dos adultos, a circunferência da cintura isolada e o IMC se apresentam como os melhores preditores dos agravos metabólicos e cardiovasculares nesses grupos etários específicos (Moreira *et al.*, 2008; Beck, Lopes e Pitanga, 2011a; Ferreira *et al.*, 2011).

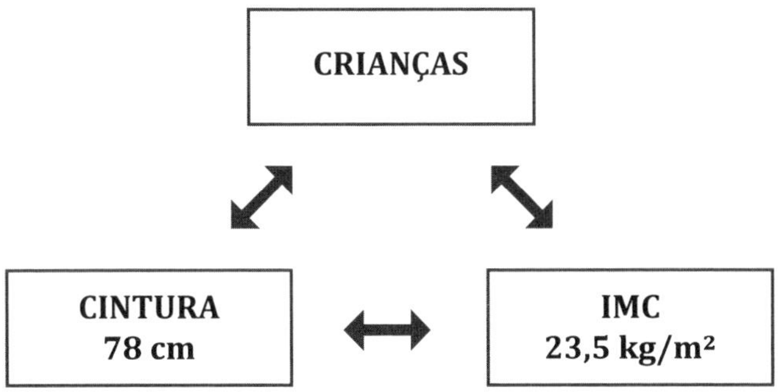

FIGURA 7.37 – Pontos de corte de indicadores antropométricos sugeridos para a avaliação da obesidade abdominal em crianças.

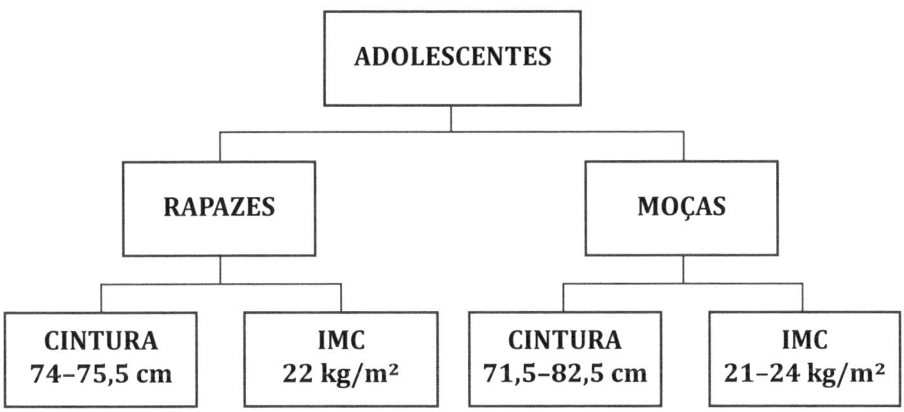

FIGURA 7.38 – Pontos de corte de indicadores antropométricos sugeridos para a avaliação da obesidade abdominal em adolescentes.

Avaliação da aptidão física: variáveis funcionais e motoras

8

Neste capítulo, serão apresentados os principais testes para avaliação das variáveis funcionais e motoras da aptidão física.

8.1 Gasto energético de atividades físicas

Os principais componentes da demanda energética estão associados às necessidades orgânicas em estado de repouso e às solicitações energéticas do trabalho muscular voluntário. Cada indivíduo precisa de um nível mínimo de energia para manter as funções vitais do organismo no estado de vigília. Essa necessidade energética, ou metabolismo basal, é apenas um pouco menor do que a demanda energética de repouso, que se refere à energia necessária para manter a temperatura corporal e o perfeito funcionamento dos sistemas associados às funções orgânicas básicas e essenciais. Para fazer a estimativa do gasto energético do metabolismo de repouso, pode-se utilizar as seguintes equações:

Homens

$$\text{TMR} = 38\ \text{kcal/h} \times \text{SC}\ (\text{m}^2) \times 24\ \text{h}$$

Mulheres

$$\text{TMR} = 35\ \text{kcal/h} \times \text{SC}\ (\text{m}^2) \times 24\ \text{h}$$

Em que:
TMR: taxa metabólica de repouso; SC: superfície corporal.

Para calcular a superfície corporal, utiliza-se a seguinte fórmula:

$$\text{SC} = 0{,}007184 \times \text{estatura (cm)}^{0{,}725} \times \text{peso corporal (kg)}^{0{,}425}$$

A demanda energética, equivalente ao trabalho muscular voluntário, refere-se a toda participação energética relacionada às contrações musculares voluntárias, associadas às atividades físicas.

O gasto energético associado ao trabalho muscular classifica-se em cinco categorias:

1. tempo dedicado às necessidades vitais, como refeições, higiene, atividades intelectuais, entre outras;
2. desempenho de atividades profissionais;
3. tarefas domésticas;
4. atividades de lazer e tempo livre;
5. atividades esportivas e condicionamento físico.

Para estimar o gasto energético total diário, pode-se utilizar o questionário de Bouchard (Bouchard *et al.*, 1983) (Tabelas 5.1 e 5.2). Pode-se fazer, também, estimativas quanto ao gasto energético relativo à participação em atividades esportivas e de condicionamento físico.

8.1.1 Gasto energético da sessão de exercícios

Caminhada

$$\text{Caminhada} = 0{,}6 \text{ kcal} \times \text{distância (km)} \times \text{peso corporal (kg)}$$

$$\text{Velocidade de 50 a 100 m/min} = \text{demanda energética de } 0{,}6 \text{ kcal}$$

Corrida

Correr em velocidade superior a 134 m/min equivale a um consumo de O_2 de 0,2 ml/kg/min para cada m/min de velocidade de corrida.

$$VO_2 = 0{,}2 \text{ ml/kg/min} \times \text{velocidade de corrida (m/min)} + 3{,}5$$

$$\text{Gasto calórico} = VO_2 \times \text{peso} / 1.000 \times \text{tempo atividade} \times 5 \text{ kcal}$$

Bicicleta estacionária

Bicicleta mecânica

$$\text{Trabalho físico (kgm)} = 50 \text{ rpm} \times \text{tensão} \times 6 \text{ m}$$

Bicicleta elétrica

- 1 W = 6,12 kgm.
- Custo O_2 = 2,0 ml acima dos níveis exigidos na posição sentado.
- Posição sentada = 300 ml/min.

VO_2 (ml/min) = trabalho físico (kgm) × 2,0 ml + 300 ml/min

Gasto energético = VO_2 (ml/min) / 1.000 × tempo atividade × 5 kcal

Natação (atividades de intensidade baixa a moderada)

Inicialmente, calcular a SC, conforme a fórmula:

$$SC = 0{,}007184 \times \text{estatura (cm)}^{0{,}725} \times \text{peso corporal (kg)}^{0{,}425}$$

Depois, aplicar à equação:

Homens

$$\text{Gasto energético (kcal)} = 0{,}210 \times SC\ (m^2) \times \text{distância (m)}$$

Mulheres

$$\text{Gasto energético (kcal)} = 0{,}151 \times SC\ (m^2) \times \text{distância (m)}.$$

Natação (atividade desportiva – intensidade moderada a alta)

Para fazer o cálculo do gasto energético, é computado o número de minutos que o atleta participou da atividade multiplicado pelo valor em quilocalorias na coluna do peso corporal apropriado. Por exemplo, o custo energético de duas horas de natação, estilo *crawl*, para um indivíduo pesando 56 kg é de 1.020 kcal (8,5 kcal × 120 min), o que pode ser observado na Tabela 8.1.

Tabela 8.1 – Custo energético de natação (intensidade moderada/alta)

Atividade	Peso	50	56	62	68	74	80	89	95
Natação *crawl*	kcal	7,5	8,5	9,0	9,5	10,5	11,2	12,1	13,5

Fonte: adaptada de Bruce, Kusumi e Hosmer (1973).

Dança aeróbica

Custo energético = peso corporal × tempo na atividade × 0,130 kcal

Musculação – trabalho em circuito

Homens

Demanda energética (kcal) = tempo no circuito × 0,116 × peso corporal

Mulheres

Demanda energética (kcal) = tempo no circuito × 0,100 × peso corporal

8.2 Avaliação da capacidade aeróbica

A função cardiorrespiratória, também conhecida como capacidade aeróbica, é definida, de modo operacional, como a capacidade do organismo em se adaptar a esforços físicos moderados, envolvendo a participação de grandes grupos musculares, por períodos de tempo relativamente longos. A função cardiorrespiratória requer participação bastante significativa dos sistemas cardiovascular e respiratório para atender à demanda de oxigênio através da corrente sanguínea e manter, de forma eficiente, os esforços físicos dos músculos (Guedes e Guedes, 1995).

O consumo máximo de oxigênio é, em geral, aceito como o mais válido e confiável padrão para relatar a aptidão cardiorrespiratória. Em razão de problemas, como tempo e elevados custos associados com mensuração direta do consumo de oxigênio, numerosos métodos de predição têm sido desenvolvidos e exaustivamente utilizados em estudos clínicos e em pesquisas de campo (Whaley *et al.*, 1995).

A capacidade aeróbica, ou consumo máximo de oxigênio, é a maior quantidade de oxigênio que pode ser consumida pelo organismo durante o esforço físico e, comumente, é utilizada para mensurar a aptidão cardiorrespiratória. Medidas diretas de consumo máximo de oxigênio são dispendiosas, tanto em termos de tempo quanto de custo dos equipamentos necessários para sua realização. Portanto, vários testes preditivos têm sido desenvolvidos para avaliar a aptidão aeróbica. Eles incluem medidas relacionadas ao desempenho motor, por exemplo, caminhada ou corrida durante determinado tempo; testes progressivos de múltiplos estágios com aumento de velocidade a cada minuto; ou medidas de frequência cardíaca (FC) durante cargas submáximas de trabalho e extrapolação para frequência cardíaca máxima (FCmáx) predita (Grant *et al.*, 1995).

A avaliação do consumo máximo de oxigênio pode ser feita com a utilização de diversos ergômetros (instrumentos que medem a capacidade de trabalho). Os mais usados são o banco, a bicicleta, a pista e a esteira rolante.

Os protocolos para determinação do consumo máximo de oxigênio podem ser máximos e submáximos. Os testes máximos são aqueles em que o indivíduo é levado à exaustão ou alcança a FCmáx; já os testes submáximos são aqueles que não atingem a exaustão e são limitados a uma FC aquém dos limites máximos.

8.2.1 Medida direta do consumo máximo de oxigênio

Para medidas do consumo máximo de oxigênio (VO_2máx), feitas de forma direta, utiliza-se ergoespirometria ou teste cardiopulmonar. Esse teste faz a determinação das trocas gasosas (consumo de oxigênio e produção de gás carbônico) por meio dos gases inspirados e expirados.

Além da monitorização eletrocardiográfica e da pressão arterial, o sistema de máscara ou bocal interligado a um equipamento eletrônico permite a passagem de gases expirados, os quais serão registrados e analisados. Um *clip* específico impedirá a respiração nasal (Serra, 1997).

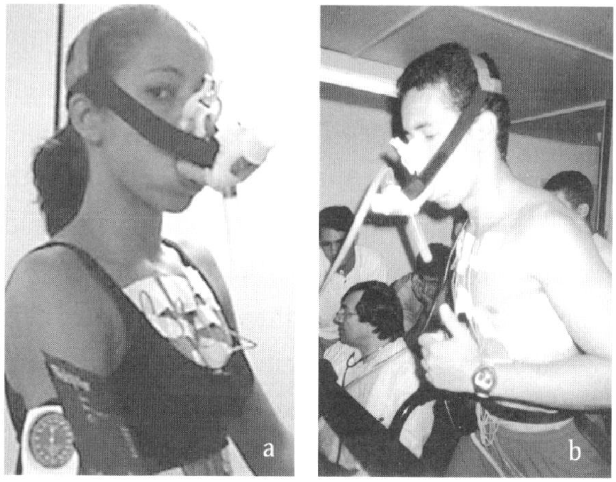

Figura 8.1 – Teste de ergoespirometria.

Os protocolos de esforço preconizados devem ser individualizados, independentemente do ergômetro utilizado. Têm sido recomendados, pela melhor identificação do limiar anaeróbico e por permitir maiores níveis de VO_2máx, aqueles realizados em esteira e denominados protocolos de rampa. Caracterizam-se por incrementos de carga em reduzido intervalo de tempo (até mesmo de 6 segundos), com duração total do teste variando entre 8 e 12 minutos. A aplicação de questionários preditores da capacidade aeróbica máxima ao indivíduo testado, indicaria o VO_2 estimado a ser alcançado aos 10 minutos de exercício, assim como seu grau de incremento (Serra, 1997).

De acordo com Barros Neto, Tebexreni e Tambeiro (2001), para a interpretação adequada do teste de ergoespirometria, é necessária uma avaliação criteriosa das variáveis ventilatórias e metabólicas envolvidas. As principais variáveis são:

- *Consumo de oxigênio (VO_2 ml/kg/min)*: o VO_2máx é uma variável representativa da capacidade funcional máxima de atletas e de não atletas, e sua flutuação durante o esforço físico depende da diferente economia nos trabalhos muscular, respiratório e circulatório, da capacidade de transporte de oxigênio do sangue, da capilarização, da capacidade oxidativa periférica e do tamanho da massa muscular envolvida no esforço.

- *Equivalente ventilatório para o oxigênio (VE/VO_2)*: é a relação entre a ventilação (l/min) e o consumo de oxigênio. Durante o esforço submáximo, o VE/VO_2 diminui ao mínimo para, em seguida, aumentar progressivamente até o final do exercício. Pode ser utilizado para identificar o limiar anaeróbico.
- *Equivalente ventilatório para dióxido de carbono (VE/VCO_2)*: é a relação entre a ventilação (l/min) e o VCO_2. Também diminui inicialmente durante o exercício, permanecendo estável entre 50% e 80% do VO_2máx, aumentando durante o pico do exercício.
- *Razão de trocas gasosas ou quociente respiratório (R)*: é a relação entre a produção de dióxido de carbono e o consumo de oxigênio. Pode ser utilizado para identificar se o teste é realmente máximo. A interrupção do exercício antes dessa observação, particularmente quando a elevação fisiológica da produção de CO_2 pelo organismo não ultrapassa 10% os valores também crescentes de VO_2, ou seja, quando o equivalente respiratório, correspondente à relação VCO_2/VO_2, não ultrapassa 1,1, o que caracteriza a interrupção do esforço como em nível submáximo.
- *Pulso de oxigênio (pulso de O_2)*: determina a quantidade de oxigênio transportada a cada sístole. O pulso de oxigênio pode ser definido como o produto do volume sistólico (VS) pela diferença arteriovenosa de oxigênio.

Além disso, por meio da ergoespirometria, pode-se identificar o limiar anaeróbico, variável utilizada para prescrição da intensidade de treinamento.

Limiar anaeróbico

Pode ser definido como a intensidade de esforço, ou o consumo de oxigênio, acima da qual a produção de ácido láctico supera sua própria remoção, provocando aumento na ventilação. Assim, simultaneamente, eleva-se a ventilação pulmonar, mas sem proporcional elevação do consumo de oxigênio, resultando em aumento da relação VE/VO_2, que é um índice utilizado na avaliação da eficiência respiratória. Pode ser caracterizado como a intensidade de exercício em que o VE/VO_2 atinge o menor valor.

O limiar anaeróbico é muito utilizado na avaliação e na prescrição de exercícios de atletas e de não atletas. Normalmente, indivíduos não treinados atingem o limiar anaeróbico entre 50% e 70% do VO_2máx, ao passo que atletas atingem o limiar anaeróbico em até 85% do VO_2máx.

Para determinação do limiar anaeróbico, podem ser utilizadas técnicas invasivas e não invasivas:

- *Técnicas invasivas*: são coletadas amostras de sangue para que seja determinada a concentração de lactato em diferentes intensidades de esforço.
- *Técnicas não invasivas*: os resultados são obtidos pela análise da resposta ventilatória durante um exercício de cargas progressivas.

Os critérios para determinação do limiar anaeróbico são:

- aumento desproporcional na concentração de lactato;
- aumento desproporcional na relação entre ventilação e VO_2máx;
- aumento desproporcional na ventilação.

Aumento desproporcional na concentração de lactato

O avaliado deve ser submetido a teste de esforço progressivo com a coleta de amostras de sangue realizada a cada incremento de carga (Figura 8.2).

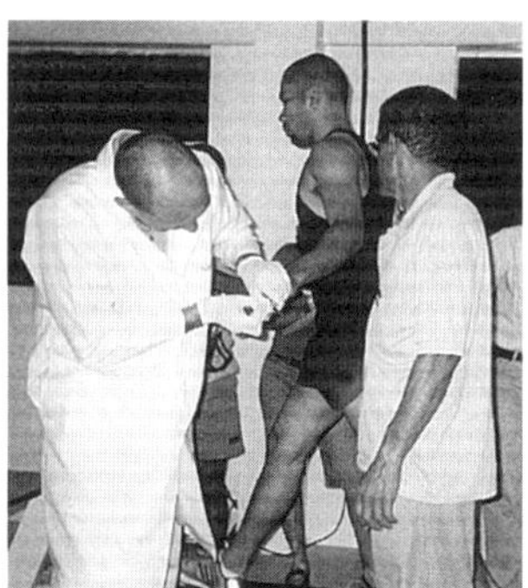

FIGURA 8.2 – Teste de esforço com coleta de amostras de sangue.

O limiar anaeróbico é determinado no momento em que a concentração de lactato apresenta aumento desproporcional (Gráfico 8.1).

Gráfico 8.1 – Aumento exponencial da concentração de lactato

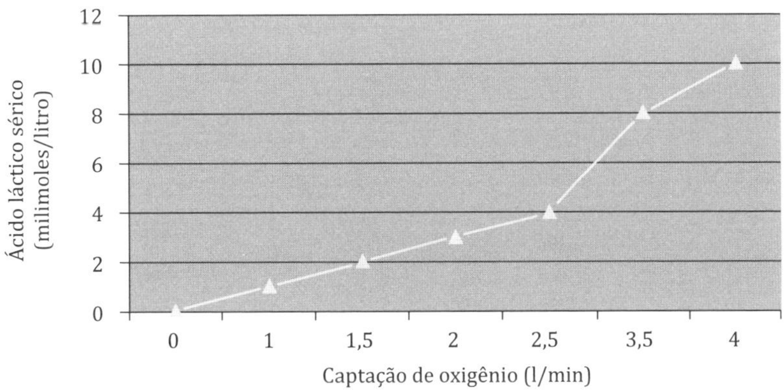

Aumento desproporcional na relação entre ventilação e consumo máximo de oxigênio

O avaliado deve ser submetido ao teste da ergoespirometria com incremento progressivo de cargas (Figura 8.3).

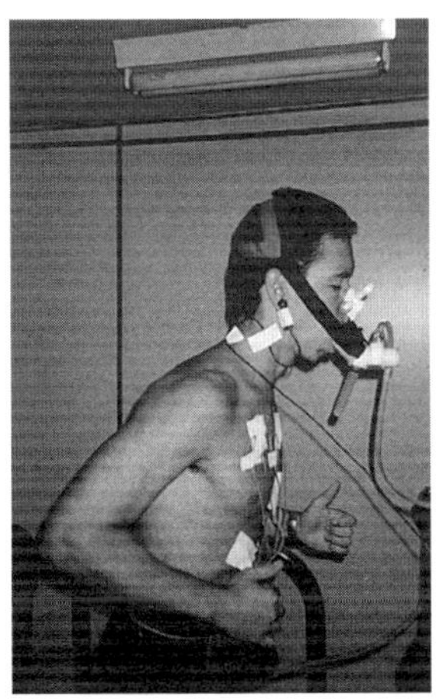

FIGURA 8.3 – Teste de ergoespirometria.

O limiar anaeróbico é identificado quando a ventilação pulmonar se elava, mas sem a proporcional elevação do VO_2máx, resultando em aumento da relação VE/VO_2.

Gráfico 8.2 – Identificação do limiar anaeróbico pela ergoespirometria

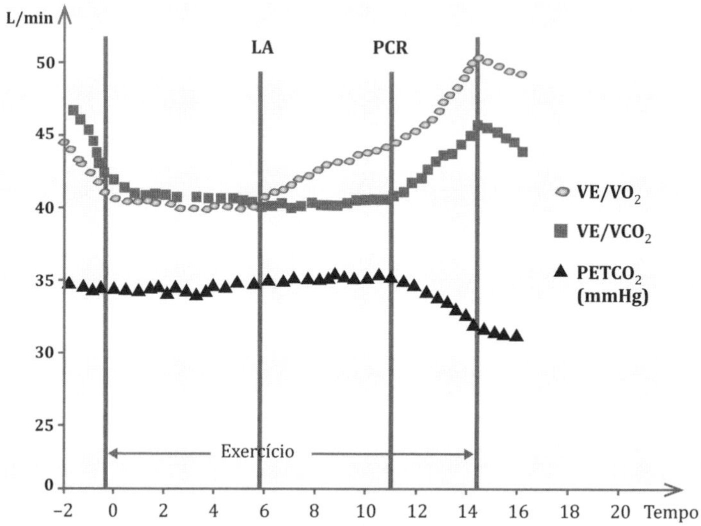

LA: limiar aeróbico; PCR: ponto de compensação respiratória; VE/VO_2: equivalente ventilatório para o oxigênio; VE/VCO_2: equivalente ventilatório para o dióxido de carbono; $PETCO_2$: pressão parcial do dióxido de carbono ao final da expiração.

Aumento desproporcional na ventilação

O avaliado deve ser submetido ao teste da ventilometria com incremento progressivo de cargas (Figuras 8.4 e 8.5).

FIGURA 8.4 – Ventilômetro.

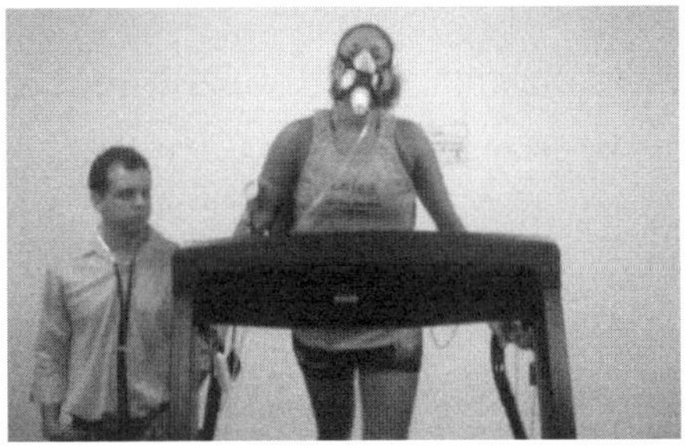

FIGURA 8.5 – Teste de ventilometria.

O limiar ventilatório será identificado no momento em que acontecer aumento desproporcional da ventilação.

Gráfico 8.3 – Aumento exponencial da ventilação

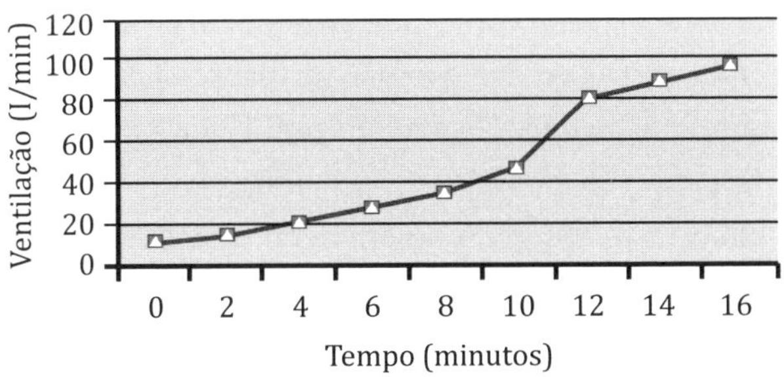

Existem contraindicações para a realização dos testes de esforço, em especial quando são máximos. Elas podem ser absolutas ou relativas.

As principais contraindicações absolutas são:

- infarto agudo do miocárdio recente;
- angina instável;
- arritmia atrial não controlada;
- insuficiência cardíaca congestiva;
- infecção aguda;
- bloqueio auriculoventricular de terceiro grau;
- angústia emocional significativa;
- embolia pulmonar ou sistêmica recente.

As principais contraindicações relativas:

- pressão arterial diastólica de repouso acima de 110 mmHg ou pressão sistólica de repouso acima de 180 mmHg;
- marca-passo artificial de frequência fixa;
- doenças metabólicas não controladas;
- qualquer doença sistêmica grave;
- doenças neuromusculares, musculoesqueléticas ou reumatoides que dificultem o exercício.

Existem também indicações para interrupção do teste de esforço. As principais são:

- O avaliado pede para parar.
- Queda significativa da pressão arterial sistólica (10 mmHg), ou incapacidade de elevá-la com o aumento da carga de trabalho.
- Aumento excessivo da pressão arterial: sistólica maior do que 250 mmHg e/ou diastólica maior que 120 mmHg.
- Delírio, confusão mental, palidez, náuseas.
- Quando o teste atingiu o objetivo, ou seja, determinou ou estimou o consumo máximo de oxigênio. Para isso, os principais indicativos são: dificuldade para aumento da FC, mesmo com incremento das cargas de trabalho; concentração de lactato maior que 8 mm/l; coeficiente respiratório maior que 1,15.

8.2.2 Testes máximos e submáximos em esteira

Os testes são realizados em esteiras elétricas que tenham como variáveis inclinação e velocidade. Normalmente, a velocidade é mensurada em milhas por hora (mph), e a inclinação por unidade de elevação, em percentual. Durante o teste, a depender do protocolo utilizado, poderá haver aumento da velocidade, da inclinação ou de ambos.

Existem diversos protocolos que podem ser utilizados para o teste. Alguns desses protocolos são designados para populações específicas, por exemplo, atletas; outros podem ser utilizados em indivíduos aparentemente saudáveis ou com alto risco cardiovascular (Tabela 8.2).

Protocolos de testes indiretos máximos em esteira

Observação

- Para converter a velocidade em mph para m/min, deve-se multiplicar o valor em mph por 26,8 m/min.
- Para converter o percentual de inclinação da esteira em valores decimais, deve-se dividir por 100.

Tabela 8.2 – Protocolo Máximo de Bruce (indivíduos aparentemente saudáveis ou com alto risco cardiovascular)

Estágio	Velocidade (mph)	Inclinação	Minutos
1	1,7	10%	3
2	2,5	12%	3
3	3,4	14%	3
4	4,2	16%	3
5	5,0	18%	3
6	5,8	20%	3

Fonte: adaptada de Bruce, Kusumi e Hosmer (1973).

Após a realização do teste, são utilizadas as equações propostas para o cálculo do consumo máximo de oxigênio, conforme relatado a seguir.

Homens

$$VO_2\text{máx (ml/kg/min)} = 14{,}76 - 1{,}379\ (\text{tempo na esteira } 1) + 0{,}451\ (\text{tempo na esteira } 2) - 0{,}012\ (\text{tempo na esteira } 3)$$

Coeficiente de correlação: r = 0,98

Fonte: Foster *et al.* (1984).

Mulheres

$$VO_2\text{máx (ml/kg/min)} = 4{,}38\ (\text{tempo na esteira}) - 3{,}90$$

Coeficiente de correlação: r = 0,91

Fonte: Pollock *et al.* (1982).

Existe, também, o Protocolo Máximo de Bruce (modificado), conforme Tabela 8.3.

Tabela 8.3 – Protocolo Máximo de Bruce (modificado) (indivíduos aparentemente saudáveis ou com alto risco cardiovascular)

Estágio	Velocidade (mph)	Inclinação	Minutos
1	1,7	0%	3
2	1,7	10%	3
3	2,5	12%	3
4	3,4	14%	3
5	4,2	16%	3
6	5,0	18%	3
7	5,5	20%	3

Fonte: adaptada de Araújo (1986).

Para a obtenção do cálculo de VO_2máx em esteira rolante, utilizam-se as equações preconizadas pelo American College of Sports Medicine (ACSM, 1995) para marcha até 4,0 mph, sendo elas:

$$CH = [\text{velocidade (m/min)} \times 0{,}1] + 3{,}5$$

$$CV = \%\ \text{inclinação (decimal)} \times \text{velocidade (m/min)} \times 1{,}8$$

$$VO_2\text{máx (ml/kg/min)} = CH + CV$$

Em que:
CH: componente horizontal; CV: componente vertical.

Para velocidades acima de 5,0 mph, utilizam-se as seguintes equações:

$$CH = [\text{velocidade (m/min)} \times 0{,}2] + 3{,}5$$

$$CV = \%\ \text{inclinação (decimal)} \times \text{velocidade (m/min)} \times 0{,}9$$

$$VO_2\text{máx (ml/kg/min)} = CH + CV$$

Para efeito do cálculo do VO_2máx, utiliza-se a velocidade e a inclinação do último estágio que o indivíduo conseguiu completar.

Pode-se utilizar, também, o Protocolo Máximo de Balke e Ware (indivíduos aparentemente saudáveis) (Tabela 8.4).

Tabela 8.4 – Protocolo Máximo de Balke e Ware (indivíduos aparentemente saudáveis)

Estágio	mph	Inclinação	Minutos
1	3,4	0%	1
2	3,4	2%	1
3	3,4	3%	1
4	3,4	4%	1
5	3,4	5%	1
6	3,4	6%	1
7	3,4	7%	1
8	3,4	8%	1
9	3,4	9%	1
10	3,4	10%	1
11	3,4	11%	1
12	3,4	12%	1

Fonte: adaptada de Balke e Ware (1959).

Observação

- A inclinação da esteira deve ser aumentada em 1% a cada minuto até a exaustão do avaliado. A velocidade permanece constante em 3,4 mph.

Para o cálculo do VO_2máx, use as seguintes equações:

Homens

$$VO_2\text{máx (ml/kg/min)} = 1{,}444 \text{ (tempo na esteira)} + 14{,}99$$

Coeficiente de correlação: r = 0,92.

Fonte: Pollock *et al.* (1976).

Mulheres

$$VO_2\text{máx (ml/kg/min)} = 1{,}38 \text{ (tempo na esteira)} + 5{,}22$$

Coeficiente de correlação: r = 0,94.

Fonte: Pollock *et al.* (1982).

Existe, ainda, o Protocolo de Åstrand Modificado (para atletas) (Tabela 8.5).

Tabela 8.5 – Protocolo Máximo de Åstrand Modificado (atletas)

Estágio	mph	Inclinação	Minutos
1	5-8	0%	3
2	5-8	2,5%	2
3	5-8	5%	2
4	5-8	7,5%	2
5	5-8	10%	2
6	5-8	12,5%	2

Fonte: adaptada de Pollock, Wilmore e Fox (1978).

Observação

- A inclinação da esteira deve ser aumentada em 2,5% a cada 2 minutos, até a exaustão do avaliado. A velocidade permanece constante entre 5 e 8 mph.

Para a obtenção do cálculo do VO_2máx, utiliza-se as equações preconizadas pelo ACSM (1995).

Protocolos de testes indiretos submáximos em esteira

O protocolo submáximo poderá ser utilizado quando o objetivo do teste não for o diagnóstico, mas para avaliação da capacidade aeróbica do cliente.

Procedimentos

Deverão ser aplicadas duas cargas, e a FC deverá estar entre 135 e 155 bpm ao final dessas cargas. A terceira carga deverá ser aplicada caso a FC não atinja esses valores. Verificar o VO_2máx (Tabela 8.6) e a FC das duas últimas cargas e aplicar à equação para estimativa de VO_2máx, a seguir.

Tabela 8.6 – Estimativa do VO_2máx – protocolo submáximo em esteira

Estágio	Minutos	Velocidade (mph)	Inclinação (%)	VO_2máx
1	3	1,7	10	13,4
2	3	2,5	12	21,4
3	3	3,4	14	31,5

Fonte: adaptada de Pollock, Wilmore e Fox (1994).

Equação para estimativa do VO_2máx

$$VO_2máx = VO_2submáx\ 2 + b\ (FCmáx - FC2)$$

Em que:

$$b = \frac{VO_2submáx\ 2 - VO_2submáx\ 1}{FC2 - FC1}$$

8.2.3 Testes máximos e submáximos em bicicleta

Protocolo de teste máximo em bicicleta

Existem diversos protocolos máximos utilizando bicicleta como instrumento de medida. Entre eles, um dos mais difundidos é o de Balke (Araújo, 1986). Alguns procedimentos devem ser observados antes do início do teste. Os mais importantes são:

- calibrar a bicicleta, pendurando previamente estabelecidos sobre a correia e conferindo os valores no pêndulo de marcação das cargas; a bicicleta deve ser ergométrica (Figuras 8.6a,b);
- conferir a tensão da correia entre e durante os testes, porque seu o aquecimento pode alterar a carga;
- ajustar a altura do assento, de tal forma que o joelho fique levemente flexionado ($\cong 5°$), no momento da extensão máxima da perna;
- regular o metrônomo para que uma revolução completa do pedal seja igual a duas batidas (por exemplo, o metrônomo regulado para 120 bpm, é igual a 60 rpm);
- fazer o aquecimento com exercícios de alongamento e pedalando com pesos leves, em seguida, as cargas são aplicadas (Figura 8.6a,b e 8.7);
- aferir a FC e a pressão arterial antes e no decorrer da execução do teste.

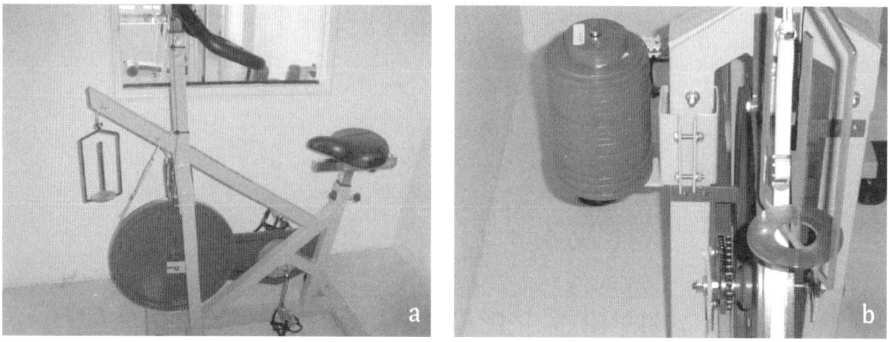

Figura 8.6 – Bicicleta ergométrica.

Em seguida, as cargas devem ser aplicadas conforme a Figura 8.7.

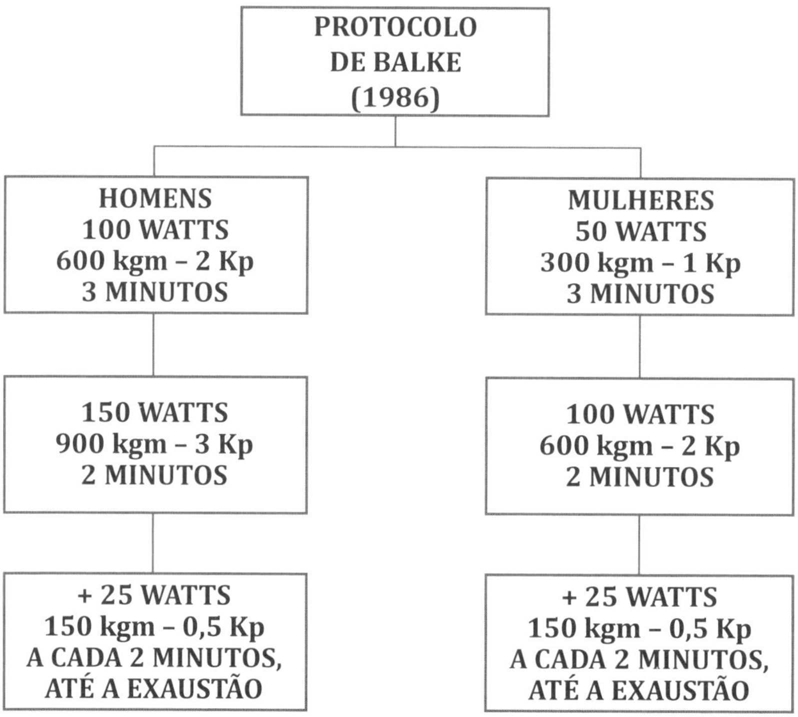

Figura 8.7 – Esquema de cargas utilizadas para o protocolo de Balke (1986).

Logo após, o VO_2máx pode ser calculado por meio das seguintes equações:

Bicicleta eletromagnética

$$VO_2\text{máx (ml/kg/min)} = \text{potência em W} \times 12{,}2 + 300/\text{peso}$$

Bicicleta mecânica

$$VO_2\text{máx (ml/kg/min)} = \text{potência em kgm} \times 2 + 300/\text{peso}$$

Protocolos submáximos em bicicleta

Teste submáximo em ciclo de Sjöstrand (cargas múltiplas)

Para realização deste teste, aplicam-se as cargas conforme as Figuras 8.8 e 8.9, para os sexos masculino e feminino, respectivamente. Em seguida, registram-se os valores correspondentes das cargas utilizadas, da FC e da pressão arterial correspondentes. A velocidade da bicicleta deve ser constante durante o teste (50 rpm).

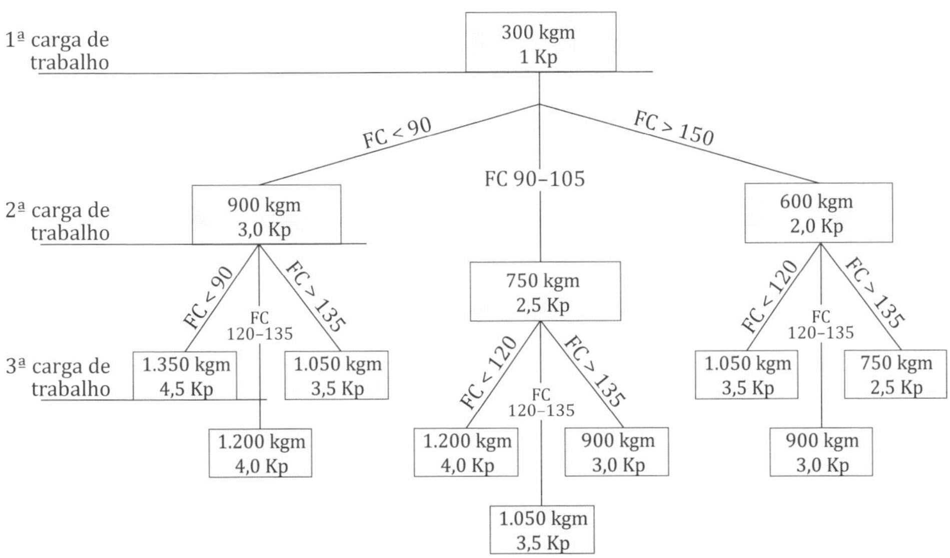

Figura 8.8 – Esquema do guia para determinação de cargas (masculino).

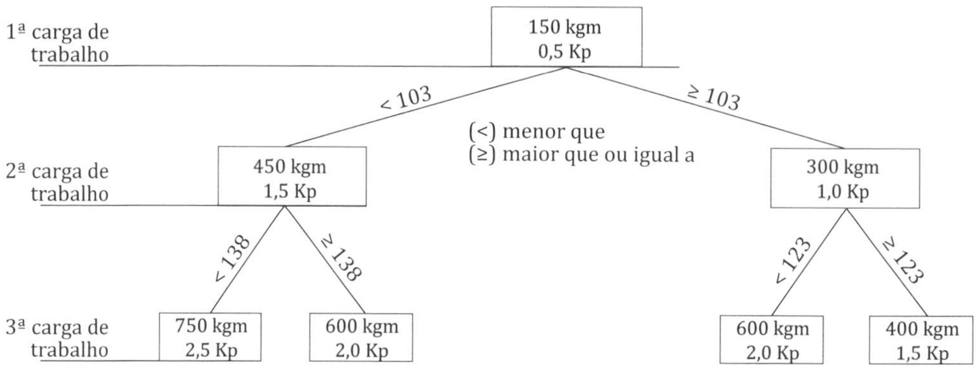

FIGURA 8.9 – Esquema do guia para determinação de cargas (feminino).

Para o cálculo do VO_2máx, utiliza-se o seguinte procedimento:

Observação

- Para efeito de cálculos, apenas serão utilizadas as cargas e as FCs 2 e 3.

1º passo: calcular o VO_2submáx das 2ª e 3ª cargas.

Homens

$$VO_2\text{submáx} = (\text{carga em kgm} \times 1{,}9) + 260 + (3{,}5 \times \text{peso corporal})$$

O resultado é dividido pelo peso corporal.

Mulheres

$$VO_2\text{submáx} = (\text{carga em kgm} \times 1{,}6) + 205 + (3{,}5 \times \text{peso corporal})$$

O resultado é dividido pelo peso corporal.

2º passo: calcular a inclinação da reta.

$$b = (VO_2\text{submáx } 3 - VO_2\text{submáx } 2) / (FC\ 3 - FC\ 2)$$

3º passo: calcular o VO_2máx.

$$VO_2\text{máx} = VO_2\text{submáx } 3 + b\ (FC\text{máx} - FC\ 3)$$

Observação

- Se a primeira carga de trabalho provocar uma FC de 115 bpm ou mais, apenas mais uma carga de trabalho será necessária. Nesse caso, para efeito de uso da equação para estimativa do VO_2máx, a carga e a FC 1 serão a carga e a FC 2; e a carga e a FC 2 serão a carga e a FC 3, considerando que na equação são solicitadas apenas as cargas e as FCs 2 e 3.

Protocolo submáximo de Åstrand-Rhyming (carga única)

Recomenda-se aquecimento prévio e regulagem do banco da bicicleta conforme estatura do cliente. Em seguida, aplica-se carga única conforme as sugestões:

- *Homens sedentários*: 50/100 W, durante 6 minutos.
- *Mulheres sedentárias*: 50/75 W, durante 6 minutos.
- *Homens atletas*: 100/150 W, durante 6 minutos.
- *Mulheres atletas*: 75/125 W, durante 6 minutos.

Observação

- Para definição da carga, deve-se levar em consideração, também, o peso corporal do cliente.

Ao final dos 6 minutos, a FC deverá estar entre 130 e 170 bpm. Caso isso não aconteça, ou seja, a FC fique abaixo de 130 bpm, deverá ser aplicada nova carga de 50 W por mais 6 minutos. Após a aplicação do teste, deve-se registrar os valores da carga de trabalho e da FC do último minuto do teste, que não deverá diferenciar em mais de 5% da FC do 5º minuto do teste. Sugere-se registrar os valores da FC minuto a minuto. Para calcular o consumo máximo de oxigênio, pode-se utilizar as Tabelas 8.7 e 8.8, e o valor da carga deve ser plotado na direção do valor da FC. Tem-se, então, o VO_2máx em L/min. Em seguida, deve-se aplicar a tabela de correção para idade (Tabela 8.9). Finalmente, deve-se transformar o valor de L/min para ml/kg/min. Para tal, divide-se o valor em L/min pelo peso corporal do cliente, e, depois, multiplica-se por 1.000.

Tabela 8.7 – Predição do VO_2máx com base na FC (bpm) e na carga de trabalho (homens)

Watts	50	75	100	125	150	Watts	75	100	125	150
bpm						bpm				
120	2,8	3,4	4,0	4,4	5,0	**148**	2,0	2,4	2,7	3,2
121	2,8	3,3	4,0	4,3	5,0	**149**	2,0	2,3	2,7	3,2
122	2,8	3,3	3,8	4,3	4,8	**150**	2,0	2,3	2,6	3,2
123	2,7	3,2	3,8	4,2	4,7	**151**	1,9	2,3	2,6	3,1
124	2,7	3,2	3,6	4,2	4,6	**152**	1,9	2,3	2,6	3,1
125	2,6	3,1	3,6	4,1	4,5	**153**	1,9	2,2	2,5	3,0
126	2,6	3,1	3,5	4,1	4,4	**154**	1,9	2,2	2,5	3,0
127	2,5	3,0	3,4	4,0	4,3	**155**	1,8	2,2	2,5	3,0
128	2,5	3,0	3,4	3,9	4,2	**156**	1,8	2,2	2,4	2,9
129	2,4	2,9	3,3	3,8	4,2	**157**	1,8	2,1	2,4	2,9
130	2,4	2,9	3,3	3,7	4,1	**158**	1,8	2,1	2,4	2,9
131	2,3	2,8	3,1	3,6	4,0	**159**	1,7	2,1	2,3	2,8
132	2,3	2,8	3,1	3,6	4,0	**160**	1,7	2,1	2,3	2,8
133	2,2	2,7	3,0	3,5	3,9	**161**	1,7	2,0	2,2	2,8
134	2,23	2,7	3,0	3,5	3,9	**162**	1,6	2,0	2,2	2,8
135	2,2	2,6	2,9	3,4	3,8	**163**	1,6	2,0	2,2	2,8
136	2,2	2,6	2,9	3,4	3,8	**164**	1,5	2,0	2,2	2,7
137	2,1	2,5	2,8	3,3	3,7	**165**	1,5	2,0	2,1	2,7
138	2,0	2,5	2,8	3,2	3,7	**166**		1,9	2,1	2,7
139	1,9	2,4	2,8	3,1	3,6	**167**		1,9	2,1	2,6
140	1,9	2,3	2,7	3,1	3,6	**168**		1,9	2,1	2,6
141	1,8	2,3	2,7	3,0	3,6	**169**		1,9	2,0	2,6
142	1,8	2,2	2,6	3,0	3,5	**170**		1,8	2,0	2,6
143	1,8	2,2	2,6	2,9	3,4	**171**		1,8	2,0	2,5
144		2,2	2,6	2,9	3,4	**172**		1,8	1,9	2,5
145		2,1	2,5	2,8	3,4	**173**		1,7	1,9	2,5
146		2,1	2,5	2,8	3,3	**174**		1,7	1,9	2,4
147		2,1	2,4	2,7	3,3	**175**		1,7	1,8	2,4

Fonte: nomograma adaptado de Åstrand-Ryhming (Åstrand, 1960).

Tabela 8.8 – Predição do VO_2máx com base na FC (bpm) e na carga de trabalho (mulheres)

Watts	50	75	100	125	Watts	50	75	100	125
bpm					bpm				
120	3,0	3,9	4,6	4,8	148	1,8	2,3	2,7	3,1
121	3,0	3,8	4,5	4,8	149	1,8	2,2	2,6	3,0
122	3,0	3,8	4,4	4,7	150	1,8	2,2	2,6	3,0
123	2,9	3,7	4,2	4,6	151	1,7	2,1	2,5	3,0
124	2,9	3,6	4,1	4,5	152	1,7	2,1	2,5	2,9
125	2,8	3,5	4,1	4,4	153	1,7	2,0	2,4	2,9
126	2,8	3,4	4,1	4,3	154	1,7	2,0	2,4	2,8
127	2,7	3,4	4,0	4,2	155	1,6	1,9	2,4	2,8
128	2,7	3,3	3,9	4,2	156	1,6	1,9	2,3	2,8
129	2,6	3,2	3,8	4,1	157	1,5	1,9	2,3	2,7
130	2,6	3,2	3,8	4,0	158	1,5	1,8	2,3	2,7
131	2,5	3,1	3,7	4,0	159	1,4	1,8	2,2	2,7
132	2,5	3,0	3,6	3,9	160	1,4	1,8	2,2	2,6
133	2,4	2,9	3,5	3,8	161		1,8	2,2	2,6
134	2,4	2,9	3,5	3,8	162		1,8	2,2	2,6
135	2,3	2,8	3,4	3,7	163		1,7	2,2	2,6
136	2,3	2,8	3,3	3,6	164		1,7	2,1	2,5
137	2,2	2,7	3,2	3,6	165		1,7	2,1	2,5
138	2,2	2,7	3,2	3,5	166		1,7	2,1	2,5
139	2,2	2,6	3,1	3,5	167		1,6	2,1	2,4
140	2,1	2,6	3,1	3,4	168		1,6	2,0	2,4
141	2,1	2,6	3,0	3,4	169		1,6	2,0	2,4
142	2,1	2,5	3,0	3,3	170		1,6	2,0	2,4
143	2,0	2,4	2,9	3,3	171			1,9	2,3
144	2,0	2,4	2,9	3,2	172			1,9	2,3
145	1,9	2,4	2,8	3,2	173			1,9	2,3
146	1,9	2,3	2,8	3,2	174			1,8	2,2
147	1,8	2,3	2,7	3,1	175			1,8	2,2

Fonte: nomograma adaptado de Åstrand-Ryhming (Åstrand, 1960).

Tabela 8.9 – Fatores de correção para idade

Idade	Fator	Idade	Fator
15-20	1,10	46-50	0,75
21-28	1,00	51-55	0,75
29-35	0,87	56-60	0,68
36-40	0,83	61-65	0,64
41-45	0,78	> 65	0,63

8.2.4 Testes máximos e submáximos em pista

Protocolos em pista (teste de Cooper)

O objetivo do teste é percorrer a maior distância possível no tempo de 12 minutos. Ao final do teste, registra-se a distância percorrida. Apesar de ser permitido caminhar durante o teste, o avaliador deve incentivar o cliente a percorrer a distância correndo, fator determinante para o teste de Cooper, um teste máximo. Por isso, recomenda-se a sua aplicação apenas para atletas ou para jovens ativos fisicamente. Após a aplicação do teste, deve-se registrar o valor da distância percorrida nos 12 minutos, para cálculo de estimativa do consumo máximo de oxigênio, conforme equação a seguir.

$$VO_2máx\ (ml/kg/min) = D - 504{,}1 / 44{,}9$$

Em que:
D: distância percorrida nos 12 minutos.

Pode-se utilizar, também, as tabelas propostas pelo autor (Tabelas 8.10 e 8.11) para a classificação da aptidão aeróbica, conforme a distância percorrida.

Tabela 8.10 – Avaliação da capacidade aeróbica (teste de Cooper – distância percorrida em metros) (masculino)

Avaliação	13-19 anos	20-29 anos	30-39 anos	40-49 anos	50-59 anos	> 59 anos
Muito fraco	< 2.090	< 1.960	< 1.900	< 1.830	< 1.660	< 1.400
Fraco	2.090-2.200	1.960-2.110	1.900-2.090	1.830-1.990	1.660-1.870	1.400-1.640
Aceitável	2.210-2.510	2.120-2.400	2.100-2.400	2.000-2.240	1.880-2.090	1.650-1.930
Bom	2.520-2.770	2.410-2.640	2.410-2.510	2.250-2.460	2.100-2.320	1.940-2.120
Excelente	> 2.770	> 2.640	> 2.510	> 2.460	> 2.320	> 2.120

Fonte: adaptada de Cooper (1968).

Tabela 8.11 – Avaliação da capacidade aeróbica (teste de Cooper – distância percorrida em metros) (feminino)

Avaliação	13-19 anos	20-29 anos	30-39 anos	40-49 anos	50-59 anos	> 59 anos
Muito fraco	< 1.600	< 1.550	< 1.510	< 1.420	< 1.350	< 1.260
Fraco	1.610-1.900	1.550-1.790	1.510-1.690	1.420-1.580	1.350-1.500	1.260-1.390
Aceitável	1.910-2.080	1.800-1.970	1.700-1.960	1.590-1.790	1.510-1.690	1.400-1.590
Bom	2.090-2.300	1.980-2.160	1.970-2.080	1.800-2.000	1.700-1.900	1.600-1.750
Excelente	> 2.300	> 2.160	> 2.080	> 2.000	> 1.900	> 1.750

Fonte: adaptada de Cooper (1968).

Teste de 1 milha (1.600 m; Rockport Walking Institute, 1986)

O objetivo do teste é caminhar 1 milha (1.600 m), no menor tempo possível. Ao final do teste, registra-se: peso corporal (kg), idade (anos completos), sexo (0 = mulheres e 1 = homens), tempo (para percorrer 1.600 m) em minutos e FC ao final do teste em bpm. Para cálculo do VO_2máx, utiliza-se a equação a seguir.

Observação

- Este teste é recomendado para sedentários e idosos.

$$VO_2\text{máx (ml/kg/min)} = 132{,}853 - (0{,}0769 \times PC / 0{,}454) - (0{,}3877 \times \text{idade}) + (6{,}3150 \times \text{sexo}) - (3{,}2649 \times \text{tempo}) - (0{,}1565 \times FC)$$

Em que:
PC: peso corporal; idade: anos completos; sexo (0 = mulheres e 1 = homens); tempo: gasto para percorrer 1.600 m (em minutos); FC: frequência cardíaca ao final teste (em bpm).

Teste de UKK

Similar ao teste anterior, o avaliado percorre a distância de 2.000 metros caminhando o mais rápido possível. Para cálculo do consumo máximo de oxigênio, utilizam-se as equações a seguir.

Observação

- Este teste é recomendado para sedentários e idosos.

Masculino

$$VO_2\text{máx} = 184 - (4{,}65 \times \text{tempo}) - (0{,}22 \times FC) - (0{,}26 \times \text{idade}) - (1{,}05 \times IMC)$$

Feminino

$$VO_2\text{máx} = 116{,}2 - (2{,}98 \times \text{tempo}) - (0{,}11 \times FC) - (0{,}14 \times \text{idade}) - (0{,}39 \times IMC)$$

Em que:
Tempo: gasto para percorrer 1.600 m (em minutos); FC: frequência cardíaca ao final teste (em bpm); idade: anos completos; índice de massa corporal (IMC) = peso/(estatura)^2.

Corrida/caminhada de 1 milha (1.600 m)

O objetivo do teste é correr ou caminhar 1 milha (1.600 m), no menor tempo possível. Ao final do teste, registra-se: tempo para percorrer 1.600 m (em minutos); idade (anos completos), sexo (0 = mulheres e 1 = homens) e IMC [peso/(estatura)^2]. Para o cálculo do VO_2máx, utiliza-se a equação a seguir.

Observação

- Este teste é recomendado para crianças e adolescentes.

$$VO_2\text{máx} = 108{,}94 - 8{,}41(\text{tempo, em minutos}) + 0{,}34\ (\text{tempo, em minutos})^2 + 0{,}21\ (\text{idade} \times \text{sexo}) - 0{,}84 \times (IMC)$$

Durante os testes de esforço para estimativa do VO_2máx, recomenda-se a utilização da escala subjetiva de esforço de Borg, tendo como principal objetivo observar as respostas do cliente em relação à sua percepção do esforço físico durante a realização do teste.

Tabela 8.12 – Escala de percepção subjetiva de esforço

6	Muito, muito leve
7	
8	Muito leve
9	
10	
11	Moderadamente leve
12	
13	Um pouco pesado
14	
15	Pesado
16	
17	
18	Muito pesado
19	
20	Muito, muito pesado

Diversas classificações para os valores de VO_2máx têm sido propostas na literatura, e as desenvolvidas pela American Heart Association (Araújo, 1986) são bastante utilizadas (Tabelas 8.13 e 8.14).

Tabela 8.13 – Normas para classificação do VO_2máx (mulheres)

Idade (anos)	Muito fraca	Fraca	Razoável	Boa	Excelente
20-29	Até 24	24-30	31-37	38-48	49 ou mais
30-39	Até 20	20-27	28-33	34-44	45 ou mais
40-49	Até 17	17-23	24-30	31-41	42 ou mais
50-59	Até 15	15-20	21-27	28-37	38 ou mais
60-69	Até 13	13-17	18-23	24-34	35 ou mais

Fonte: adaptada de Araújo (1986).

Tabela 8.14 – Normas para classificação do VO_2máx (homens)

Idade (anos)	Muito Fraca	Fraca	Razoável	Boa	Excelente
20-29	Até 25	25-33	34-42	43-52	53 ou mais
30-39	Até 23	23-30	31-38	39-48	49 ou mais
40-49	Até 20	20-26	27-35	36-44	45 ou mais
50-59	Até 18	18-24	25-33	34-42	43 ou mais
60-69	Até 16	16-22	23-30	31-40	41 ou mais

Fonte: adaptada de Araújo (1986).

8.3 Avaliação da força e da resistência muscular

A avaliação da força e da resistência muscular pode ser feita por meio dos testes de:

- resistência muscular localizada;
- força muscular estática (dinamômetros);
- força muscular dinâmica;
- força explosiva.

8.3.1 Resistência muscular localizada

Resistência muscular localizada é a qualidade física que permite realizar, no maior tempo possível, a repetição de determinado movimento com a mesma eficiência.

Teste abdominal em 1 minuto

- *Material necessário*: colchonete e cronômetro.
- *Procedimento*: o aluno deve deitar, flexionar os joelhos, apoiar as mãos na região posterior do pescoço, sem imprimir força, e manter os pés presos. Elevar o tronco até a posição sentada (45°) e retornar à posição inicial (Figura 8.10a,b).

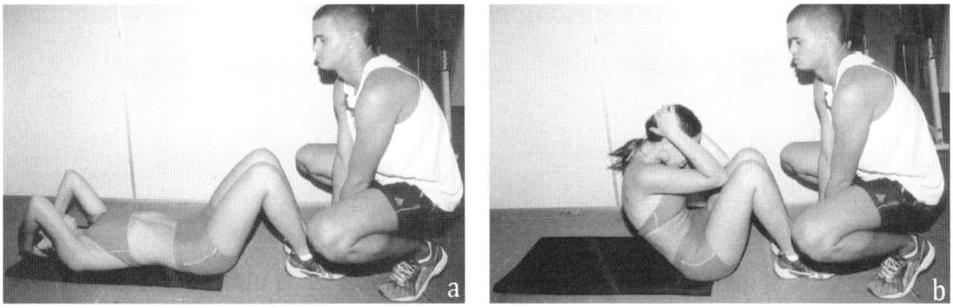

FIGURA 8.10 – Teste abdominal em 1 minuto.

Em seguida, utilizamos a classificação contida nas Tabelas 8.15 a 8.18.

Tabela 8.15 – Normas para teste abdominal em 1 minuto (masculino)

Idade	Excelente	Bom	Médio	Regular	Fraco
20–29	> 48	43–47	37–42	33–36	0–32
30–39	40–47	35–39	29–34	25–28	0–24
40–49	35–39	30–34	24–29	20–23	0–19
50–59	30–34	25–29	19–24	15–18	0–14
> 60	25–29	20–24	14–19	10–13	0–9

Fonte: adaptada de Pollock, Wilmore e Fox (1994).

Tabela 8.16 – Normas para teste abdominal em 1 minuto (feminino)

Idade	Excelente	Bom	Médio	Regular	Fraco
20–29	> 44	39–43	33–38	29–32	0–28
30–39	36–43	31–35	25–30	21–24	0–20
40–49	31–35	26–30	19–25	16–18	1–15
50–59	26–30	21–25	15–20	11–14	0–10
> 60	21–25	16–20	10–15	6–9	0–5

Fonte: adaptada de Pollock, Wilmore e Fox (1994).

Também podem ser utilizar as tabelas específicas para crianças e adolescentes (Tabelas 8.17 e 8.18).

Tabela 8.17 – Normas para teste abdominal em 1 minuto (7 a 17 anos – masculino)

Idade	Excelente	Bom	Médio	Regular	Fraco
9–10	> 40	35–39	30–34	25–29	Até 24
11–12	> 43	37–42	33–36	26–32	Até 25
13–14	> 47	43–46	36–42	28–36	Até 27
15–16	> 49	44–48	40–43	35–39	Até 34
17–18	> 49	42–48	38–41	35–37	Até 34

Fonte: adaptada de Kiss (1987).

Tabela 8.18 – Normas para teste abdominal em 1 minuto (7 a 17 anos – feminino)

Idade	Excelente	Bom	Médio	Regular	Fraco
9–10	> 35	30–34	25–29	21–24	Até 20
11–12	> 37	32–36	29–31	22–28	Até 21
13–14	> 39	33–38	30–32	23–29	Até 22
15–16	> 39	32–38	29–31	24–28	Até 23
17–18	> 40	33–39	30–32	25–29	Até 24

Fonte: adaptada de Kiss (1987).

Teste de resistência muscular localizada (geral)

Para a avaliação da resistência muscular localizada de diversos grupos musculares, pode-se utilizar o teste proposto por Heyward (1997).

- *Procedimento*: calcula-se o peso a ser utilizado em cada exercício (Tabela 8.19), em seguida, os exercícios são realizados até o número máximo de 15 repetições (observar que, no exercício abdominal, o número máximo é de 30 repetições). Logo após, soma-se o número de repetições registradas em cada exercício para, finalmente, utilizar as normas de classificação (Tabela 8.20).

Tabela 8.19 – Cálculo do peso a ser utilizado e registro do número de repetições por exercícios

Movimentos	Sobrecarga (% do peso corporal)		Número de repetições (máximo de 15)
	Homens	Mulheres	
Rosca bíceps	33	25	
Supino horizontal	66	50	
Rosca tríceps	33	33	
Flexão de pernas	33	33	
Extensão de pernas	50	50	
Abdominais (repetições em 1 minuto)	(Máximo de 30 repetições)		
	Total de repetições (máximo de 105)		

Fonte: adaptada de Heyward (1997).

Tabela 8.20 – Classificação do nível de força/resistência muscular

Nível de força/resistência muscular	Total de repetições
Muito elevada	91–105
Elevada	77–90
Intermediária	63–76
Regular	49–62
Baixa	35–48
Muito baixa	Menor que 35

Fonte: adaptada de Heyward (1997).

8.3.2 Força muscular estática (dinamômetros)

Teste de preensão manual

- *Material*: dinamômetro de mão (Figura 8.11).
- *Procedimento*: mede-se a força da mão esquerda e, em seguida, a força da mão direita. Posteriormente, utiliza-se a Tabela 8.21 para classificação da força de preensão manual.

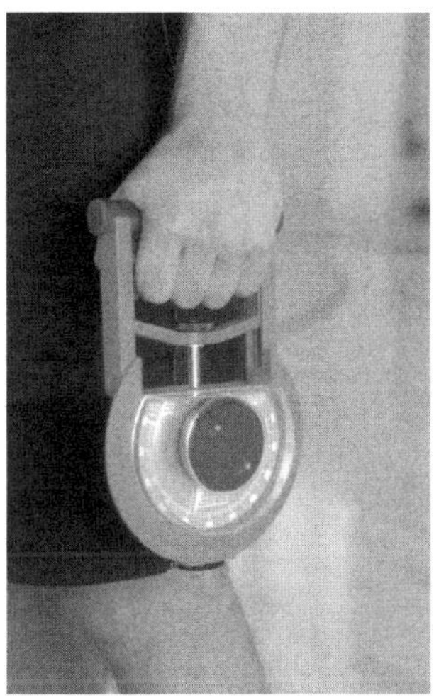

FIGURA 8.11 – Dinamômetro de mão.

Tabela 8.21 – Normas para teste de preensão manual (masculino e feminino)

Nível	Força mão esquerda (kg)	Força mão direita (kg)
	Homens	
Excelente	> 68	> 70
Bom	56–67	62–69
Regular	43–55	48–61
Fraco	39–42	41–47
Muito fraco	< 39	< 41
	Mulheres	
Excelente	> 37	> 41
Bom	34–36	38–40
Regular	22–33	25–37
Fraco	18–21	22–24
Muito fraco	< 18	< 22

Fonte: adaptada de Corbin *et al.* (1978 *apud* Heyward, 1997).

Para pessoas acima de 50 anos, reduzir os escores em 5% a 10%, de acordo com a redução do tecido muscular, em razão do envelhecimento.

8.3.3 Força muscular dinâmica

Para avaliar a força muscular de membros superiores e inferiores, o ACSM (2000) recomenda o supino e o *leg press*, respectivamente (Figuras 8.12 e 8.13). Para determinar a força relativa, divide-se o valor de uma repetição máxima (RM) pelo peso corporal do cliente. Normas para homens e mulheres são apresentadas nas Tabelas 8.22 a 8.25.

FIGURA 8.12 – Avaliação de membros superiores (supino).

Tabela 8.22 – Normas para teste de força muscular dinâmica (1 RM / PC) (supino – masculino)

Idade	< 20	20-29	30-39	40-49	50-59	> 60
Excelente	> 1,34	> 1,32	> 1,12	> 1,00	> 0,90	> 0,82
Bom	1,20–1,33	1,15–1,31	0,99–1,11	0,89–0,99	0,80–0,89	0,72–0,81
Regular	1,07–1,19	1,00–1,14	0,89–0,98	0,81–0,88	0,72–0,79	0,67–0,71
Fraco	0,90–1,06	0,89–0,99	0,79–0,88	0,73–0,80	0,64–0,71	0,58–0,66
Muito fraco	< 0,89	< 0,88	< 0,78	< 0,72	< 0,63	< 0,57

1 RM / PC: 1 repetição máxima dividida pelo peso corporal.

Fonte: adaptada de ACSM (2000).

Tabela 8.23 – Normas para teste de força muscular dinâmica (1 RM / PC) (supino – feminino)

Idade	< 20	20-29	30-39	40-49	50-59	> 60
Excelente	> 0,78	> 0,81	> 0,71	> 0,63	> 0,56	> 0,55
Bom	0,66–0,77	0,71–0,80	0,61–0,70	0,55–0,62	0,49–0,55	0,48–0,54
Regular	0,59–0,65	0,60–0,70	0,54–0,60	0,51–0,54	0,44–0,48	0,43–0,47
Fraco	0,54–0,58	0,52–0,59	0,48–0,53	0,44–0,50	0,40–0,43	0,39–0,42
Muito fraco	< 0,53	< 0,51	< 0,47	< 0,43	< 0,39	< 0,38

1 RM / PC: 1 repetição máxima dividida pelo peso corporal.

Fonte: adaptada de ACSM (2000).

FIGURA 8.13 – Avaliação de membros inferiores (*leg press*).

Tabela 8.24 – Normas para teste de força muscular dinâmica (1 RM / PC) (*leg press* – masculino)

Idade	< 20	20-29	30-39	40-49	50-59	> 60
Excelente	> 2,28	> 2,13	> 1,93	> 1,82	> 1,71	> 1,62
Bom	2,05–2,27	1,98–2,12	1,78–1,92	1,69–1,81	1,59–1,70	1,50–1,61
Regular	1,91–2,04	1,84–1,97	1,66–1,77	1,58–1,68	1,47–1,58	1,39–1,49
Fraco	1,71–1,90	1,64–1,83	1,53–1,65	1,45–1,57	1,33–1,46	1,26–1,38
Muito fraco	< 1,70	< 1,63	< 1,52	< 1,44	< 1,32	< 1,25

1 RM / PC: 1 repetição máxima dividida pelo peso corporal.

Tabela 8.25 – Normas para teste de força muscular dinâmica (1 RM/PC) (*leg press* – feminino)

Idade	< 20	20-29	30-39	40-49	50-59	> 60
Excelente	> 1,71	> 1,68	> 1,47	> 1,37	> 1,25	> 1,18
Bom	1,60–1,70	1,51–1,67	1,34–1,46	1,24–1,36	1,11–1,24	1,05–1,17
Regular	1,39–1,59	1,38–1,50	1,22–1,33	1,14–1,23	1,00–1,10	0,94–1,04
Fraco	1,23–1,38	1,23–1,37	1,10–1,21	1,03–1,13	0,89–0,99	0,86–0,93
Muito fraco	< 1,22	< 1,22	< 1,09	< 1,02	< 0,88	< 0,85

1 RM / PC: 1 repetição máxima dividida pelo peso corporal.

8.3.4 Força explosiva

Impulsão vertical

- *Material*: fita métrica fixada verticalmente na parede, de maneira descendente, com a marca zero no ponto mais alto da parede; pó de giz; cadeira.
- *Procedimento*: o avaliado deve estar em pé, de lado para a parede, com os braços estendidos acima da cabeça. Nessa posição, deve marcar, com pó de giz, o ponto mais alto que possa alcançar (Figura 8.14a). Em seguida, deve fazer pequena flexão de pernas e saltar, marcando com a ponta dos dedos o ponto mais alto atingido (Figura 8.14b). Devem ser realizadas três tentativas.

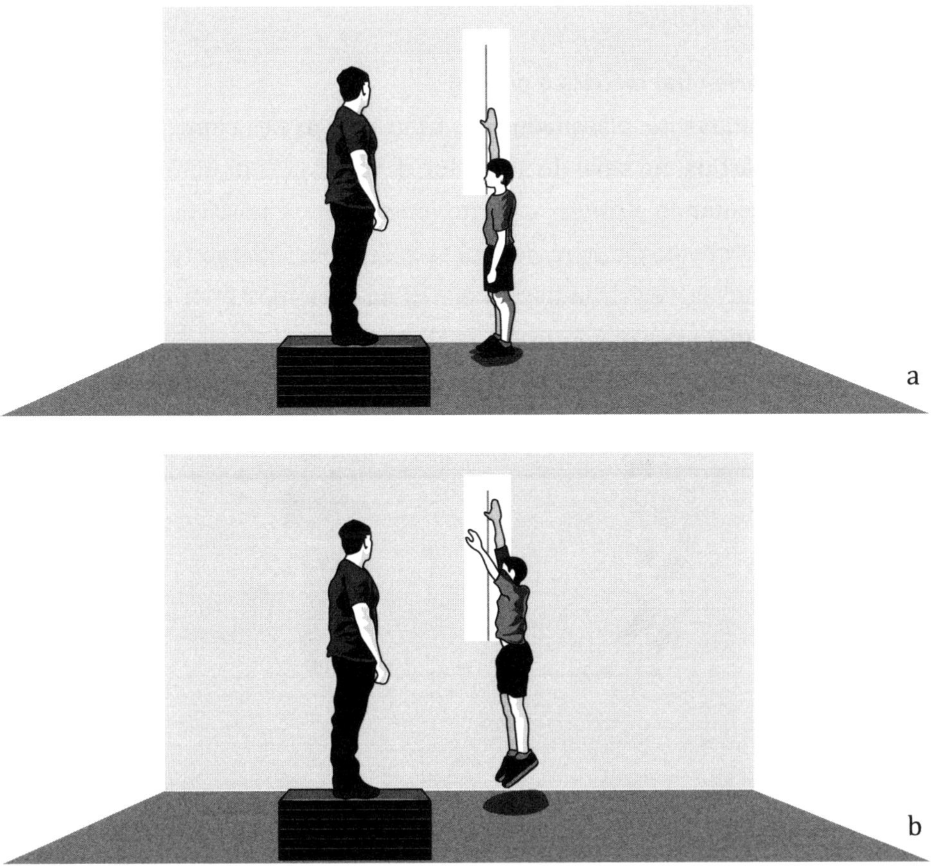

FIGURA 8.14 – Teste de impulsão vertical.

Para determinar a impulsão, deve-se subtrair o valor inicial pelo maior valor alcançado durante as tentativas. Exemplo: o avaliado, na posição inicial, toca o ponto 100 da fita métrica. Durante a série de saltos, atinge, 65, 66, 64. Como a fita está nos sentido descendente, a melhor marca é 64. Para obter o resultado, deve-se calcular:

$$100 - 64 = 36$$

Esse valor corresponde à impulsão vertical em centímetros.

Impulsão horizontal

- *Material*: fita métrica e pó de giz.
- *Procedimento*: o avaliado deve estar com os pés paralelos no ponto de partida. Ao sinal do avaliador, deverá saltar no sentido horizontal, tentando alcançar o ponto mais distante possível. É permitida a movimentação livre de braços e de tronco. Serão realizadas três tentativas, registrando-se a marca na parte posterior do pé, sendo considerada a maior distância alcançada.

FIGURA 8.15 – Teste de impulsão horizontal.

8.4 Avaliação da flexibilidade

Flexibilidade é um importante componente da aptidão física, por isso, é de fundamental importância sua avaliação. De modo geral, a baixa flexibilidade na região sacroilíaca e a pouca força/resistência muscular na região abdominal são responsáveis pelas lombalgias.

Para avaliação da flexibilidade, existem os métodos diretos e indiretos. Como exemplos de métodos diretos, há os goniômetros (Figura 8.16) e os flexômetros (Figura 8.17).

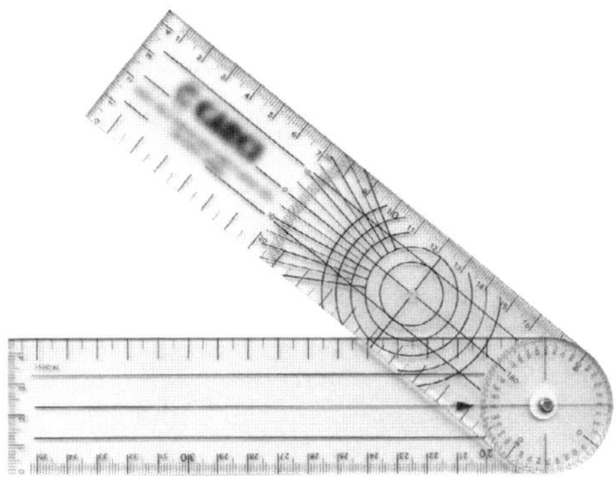

FIGURA 8.16 – Goniômetro.

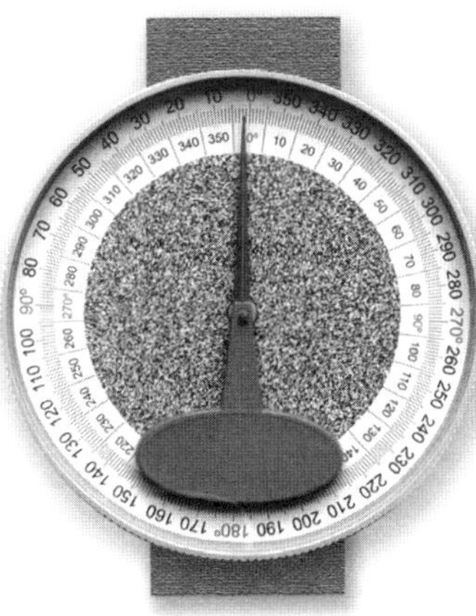

FIGURA 8.17 – Flexômetro.

Um dos métodos indiretos mais utilizados para avaliação da flexibilidade é o banco de sentar e alcançar (Figuras 8.18a,b). Para realização desse teste, o avaliado deve estar sentado com os pés apoiados no banco e nos joelhos estendidos. Em seguida, o tronco deve ser flexionado à frente, na tentativa de alcançar a maior medida em centímetros possível. O avaliador deve segurar os joelhos do avaliado, para evitar a flexão. As normas para classificação da flexibilidade podem ser observadas na Tabela 8.26.

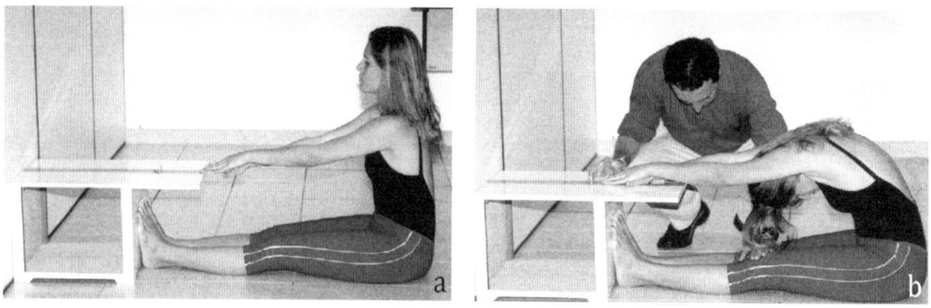

FIGURA 8.18 – Banco de sentar e alcançar.

Tabela 8.26 – Normas para teste de sentar e alcançar

Classificação	Masculino < 35 anos	Masculino 36-49 anos	Masculino > 50 anos	Feminino < 35 anos	Feminino 36-49 anos	Feminino > 50 anos
Excelente	> 43	> 40	> 34	> 46	> 44	> 36
Bom	39-43	34-40	30-34	41-46	37-44	31-36
Médio	34-38	26-33	24-29	37-40	33-36	26-30
Fraco	25-33	22-25	20-24	28-36	26-32	22-25
Muito fraco	Até 24	Até 21	Até 19	Até 27	Até 25	Até 21

Fonte: adaptada de Heyward (1997).

Existem, também, as tabelas de classificação para análise da flexibilidade propostas pelo ACSM (2000) (Tabelas 8.27 e 8.28).

Tabela 8.27 – Normas para teste de sentar e alcançar (masculino)

Idade	Muito fraco	Fraco	Regular	Alta	Muito alta
20-29	< 23	23-29	30-33	34-38	> 38
30-39	< 21	21-27	28-32	33-37	> 37
40-49	< 16	16-23	24-28	29-34	> 34
50-59	< 15	15-22	23-27	28-32	> 32
> 60	< 14	14-18	19-24	25-30	> 30

Fonte: adaptada de ACSM (2000).

Tabela 8.28 – Normas para teste de sentar e alcançar (feminino)

Idade	Muito fraco	Fraco	Regular	Alta	Muito alta
20-29	< 26	26-32	33-36	37-40	> 40
30-39	< 25	25-31	32-35	36-39	> 39
40-49	< 24	24-29	30-33	34-37	> 37
50-59	< 23	23-29	30-32	33-37	> 37
> 60	< 23	23-26	27-30	31-34	> 34

Fonte: adaptada de ACSM (2000).

Para avaliar a flexibilidade, podemos utilizar, também, o flexiteste, proposto por De Araújo (2003). O autor sugere um mapa de flexibilidade com avaliação de até 20 diferentes articulações. A escala de avaliação varia de 0 a 4 para cada movimento (Figuras 8.19a,b).

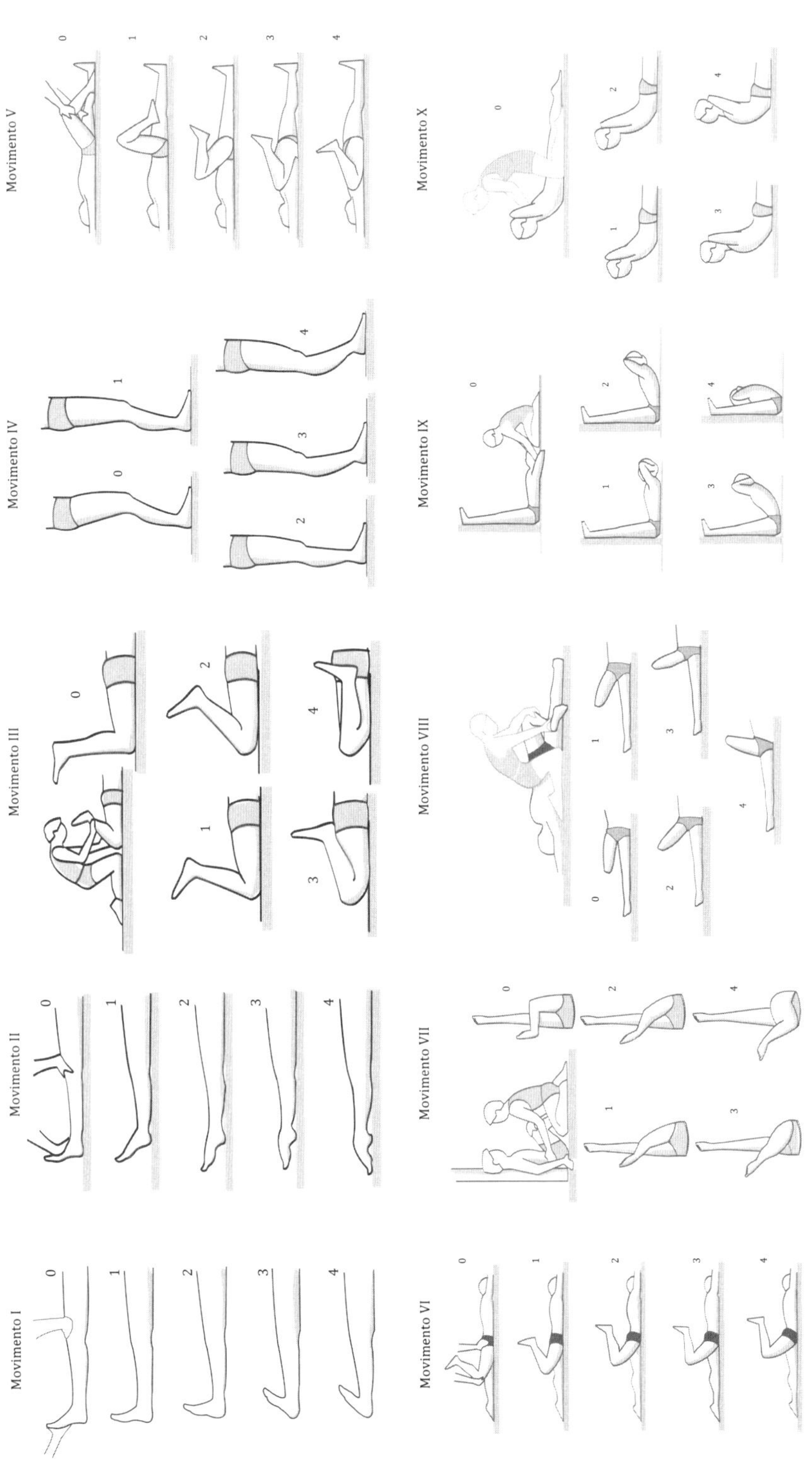

FIGURA 8.19 – Flexiteste (a).
Fonte: adaptada de Araújo (2004).

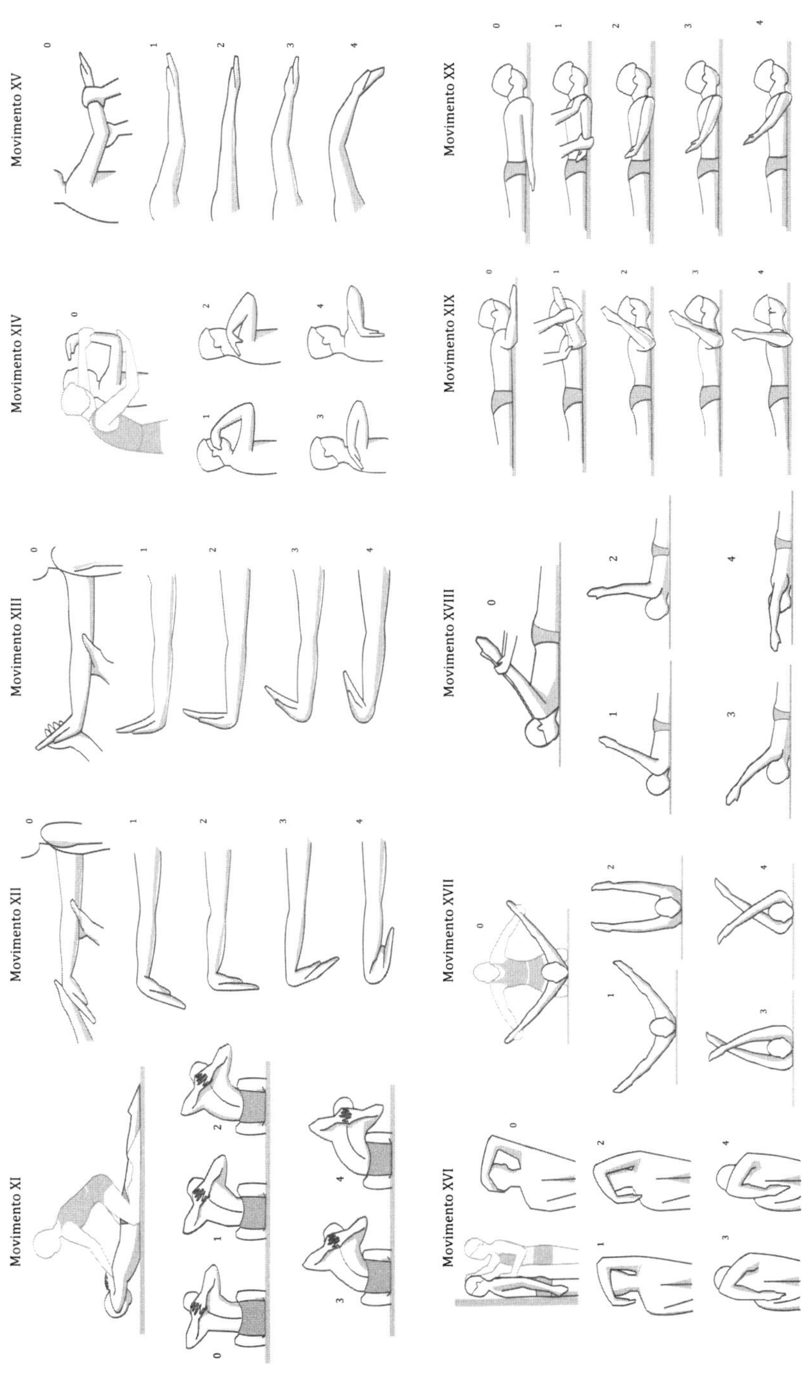

FIGURA 8.19 – Flexiteste (b).
Fonte: adaptada de Araújo (2004).

8.5 Avaliação da resistência anaeróbica

Metabolismo anaeróbico refere-se à produção de energia por meio de reações químicas que não exigem a presença de oxigênio. A principal fonte de energia nos exercícios de curta duração é de origem anaeróbica. Para a realização de atividades de curtíssima duração, o organismo lança mão do sistema ATP-CP (trifosfato de adenosina/creatina-fosfato, em que não existe produção acentuada de lactato (por isso, anaeróbico aláctico). Para atividades com duração um pouco maior, o sistema utilizado é a glicólise anaeróbica, na qual o produto final é produção acentuada de lactato (por isso, anaeróbico láctico).

Dessa forma, é importante a avaliação da resistência anaeróbica láctica e aláctica. Os principais testes são listados a seguir.

8.5.1 Teste de resistência anaeróbica aláctica (velocidade)

Corrida de 50 metros

- *Material*: cronômetro e apito.
- *Procedimento*: em uma pista de corrida, o avaliado deve percorrer a distância de 50 metros, no menor tempo possível. O avaliador deverá estar posicionado na linha de chegada com um cronômetro, registrando o tempo gasto pelo atleta ou aluno. Após a realização do teste, podemos utilizar a tabela de classificação, conforme os valores alcançados (Tabela 8.29).

Tabela 8.29 – Classificação do teste de corrida de 50 metros (futebol)

Índice alcançado (tempo em segundos)	Classificação
5–5,5	Excelente
5,6–6	Muito bom
6,1–6,5	Bom
6,6–7	Médio
> 7	Fraco

Teste de Margaria

- *Material*: escada com 9 degraus e cronômetro.
- *Procedimento*: o avaliado deverá tomar distância de 6 metros dos degraus da escada. Em seguida, deverá correr o mais rápido possível, pisando no 3º, no 6º e no 9º degraus. O cronômetro deverá ser acionado no 3º degrau e travado no 9º degrau. Deverá ser registrado o tempo entre o 3º e o 9º degraus.

Em seguida, deverá ser calculada a força (kgm/s) por meio da seguinte equação:

$$F = P \times D / T$$

Em que:

F: força (kgm/s); P: peso corporal; D: distância vertical entre o 3º e 9º degraus; T: tempo entre o 3º e 9º degraus.

Após a realização do teste e o cálculo da força (kgm/s), podemos utilizar as seguintes tabelas de classificação:

Tabela 8.30 – Normas para classificação teste de Margaria (masculino)

Idade	15-19	20-29	30-39	40-49	> 50
Muito fraca	< 113	< 106	< 85	< 65	< 50
Fraca	113-149	106-139	85-111	65-84	50-65
Média	150-187	140-175	112-140	85-105	66-82
Bom	188-224	176-210	141-168	106-125	83-98
Excelente	> 224	> 210	> 168	> 125	> 98

Fonte: adaptada de Margaria, Aghemo e Rovelli (1966).

Tabela 8.31 – Normas para classificação teste de Margaria (feminino)

Idade	15-19	20-29	30-39	40-49	> 50
Muito fraca	< 92	< 85	< 65	< 50	< 38
Fraca	92-120	85-111	65-84	50-65	38-48
Média	121-151	112-140	85-105	66-82	49-61
Bom	152-182	141-168	106-125	83-98	62-75
Excelente	> 182	> 168	> 125	> 98	> 75

Fonte: adaptada de Margaria, Aghemo e Rovelli (1966).

8.5.2 Teste de resistência anaeróbica total (aláctica + láctica)

Teste de 40 segundos (Matsudo, 1984)

- *Material*: cronômetro e apito (opcional).
- *Procedimento*: em uma pista de corrida, o avaliado deverá percorrer a maior distância possível no tempo de 40 segundos. O avaliador se posicionará na linha de partida e deverá dar o sinal de largada. Nesse momento, ele deverá correr no sentido contrário ao avaliado, na direção do local onde provavelmente terminarão o teste (200 e 300 metros). Ao completar o tempo, o avaliador deverá observar exatamente onde o avaliado completou o teste, para poder marcar a quantidade de metros percorridos (Figura 8.20).

FIGURA 8.20 – Teste de resistência anaeróbica total (aláctica + láctica).

Após a aplicação do teste podemos utilizar as tabelas propostas por Matsudo (1984) para classificar os resultados de escolares e de atletas.

Tabela 8.32 – Resultados de estudantes de 7 a 18 anos

Idade	Masculino	Feminino
7	178,03 ± 12,24	166,42 ± 11,91
8	191,95 ± 19,37	169,50 ± 12,89
9	197,29 ± 13,72	186,42 ± 17,50
10	200,21 ± 17,01	189,93 ± 10,52
11	203,84 ± 19,24	195,09 ± 24,33
12	213,15 ± 19,37	195,82 ± 18,16
13	221,48, ± 15,93	201,78 ± 25,79
14	230,29 ± 23,23	204,85 ± 20,11
15	246,54 ± 12,76	202,16, ± 18,96
16	250,54 ± 16,56	197,29 ± 15,64
17	260,20 ± 17,32	197,12 ± 10,01
18	261,67 ± 19,85	201,09 ± 10,98

Fonte: adaptada de Matsudo (1984).

Tabela 8.33 – Resultados de atletas de diversas modalidades esportivas

Modalidade	Masculino	Feminino
Natação	232,61 ± 34,12	209,12 ± 12,32
Atletismo	295,90 ± 17,70	258,83 ± 25,21
Basquete	266,01 ± 15,83	228,61 ± 16,96
Ginástica	261,10 ± 19,93	216,91 ± 13,70
Voleibol	267,10 ± 14,22	227,21 ± 17,44
Pugilismo	272,69 ± 11,04	

Fonte: adaptada de Matsudo (1984).

Teste de Wingate

- *Material*: bicicleta ergométrica e cronômetro.
- *Procedimento*: o avaliado deverá pedalar a bicicleta ergométrica o mais rápido possível durante 30 segundos. Deverá ser feito aquecimento com carga leve durante 5 segundos. O ajuste da carga de trabalho deverá ser de 0,075 Kp/kg de peso corporal do avaliado. Os avaliadores devem contar a quantidade de revoluções no pedal a cada 5 segundos, totalizando seis contagens durante os 30 segundos do teste.

Em seguida, a força em kgm deverá ser calculada:

força (kgm) = carga (Kp) × número de revoluções pedal × 6

Deverá ser calculado um valor de força para cada 5 segundos do teste, totalizando 6 valores de força.

Assim:

pico de força = maior valor encontrado nos 30 s do teste
(reflete processo anaeróbico aláctico – ATP-CP)

força média = Σ da força a cada 5 s / 6
(reflete a glicólise anaeróbica – láctico)

Pode-se, ainda, calcular o índice de fadiga por meio do seguinte procedimento:

Considerando que:
A: maior valor encontrado nos 30 segundos do teste.
B: menor valor encontrado nos 30 segundos do teste.

Aplica-se a equação matemática:

$$(A - B) \times 100 / A$$

Observar o Gráfico 8.4.

Gráfico 8.4 – Representação gráfica do teste de Wingate

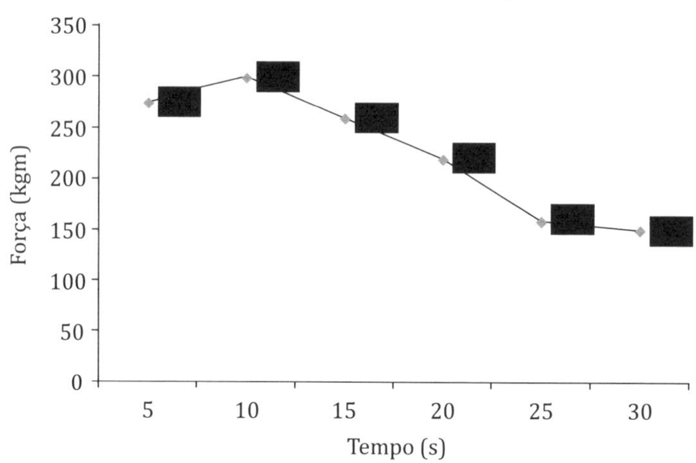

Pico de força = 300 kgm

pico de força = maior valor encontrado nos 30 s do teste
(reflete processo anaeróbico aláctico – ATP-CP)

Força média = 227,5 kgm

força média = Σ da força a cada 5 s / 6
(reflete a glicólise anaeróbica – láctico)

Índice de fadiga = 50%

Considerando que:
A: maior valor encontrado nos 30 segundos do teste.
B: menor valor encontrado nos 30 segundos do teste.

Aplica-se a equação matemática:

$$(A - B) \times 100 / A$$

8.6 Determinação da velocidade de corrida por meio de testes em pista

8.6.1 Teste de Weltman

É muito utilizado para identificar a velocidade de corrida em treinamentos aeróbicos. O avaliado deverá correr 3.200 m o mais rápido possível. Deverá ser registrado o tempo gasto em minutos para percorrer essa distância (Weltman *et al.*, 1987, 1989).

Em seguida, utilizam-se as seguintes equações para predição da velocidade de corrida.

Masculino

velocidade no limiar de lactato = 493,0 – 22,78 × (tempo 3.200 m)

velocidade com concentração de 2 mM
de lactato = 497,3 – 21,56 × (tempo em 3.200 m)

velocidade com concentração de 2,5 mM
de lactato = 504,4 – 21,54 × (tempo em 3.200 m)

velocidade com concentração de 4 mM
de lactato = 509,5 – 20,82 × (tempo em 3.200 m)

velocidade máxima = 498,0 – 18,84 × (tempo em 3.200 m)

Feminino

velocidade no limiar de lactato = –2,58 × (tempo em 3.200 m) + 165,5

velocidade com concentração de 2 mM
de lactato = –3,80 × (tempo em 3.200 m) + 214,5

velocidade com concentração de 2,5 mM
de lactato = –4,12 × (tempo em 3.200 m) + 228,2

velocidade com concentração de 4 mM
de lactato = –4,66 × (tempo em 3.200 m) + 255,4

velocidade máxima = –5,40 × (tempo em 3.200 m) + 286,3

Por meio do teste de Weltman, pode-se também estimar VO_2máx pelas seguintes equações:

Masculino

VO_2máx = 118,4 – 4.770 × (tempo gasto para percorrer os 3.200 m)

Feminino

VO_2máx = –1,07 × (tempo gasto para percorrer os 3.200 m) + 63,48

8.6.2 Determinação da velocidade de corrida no limiar anaeróbico (crianças e adolescentes)

O valor de 4 mm de lactato é considerado o limiar anaeróbico e equivale a, aproximadamente, 77%–80% do VO_2máx. Exercícios físicos realizados nessa intensidade parecem provocar adaptações fisiológicas bastante significativas em atletas de diversas modalidades desportivas. Para determinar a velocidade de corrida no limiar anaeróbico (VCL), podemos utilizar a equação proposta por Tanaka (1986):

$$VCL = 124 - (0{,}831 \times \text{resultado teste 40 s}) + (0{,}202 \times \text{resultado teste corrida de 5 min})$$

Em que:
Resultado da corrida de 40 segundos: em metros (Matsudo, 1984).
Resultado da corrida de 5 minutos: em metros.

Exemplo:

Para saber o tempo gasto em cada volta de 400 m.

VCL = 150 m/min.

Cada volta = 400 / 150 = 2,66 – 1 min está para 60 s, assim como 0,66 min está para x. Então, 0,66 × 60 = 39,6. Assim, cada volta equivale a 2 minutos, 39 segundos e 6 décimos.

8.7 Testes de agilidade

A agilidade é caracterizada pela capacidade de realizar trocas rápidas de direção e de deslocamento do centro de gravidade do corpo. Para avaliar a agilidade, utilizam-se:

8.7.1 Teste *shuttle run*

O avaliado coloca-se na linha de partida. Ao ouvir o comando de partida, deverá correr o mais rápido possível até a outra linha, pegar o primeiro bloco, voltar até a linha de partida e depositar o bloco. Então, deverá voltar até a outra linha e pegar o segundo bloco, retornar à linha de partida, depositar o bloco e ultrapassá-la. Nesse momento, o avaliador deverá registrar o tempo gasto para realização do trabalho descrito. Ao pegar e ao deixar os blocos, o avaliado deverá seguir uma regra básica: transpor com pelo menos um dos pés as linhas que demarcam o espaço. Os blocos não devem ser jogados, mas, sim, colocados no solo (Figura 8.21).

FIGURA 8.21 – Teste de agilidade *shuttle run*.

8.7.2 Teste da corrida sinuosa

O avaliado deverá correr um percurso sinuoso, demarcado por cinco cones 1,50 metro distantes entre si, estando o primeiro distante 3 metros da linha de partida. O avaliado deverá fazer o percurso correndo entre os cones no sentido ida e volta, o mais rápido possível. O avaliador deverá registrar o tempo gasto para realização do teste (Figura 8.22).

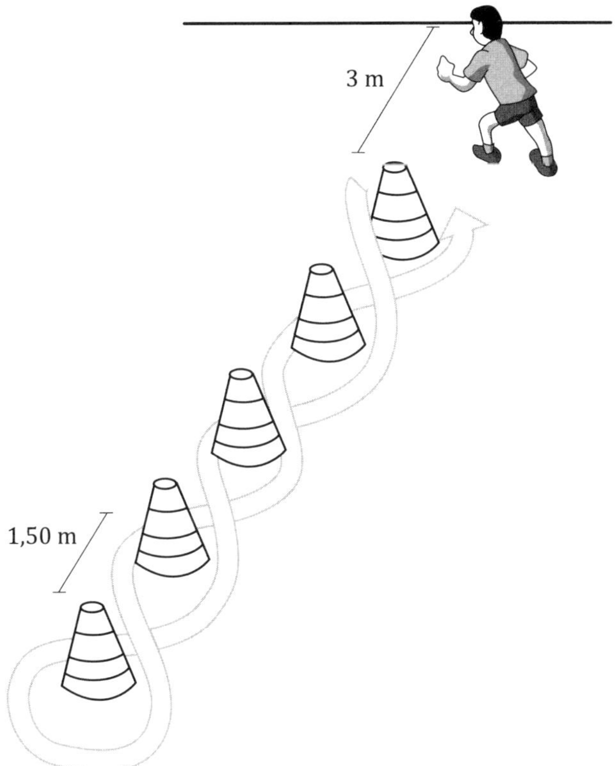

FIGURA 8.22 – Teste de agilidade corrida sinuosa.

Observação

- Nos testes em que não existem normas para classificação, podemos utilizar como referência para avaliação do cliente, aluno ou atleta os seguintes procedimentos:

  1. registrar os resultados individuais em determinado teste;
  2. calcular a média do grupo;
  3. observar os que ficaram acima ou abaixo da média em relação ao grupo.

Propostas de avaliação da aptidão física em crianças e adolescentes

9

Neste capítulo, serão estudados, basicamente, dois tópicos relacionados à avaliação da aptidão física em crianças e adolescentes: avaliação antropométrica (crescimento físico e indicadores antropométricos) e baterias de testes para avaliação da aptidão física.

A aptidão física pode ser classificada como: relacionada à saúde e relacionada à *performance* (habilidades atléticas). Lembramos que a primeira é representada pela resistência aeróbica, força e resistência muscular, flexibilidade e composição corporal; já a segunda, ao desempenho motor (*performance*), além das variáveis relacionadas à saúde, inclui a agilidade, o equilíbrio, a velocidade e a resistência anaeróbica.

Ao passo que os testes motores permitem obter um diagnóstico acerca do condicionamento físico, a composição corporal possibilita monitorar o crescimento físico e verificar o estado nutricional (baixo peso, sobrepeso, obesidade) dos escolares. Nesse sentido, baterias de testes foram propostas, especialmente para avaliar a aptidão física de crianças e de adolescentes.

9.1 Avaliação antropométrica

9.1.1 Crescimento físico

O ser humano não é biologicamente estático. Desde o momento da concepção até a morte, ocorrem transformações quantitativas e qualitativas. O crescimento físico se refere essencialmente às transformações quantitativas, consiste no aumento do tamanho do corpo como um todo ou no aumento do tamanho de partes específicas do corpo (Guedes e Guedes, 2006; Malina e Bouchard, 2002).

Segundo a Organização Mundial da Saúde (OMS, 1983), os níveis de crescimento físico entre crianças e adolescentes podem ser considerados internacionalmente como um dos mais importantes indicadores, tanto da qualidade de vida de um país quanto da extensão de distorções existentes em uma mesma população, em seus diferentes subgrupos.

As técnicas antropométricas podem ser utilizadas para avaliar e monitorar o crescimento do ser humano. Na escola, algumas medidas simples e eficientes poderão ser utilizadas com esse intuito. O profissional de Educação Física está em posição muito privilegiada para essa função, considerando seu significativo envolvimento com aspectos educacionais e de promoção da saúde em populações jovens (Guedes e Guedes, 2006).

As medidas mais utilizadas para monitorar o crescimento físico são a massa corporal e a estatura. Para interpretar e acompanhar o crescimento físico de crianças e de adolescentes, sugere-se as curvas percentílicas do Centers for Disease Control and Prevention (CDC) (Kuczmarski *et al.*, 2002), igualmente recomendadas pelo Ministério da Saúde (Brasil, 2002).

Esclarecemos que percentil é uma unidade em uma escala em 1 a 100. Um dado percentil estabelece a porcentagem de indivíduos que estão abaixo dele. Por exemplo, uma criança que tenha uma estatura no 90º percentil para crianças da mesma idade e sexo é mais alta que 90% das crianças para mesma idade e sexo. A mediana corresponde ao percentil 50 (Malina e Bouchard, 2002).

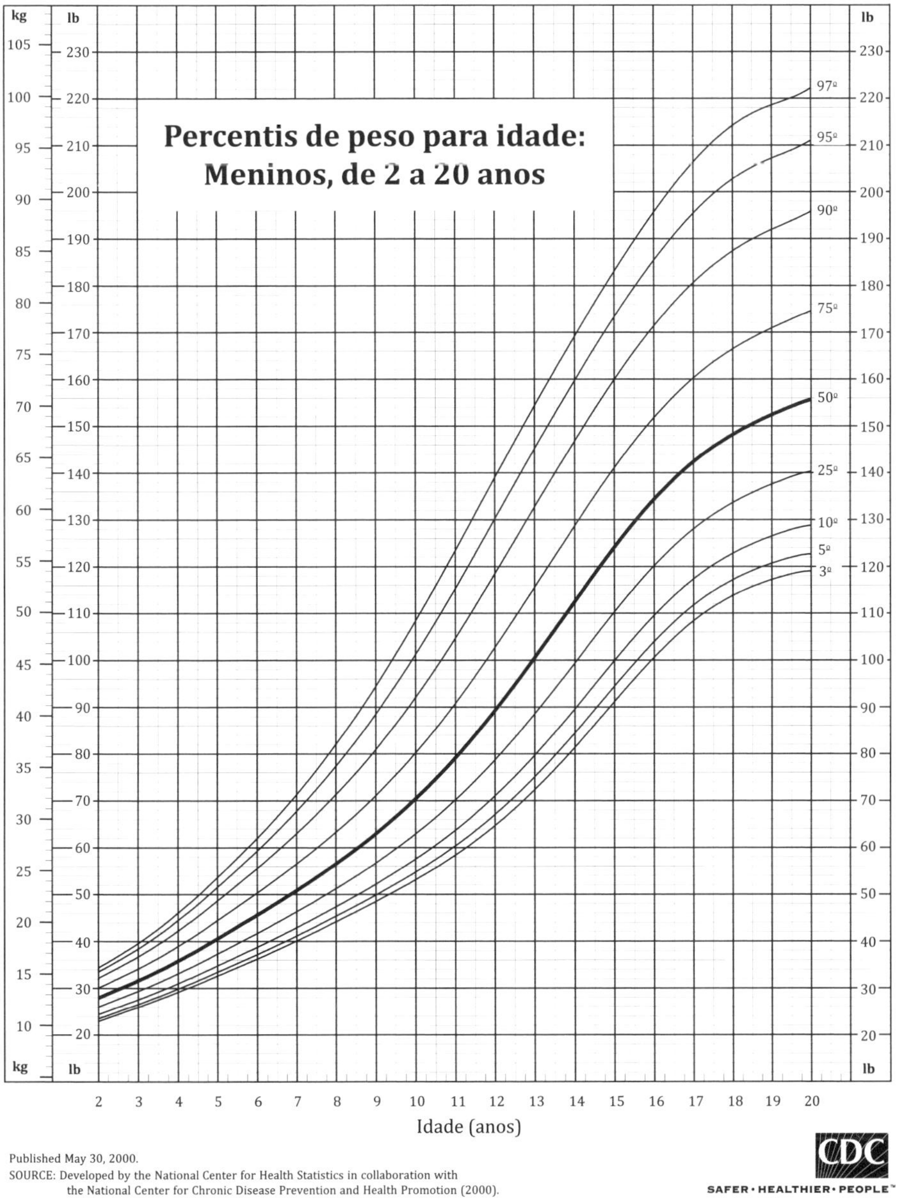

FIGURA 9.1 – Referência (National Center for Health Statistics) da massa corporal (peso) para idade de meninos de 2 a 20 anos.

Fonte: adaptada de Kuczmarski *et al.* (2002, p. 27).

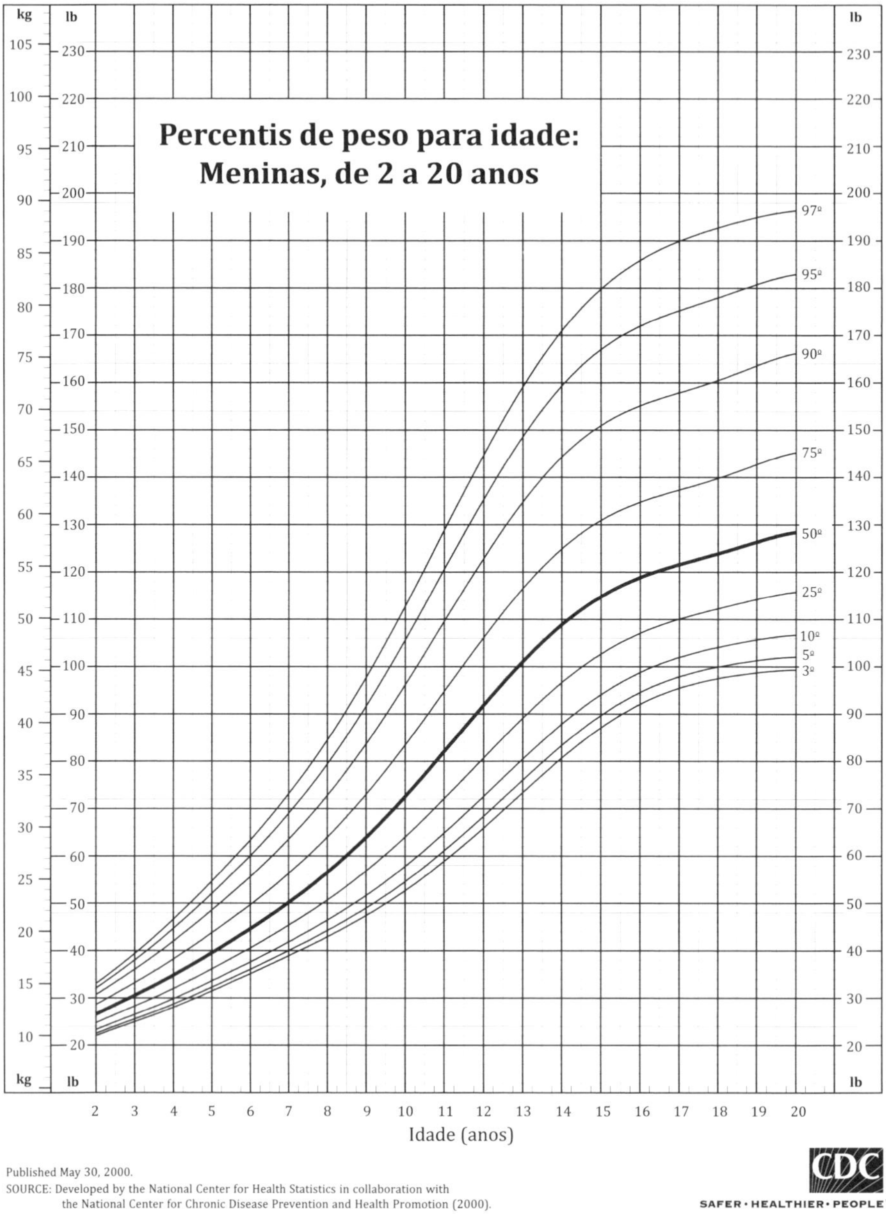

FIGURA 9.2 – Referência (National Center for Health Statistics) da massa corporal (peso) para idade de meninas de 2 a 20 anos.

Fonte: adaptada de Kuczmarski *et al.* (2002, p. 28)

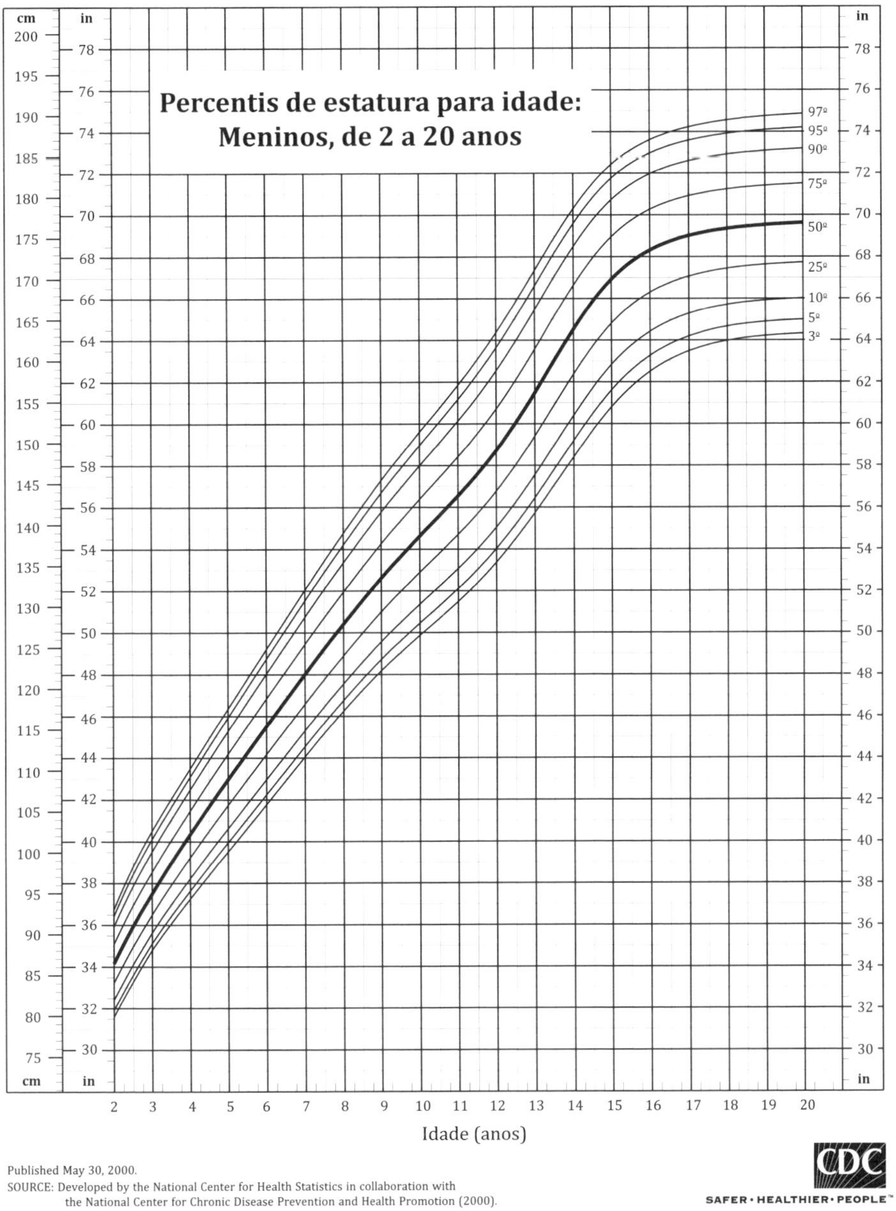

FIGURA 9.3 – Referência (National Center for Health Statistics) da estatura para idade de meninos de 2 a 20 anos.

Fonte: adaptada de Kuczmarski *et al.* (2002, p. 29).

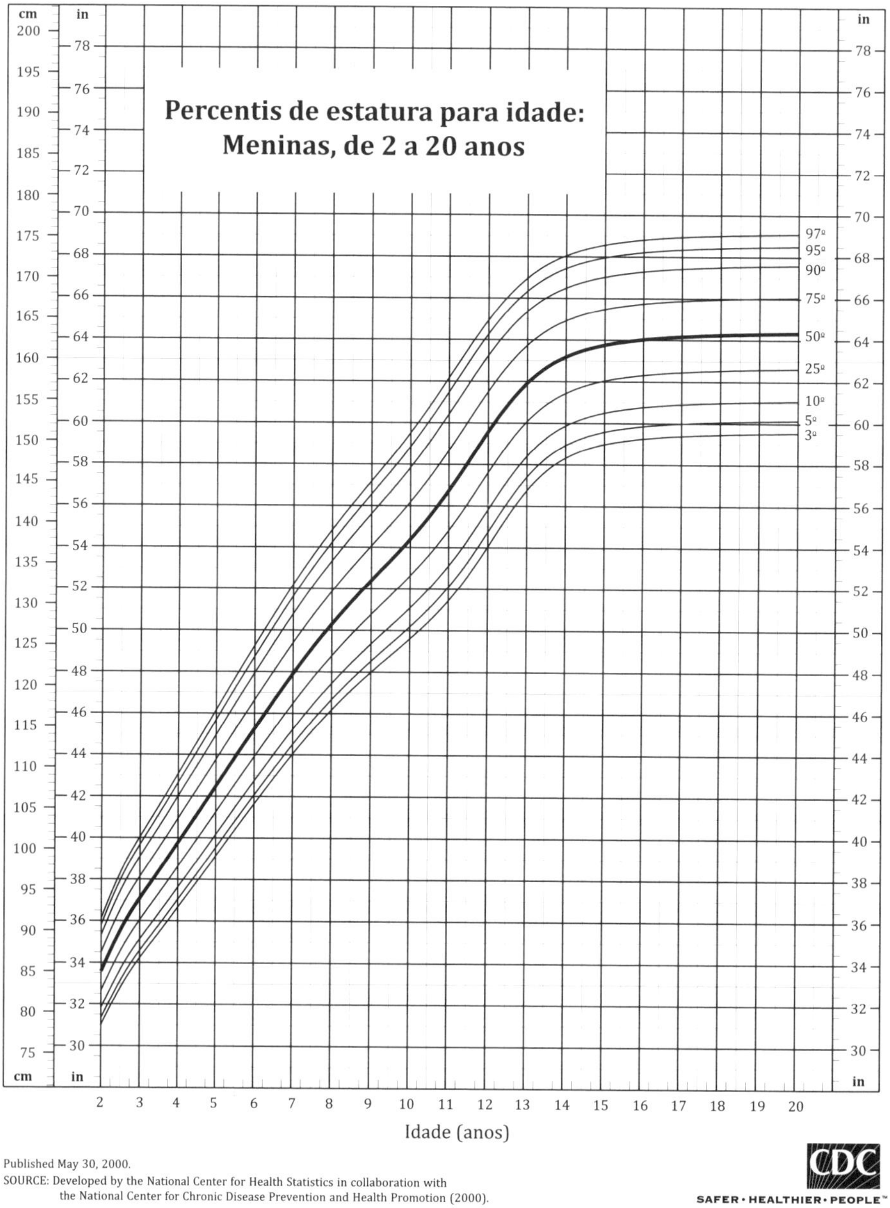

FIGURA 9.4 – Referência (National Center for Health Statistics) da estatura para idade de meninas de 2 a 20 anos.

Fonte: adaptada de Kuczmarski *et al.* (2002, p. 30).

Para identificar o percentil de massa corporal, traça-se uma linha horizontal, identificando o valor em quilogramas (kg) da massa corporal e uma linha vertical para a idade. Para a estatura, traça-se, igualmente, uma linha horizontal (estatura cm) e uma vertical (idade), e a interseção das duas linhas corresponde ao valor do percentil da massa corporal e da estatura do escolar. São considerados normais os valores percentis entre 25 e 75. Valores percentis menores do que 10 são considerados muito baixos, ao passo que valores percentis maiores do que 95 são considerados muito altos.

9.1.2 Indicadores antropométricos

Neste tópico abordaremos alguns indicadores antropométricos e as possibilidades de interpretação.

Índice de massa corporal (IMC)

Este indicador já foi estudado no Capítulo 7. Aqui, serão apresentadas algumas possibilidades de interpretação dos resultados para crianças e adolescentes.

Diferentes instituições e pesquisadores têm sugerido pontos de corte para a classificação do IMC em crianças e adolescentes, entre elas destacam-se: CDC; OMS; International Obesity Task Force (IOTF), atual World Obesity Federation; Cole *et al.*, 2000; Conde e Monteiro (2006).

Cole *et al.* (2000) basearam-se em estudos realizados nos seguintes países: Brasil, Grã-Bretanha, Hong Kong, Holanda, Singapura e Estados Unidos. Os pontos de corte foram sugeridos para crianças e adolescentes de 2 a 20 anos.

Tabela 9.1 – Pontos de corte de IMC para sobrepeso e obesidade sugeridos por Cole *et al.* (2000)

	Sobrepeso		**Obesidade**	
Idade (anos)	**Masculino**	**Feminino**	**Masculino**	**Feminino**
2	18,41	18,02	20,09	19,81
2,5	18,13	17,76	19,80	19,55
3	17,89	17,56	19,57	19,36
3,5	17,69	17,40	19,39	19,23
4	17,55	17,28	19,29	19,15
4,5	17,47	17,19	19,26	19,12
5	17,42	17,15	19,30	19,17
5,5	17,45	17,20	19,47	19,34
6	17,55	17,34	19,78	19,65
6,5	17,71	17,53	20,23	20,08
7	17,92	17,75	20,63	20,51
7,5	18,16	18,03	21,09	21,01
8	18,44	18,35	21,60	21,57
8,5	18,76	18,69	22,17	22,18
9	19,10	19,07	22,77	22,81
9,5	19,46	19,45	23,39	23,46
10	19,84	19,86	24,00	24,11
10,5	20,20	20,29	24,57	24,77
11	20,55	20,74	25,10	25,42
11,5	20,89	21,20	25,58	26,05
12	21,22	21,68	26,02	26,67
12,5	21,56	22,14	26,43	27,24
13	21,91	22,58	26,84	27,76
13,5	22,27	22,98	27,25	28,20
14	22,62	23,34	27,63	28,57
14,5	22,96	23,66	27,96	28,87
15	23,29	23,94	28,30	29,11
15,5	23,60	24,17	28,60	29,29
16	23,90	24,37	28,88	29,43
16,5	24,19	24,54	29,14	29,56
17	24,46	24,70	29,41	29,69
17,5	24,73	24,85	29,70	29,84
18	25	25	30	30

Fonte: adaptada de Cole *et al.* (2000).

Conde e Monteiro (2006) propuseram valores críticos de IMC para crianças e adolescentes brasileiros, baseados em dados extraídos da Pesquisa Nacional Nutrição e Saúde (PNSN, 1989) das regiões Norte, Sul, Sudeste, Nordeste, Centro-Oeste do Brasil, na faixa etária de 2 a 19 anos. Os valores críticos para classificação do estado nutricional em *deficit* de peso, excesso de peso e obesidade foram expressos de acordo com percentis e valores do IMC equivalentes a 17,5, 25 e 30 kg/m^2, respectivamente, aos 20 anos de idade.

Tabela 9.2 – Pontos de corte para IMC para baixo peso, excesso de peso e obesidade

Idade em meses	Masculino			Feminino		
	Baixo peso	Excesso de peso	Obesidade	Baixo peso	Excesso de peso	Obesidade
24,0	13,77	19,17	21,98	13,95	18,47	20,51
24,5	13,77	19,13	21,94	13,94	18,43	20,47
30,5	13,76	18,76	21,53	13,87	18,03	20,00
36,5	13,70	18,45	21,21	13,76	17,70	19,64
42,5	13,61	18,20	20,98	13,66	17,44	19,38
48,5	13,50	18,00	20,85	13,55	17,26	19,22
54,5	13,39	17,86	20,81	13,46	17,14	19,15
60,5	13,28	17,77	20,85	13,37	17,07	19,16
66,5	13,18	17,73	20,98	13,28	17,05	19,23
72,5	13,09	17,73	21,19	13,21	17,07	19,37
78,5	13,02	17,78	21,48	13,15	17,12	19,56
84,5	12,96	17,87	21,83	13,10	17,20	19,81
90,5	12,93	17,99	22,23	13,07	17,33	20,10
96,5	12,91	18,16	22,69	13,07	17,49	20,44
102,5	12,92	18,35	23,17	13,09	17,70	20,84
108,5	12,95	18,57	23,67	13,16	17,96	21,28
114,5	13,01	18,82	24,17	13,26	18,27	21,78
120,5	13,09	19,09	24,67	13,40	18,63	22,32
126,5	13,19	19,38	25,14	13,58	19,04	22,91
132,5	13,32	19,68	25,58	13,81	19,51	23,54
138,5	13,46	20,00	25,99	14,07	20,01	24,21
144,5	13,63	20,32	26,36	14,37	20,55	24,89
150,5	13,82	20,65	26,69	14,69	21,12	25,57

Continua

Continuação

Idade em meses	Masculino			Feminino		
	Baixo peso	Excesso de peso	Obesidade	Baixo peso	Excesso de peso	Obesidade
156,5	14,02	20,99	26,99	15,03	21,69	26,25
162,5	14,25	21,33	27,26	15,37	22,25	26,89
168,5	14,49	21,66	27,51	15,72	22,79	27,50
174,5	14,72	22,00	27,74	16,05	23,28	28,04
180,5	15,01	22,33	27,95	16,35	23,73	28,51
186,5	15,29	22,65	28,15	16,63	24,11	28,90
192,5	15,58	22,96	28,34	16,87	24,41	29,20
198,5	15,86	23,27	28,52	17,06	24,65	29,42
204,5	16,15	23,56	28,71	17,22	24,81	29,56
210,5	16,43	23,84	28,89	17,33	24,90	29,63
216,5	16,70	24,11	29,08	17,40	24,95	29,67
222,5	16,95	24,36	29,28	17,45	24,96	29,70
228,5	17,18	24,59	29,50	17,47	24,96	29,74
234,5	17,37	24,81	29,75	17,49	24,97	29,83
240,0	17,50	25,00	30,00	17,50	25,00	30,00

Fonte: adaptada de Conde e Monteiro (2006).

Além de pontos de corte para diagnosticar o estado de peso, outros estudos estão propondo valores críticos com o propósito de discriminar fatores de risco cardiovascular ou seu agrupamento. Entre os estudos brasileiros que objetivaram detectar fatores de risco com amostra de adolescentes escolares, os estudos de Beck, Lopes e Pitanga (2011a) detectaram um IMC de 21,9 kg/m^2 e 24 kg/m^2, respectivamente, para rapazes e moças para discriminar pressão arterial elevada. Para detectar alterações lipídicas em adolescentes, esses autores identificaram um IMC de 21,7 kg/m^2 para discriminar colesterol total elevado nos rapazes e 20,7 kg/m^2 para colesterol HDL (lipoproteína de alta densidade) baixo em ambos os sexos.

Além disso, outros estudos foram realizados no Brasil com amostra de crianças entre 7 e 11 anos de idade. Destacamos o trabalho de Moreira *et al.* (2008), que propuseram o valor de 23,7 kg/m^2 para discriminar resistência à insulina, e a pesquisa de Ferreira *et al.* (2011), que apresentaram o valor de 23,5 kg/m^2 para discriminar síndrome metabólica em crianças.

Circunferência da cintura

A circunferência da cintura (CC), medida no ponto médio entre a última costela e a crista ilíaca, é um bom indicador de gordura localizada na região central do corpo.

Zhu (2002 *apud* Fernández *et al.*, 2004) utilizando dados do Third National Health and Nutrition Examination Survey (NHANES III), com amostra de americanos de diversas etnias, numa faixa etária de 2 a 18 anos de idade, propuseram valores normativos para a CC em moças e rapazes.

Tabela 9.3 – Valores normativos para circunferência de cintura (meninos)

Idade (anos)	P10	P25	P50	P75	P90
2	43,2	45,0	47,1	48,8	50,8
3	44,9	46,9	49,1	51,3	54,2
4	46,6	48,7	51,1	53,9	57,6
5	48,4	50,6	53,2	56,4	61,0
6	50,1	52,4	55,2	59,0	64,4
7	51,8	54,3	57,2	61,5	67,8
8	53,5	56,1	59,3	64,1	71,2
9	55,3	58,0	61,3	66,6	74,6
10	57,0	59,8	63,3	69,2	78,0
11	58,7	61,7	65,4	71,7	81,4
12	60,5	63,5	67,4	74,3	84,8
13	62,2	65,4	69,5	76,8	88,2
14	63,9	67,2	71,5	79,4	91,6
15	65,6	69,1	73,5	81,9	95,0
16	67,4	70,9	75,6	84,5	98,4
17	69,1	72,8	77,6	87,0	101,8
18	70,8	74,6	79,6	89,6	105,2

P: percentil

Fonte: adaptada de Fernández *et al.* (2004).

Tabela 9.4 – Valores normativos para circunferência de cintura (meninas)

Idade (anos)	P10	P25	P50	P75	P90
2	43,8	45,0	47,1	49,5	52,2
3	45,4	46,7	49,1	51,9	55,3
4	46,9	48,4	51,1	54,3	58,3
5	48,5	50,1	53,0	56,7	61,4
6	50,1	51,8	55,0	59,1	64,4
7	51,6	53,5	56,9	61,5	67,5
8	53,2	55,2	58,9	63,9	70,5
9	54,8	56,9	60,8	66,3	73,6
10	56,3	58,6	62,8	68,7	76,6
11	57,9	60,3	64,8	71,1	79,7
12	59,5	62,0	66,7	73,5	82,7
13	61,0	63,7	68,7	75,9	85,8
14	62,6	65,4	70,6	78,3	88,8
15	64,2	67,1	72,6	80,7	91,9
16	65,7	68,8	74,6	83,1	94,9
17	67,3	70,5	76,5	85,5	98,0
18	68,9	72,2	78,5	87,9	101,0

Fonte: adaptada de Fernández *et al.* (2004).

Da mesma forma que o IMC foi discriminador de fatores de risco cardiovascular, a CC também apresentou poder discriminatório para a pressão arterial elevada, com valores de 75,4 cm para os rapazes e de 82,4 cm para as moças. Já para as alterações lipídicas, o ponto de corte para colesterol elevado para os rapazes foi de 74 cm; e, para predizer o colesterol HDL baixo, foi identificado como ponto de corte uma CC de 73,2 cm para os rapazes e de 71,5 cm para as moças (Beck, Lopes e Pitanga, 2011a,b).

Também para a CC, outros estudos foram realizados no Brasil com amostra de crianças entre 7 e 11 anos de idade. Desses, destacamos o trabalho de Moreira *et al.* (2008), que propuseram o valor de 78 cm para discriminar resistência à insulina, e a pesquisa de Ferreira *et al.* (2011), na qual também apresentaram o valor de 78 cm para discriminar a síndrome metabólica em crianças.

Os pontos de corte de CC e também de IMC identificados em população de adolescentes escolares no Sul do Brasil e em crianças na cidade de Taquatinga-DF (Beck, Lopes e Pitanga, 2011a,b; Ferreira *et al.*, 2011; Moreira *et al.*, 2008), para detectar resistência a insulina, síndrome metabólica, pressão arterial elevada e alterações lipídicas, devem ser usados com cautela, pois não são representativos da diversidade étnica da população brasileira.

Dobras cutâneas

As dobras cutâneas medem indiretamente a espessura do tecido adiposo subcutâneo. As mais utilizadas para estimar o percentual de gordura de crianças e adolescentes são a tricipital, a subescapular e a panturrilha medial. Como interpretação, sugerimos a utilização do somatório da dobra cutânea tricipital + subescapular (TR + SE) ou dobra cutânea tricipital + panturrilha (TR + PM). Lohman (1987) sugeriu o uso da Figura 9.5 para interpretar os resultados. O procedimento sugerido é de fácil utilização e interpretação. Você pode usar a soma de duas dobras cutâneas (TR + SE ou TR + PM) ou converter esses valores em percentual de gordura (Petroski, 2003, p. 134).

Por exemplo, uma garota com 30 mm na soma das dobras cutâneas (TR + SE) teria 28% de gordura corporal. Uma análise qualitativa indica que essa menina apresenta um padrão de gordura corporal moderadamente alto. Convém salientar que a interpretação dos resultados exige cautela para aconselhar perda de peso para crianças e adolescentes. Essas populações são extremamente sensíveis, e a sugestão de que elas estão com sobrepeso poderia contribuir para desenvolvimento ou agravamento de desordens alimentares, em especial em meninas (Petroski, 2003, p. 135).

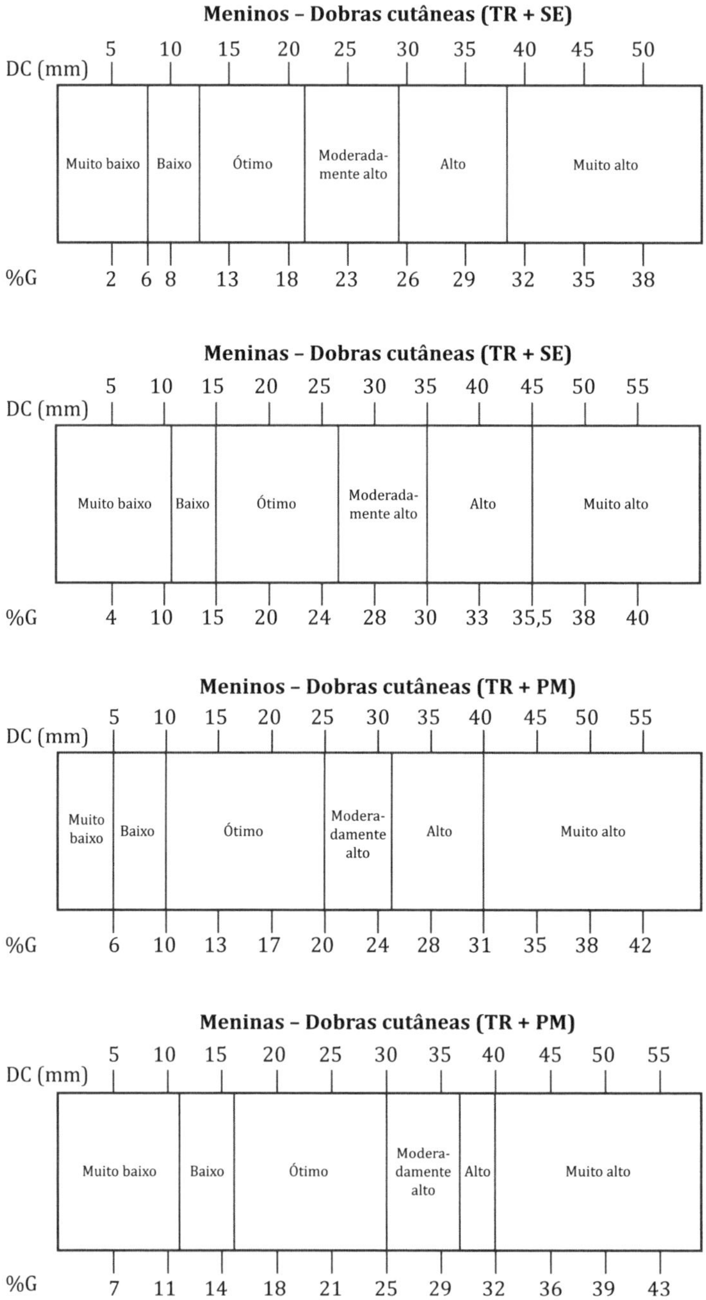

FIGURA 9.5 – Soma das dobras cutâneas para classificação da gordura corporal.

Fonte: adaptada de Lohman (1987).

9.2 Baterias de testes de aptidão física para crianças e adolescentes

Algumas baterias de testes foram sugeridas especificamente para crianças e adolescentes, incluindo avaliação da aptidão física relacionada à saúde e/ou ao desempenho motor. Esse tipo avaliação em idades jovens tem se modificado, passando de uma ênfase à aptidão motora para uma ênfase relacionada à saúde. Assim, as baterias de testes de aptidão física para crianças e adolescentes são utilizadas para medir e avaliar fornecendo uma avaliação global (Morrow Jr. *et al.*, 1995).

Na década de 1970, foram desenvolvidos testes pela American Alliance of Health, Physical Education, Recreation and Dance (AAHPERD), chamados de AAHPERD Health Related Physical Fitness Test, que incluíam medidas de resistência cardiovascular, composição corporal e função musculoesquelética (abdominal de 1 minuto e teste de sentar e alcançar) (Morrow Jr. *et al.*, 1995).

As principais baterias de testes propostas por programas nos Estados Unidos são o FitnessGram, do Cooper Institute for Aerobics Research, de 1987, e o President's Challenge, de 1999. Além disso, a bateria de testes Eurofit é amplamente utilizada no continente europeu e é uma combinação de componentes de aptidão motora e componentes relacionados à saúde. Os testes que compõem as referidas baterias estão apresentados no Quadro 9.1.

Quadro 9.1 – Baterias de testes de aptidão física para crianças e adolescentes

Bateria de testes	Capacidade aeróbica	Composição corporal	Resistência e força abdominal	Resistência e força dos membros superiores	Resistência e força do extensor do tronco	Flexibilidade	Velocidade de corrida e agilidade	Velocidade e movimento dos membros	Potência	Equilíbrio
Fitness-Gram	PACER Teste de caminhada/corrida de 1 milha	Dobras cutâneas IMC	Abdominais	Flexão de braço no solo modificado ou flexão de braço na barra	Levantamento do tronco	Sentar e alcançar Alongamento de ombro				
The President's Challenge	Corrida de 1 milha ou corrida de um quarto de milha ou corrida de meia milha	IMC	Abdominais parciais	Flexão de braço no solo ou flexão de braço na barra		Sentar e alcançar em V ou sentar e alcançar	Agilidade			
Eurofit	Resistência *shuttle run* Teste ergométrico em bicicleta	Estatura Peso Dobras cutâneas	Abdominais	Preensão manual Suspensão na barra com o braço flexionado		Sentar e alcançar	Agilidade	*Plate tapping*	Impulsão horizontal	Equilíbrio Flamingo

Fonte: adaptado de Morrow Jr. *et al.* (1995, p. 222).

No Brasil, foi sugerida uma bateria de testes pelo Projeto Esporte Brasil (Proesp-BR), que se desenvolve prioritariamente no âmbito da Educação Física Escolar e tem como objetivo auxiliar os professores de Educação Física na avaliação desses indicadores. O Proesp-BR propõe a realização de programas cujos testes e medidas podem ser realizados na maioria das escolas, tendo em vista constituir indicadores para a construção de políticas de Educação Física e esportes para crianças e jovens no Brasil (Proesp-BR, 2005).

O Proesp-BR é um observatório permanente de indicadores de crescimento e desenvolvimento corporal, motor e do estado nutricional de crianças e jovens entre 7 e 17 anos e faz parte de um conjunto de projetos realizados pela Rede Centros de Excelência Esportiva (Cenesp), ligada ao Ministério do Esporte (Proesp-BR, 2005).

Quadro 9.2 – Medida e testes de aptidão física utilizadas pela bateria de testes do Proesp-BR

Variáveis	**Medidas e testes**	**Área de intervenção**
Massa corporal (peso)	Balança	Relacionada à saúde
Estatura	Estadiômetro	Relacionada ao desempenho motor
Envergadura	Trena métrica	Relacionada ao desempenho motor
Índice de massa corporal	IMC = massa corporal/(estatura)^2	Relacionada à saúde
Flexibilidade	Sentar e alcançar	Relacionada à saúde
Força/resistência abdominal	Abdominal	Relacionada à saúde
Força de membros inferiores	Salto em distância horizontal	Relacionada ao desempenho motor
Força de membros superiores	Arremesso de *medicine ball*	Relacionada ao desempenho motor
Agilidade	Quadrado	Relacionada ao desempenho motor
Velocidade	20 metros	Relacionada ao desempenho motor

Continua

Continuação

Variáveis	Medidas e testes	Área de intervenção
Força/resistência membros superiores	Barra modificada (opcional)	Relacionada à saúde
Resistência aeróbica	Correr/andar 9 min e "vaivém"	Relacionada à saúde

Fonte: adaptado de Proesp-BR (2005).

A ordem sugerida para a aplicação da bateria de medidas e testes do Proesp-BR é a seguinte (Proesp-BR, 2005):

1. medida de massa corporal;
2. medida da estatura;
3. medida de envergadura;
4. teste sentar e alcançar;
5. teste de exercício abdominal;
6. teste do salto em distância;
7. teste do arremesso de *medicine ball*;
8. teste do quadrado;
9. teste de corrida de 20 metros;
10. teste da barra modificada;
11. teste dos 9 minutos ou teste de vaivém.

Considerando que as medidas de massa corporal, estatura, envergadura e o teste de sentar e alcançar devem ser coletados com os estudantes sem calçados, sugere-se que sejam realizados no interior de uma sala adequadamente preparada para esse fim. Para as medidas de estatura e envergadura, dá-se preferência para a utilização de uma parede lisa, sem obstáculos e sem rodapé. Os demais testes podem ser realizados em ginásios, em quadras esportivas etc. (Proesp-BR, 2005).

Após o conhecimento construído com base nos conteúdos estudados neste capítulo, é importante saber que o perfil de aptidão física, incluindo medidas antropométricas e testes motores, é fundamental para o acompanhamento do crescimento, do estado nutricional e da aptidão funcional-motora de crianças e adolescentes. Os dados coletados podem servir como ferramenta pedagógica para a Educação Física Escolar e ampliar a possibilidade de discussão de diversos contextos (biológicos, sociais, econômicos e culturais), além de contribuir para uma efetiva intervenção do professor de Educação Física e das demais disciplinas, inclusive numa perspectiva interdisciplinar, pois somente mensurando e registrando se é capaz de detectar em que direção a saúde dos escolares está caminhando, e isso possibilita a educação para a saúde nesse contexto específico.

Novas perspectivas para avaliação da aptidão física em programas de condicionamento físico individualizado, academias e clubes de corrida

10

Neste capítulo, serão apresentadas as novas perspectivas para avaliação da aptidão física em programas de condicionamento físico individualizado, academias e clubes de corrida. Vamos demonstrar os principais procedimentos sugeridos para avaliação e prescrição da intensidade do treinamento nesses segmentos específicos. Para a organização dessa avaliação, sugerimos a realização da ventilometria, da composição corporal por meio da bioimpedância elétrica, da baropodometria e da dinamometria.

10.1 Ventilometria

O teste da ventilometria é um procedimento muito útil para avaliação do limiar anaeróbico com posterior prescrição da intensidade do treinamento aeróbico. Deve ser utilizado na avaliação da aptidão física em programas de condicionamento físico individualizado, academias e clubes de corrida. O principal objetivo desse teste é identificar o limiar anaeróbico, e, com base nesse parâmetro, prescrever a intensidade do treinamento aeróbico.

Deve ser aplicado com a esteira sem inclinação, e os incrementos de carga (velocidade) devem ser feitos a cada 2 minutos. A velocidade deve ser aumentada gradativamente até o momento em que acontecer o aumento desproporcional da ventilação (limiar anaeróbico) (Gráfico 8.3). Nesse momento, deve ser registrada a frequência cardíaca (FC) de limiar. O teste da ventilometria poderá ser realizado também em bicicleta ergométrica. Nesse caso, os incrementos devem ser realizados na carga do ergômetro também a cada 2 minutos.

Após a identificação do limiar anaeróbico, deve-se prescrever a intensidade do treino considerando as seguintes intensidades:

- *Anaeróbico*: > 100% da FC de limiar.
- *Aeróbico forte*: 90%–100% da FC de limiar.
- *Aeróbico moderado*: 80%–90% da FC de limiar.
- *Aeróbico leve*: 70%–80% da FC de limiar.

10.2 Composição corporal por meio da bioimpedância elétrica

Conforme apresentado no Capítulo 7, a avaliação da composição corporal por meio da bioimpedância é muito útil e prática para utilização em programas de condicionamento físico individualizado, academias e clubes de corrida. Propomos o *delivery* de composição corporal, quando o equipamento é levado até o local onde a avaliação será realizada, clube de corrida ou academia.

FIGURA 10.1 – Balança de bioimpedância.

FIGURA 10.2 – Avaliação da composição corporal por bioimpedância.

O *delivery* de composição corporal é prático porque possibilita a realização da avaliação no local onde os treinos são realizados.

10.3 Baropodometria

A baropodometria, ou teste da pisada, é muito útil para corredores e deve ser feita pelos participantes dos clubes de corrida. O teste consiste em pisar em uma plataforma para identificação do tipo de pisada do corredor.

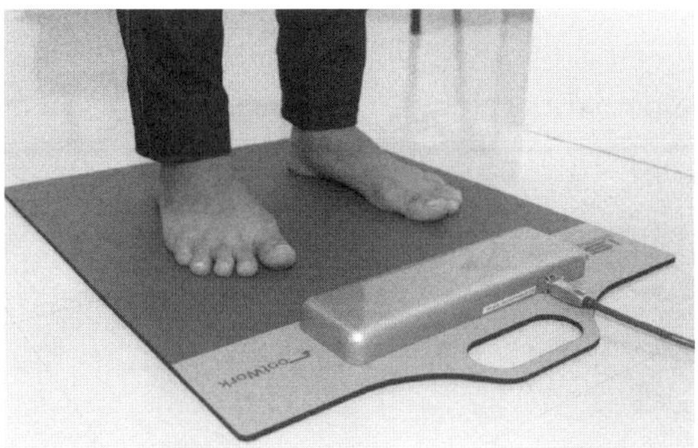

FIGURA 10.3 – Baropodometria.

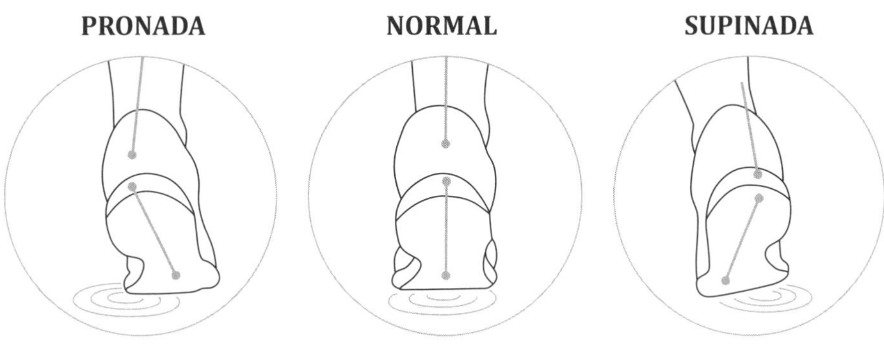

FIGURA 10.4 – Tipos de pisada.

Com base no tipo de pisada, o tênis mais adequado deve ser indicado para o corredor. Além disso, para os casos mais específicos, pode ser indicada a confecção de palmilhas individualizadas.

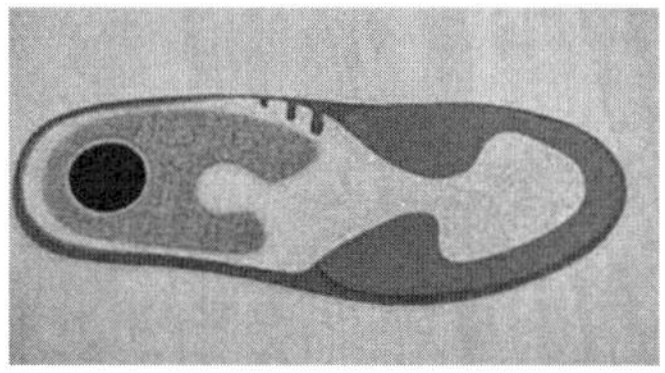

Figura 10.5 – Palmilha para correção da pisada.

10.4 Dinamometria

A dinamometria é um procedimento muito importante para avaliação da força, bem como para orientação de exercícios musculares. Atualmente, existem diferentes tipos de dinamômetros no mercado nacional e internacional.

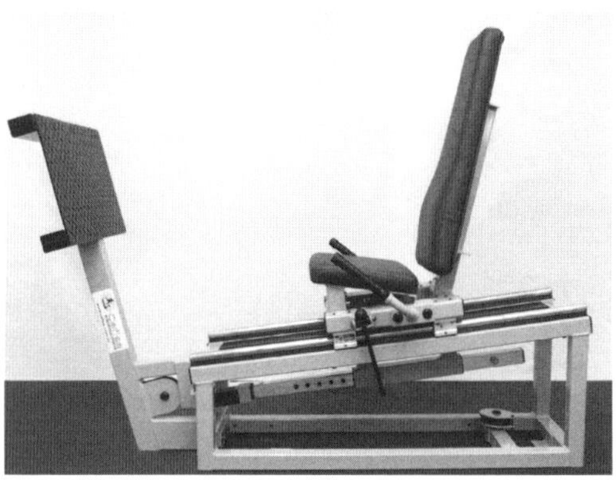

Figura 10.6 – Dinamômetro para membros inferiores.

Os dinamômetros permitem a identificação da força de diferentes segmentos musculares e podem ser utilizados para estabelecer a relação da musculatura agonista-antagonista, a relação da força concêntrica-excêntrica e a comparação dos membros direito e esquerdo.

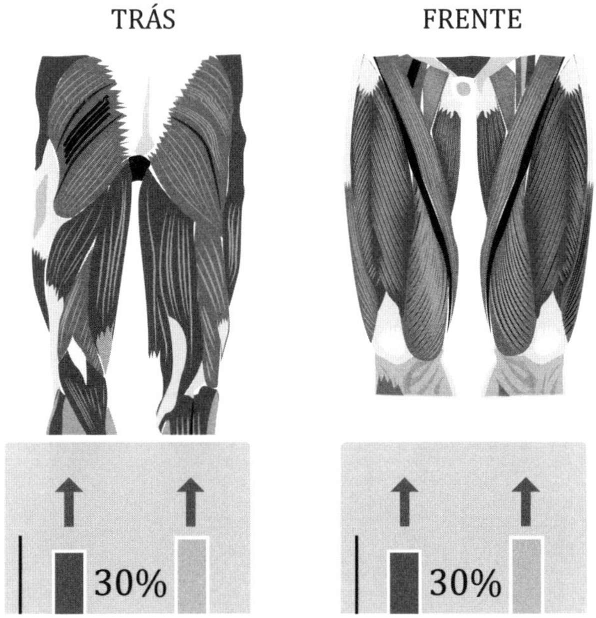

FIGURA 10.7 – Relação musculatura agonista-antagonista.

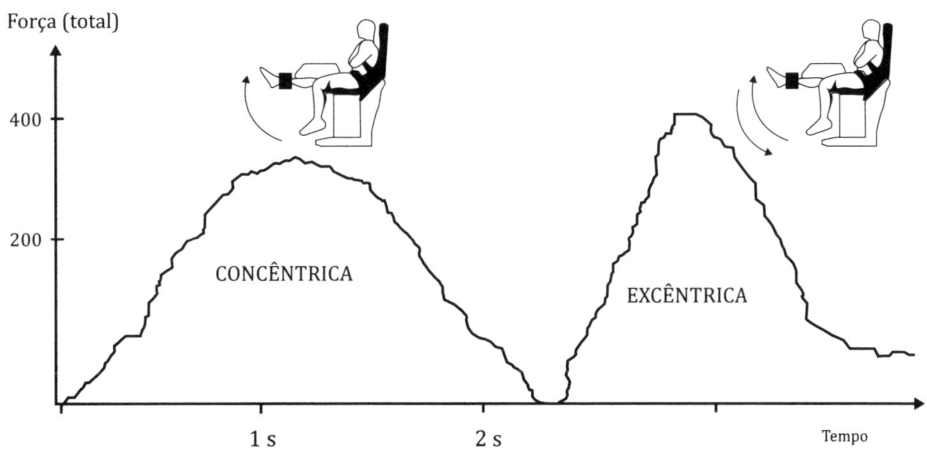

FIGURA 10.8 – Relação da força concêntrica e excêntrica.

Figura 10.9 – Comparação entre os membros direito e esquerdo.

Após a realização dos testes, sugerimos a seguinte estratégia para prescrição do treinamento neuromuscular.

Tabela 10.1 – Prescrição do treinamento neuromuscular

Tipo	Intensidade	Repetições	Série	Frequência
Resistência	40%-60%	20-30	1-3	3
Tonificação	60%-70%	12-15	2-3	3
Hipertrofia	70%-75%	10-12	3-5	3-5
Força	80%-90%	4-8	3-5	3-6

Referências

AMERICAN COLLEGE OF SPORTS MEDICINE (ACSM). *ACSM's guidelines for exercise testing and prescription*. 5. ed. Baltimore: Williams & Wilkins, 1995.

AMERICAN COLLEGE OF SPORTS MEDICINE (ACSM). *ACSM's guidelines for exercise testing and prescription*. 6. ed. Baltimore: Williams & Wilkins, 2000.

ANJOS, L. A. Índice de massa corporal (massa corporal estatura^{-2}) como indicador do estado nutricional de adultos: revisão da literatura. *Rev. Saúde Públ.*, v. 26, n. 6, p. 431-6, 1992.

ARAÚJO, C. G. S. *Flexiteste*: um método completo para avaliar a flexibilidade. São Paulo: Manole, 2004.

ARAÚJO, W. B. *Ergometria e cardiologia desportiva*. Rio de Janeiro: Medsi, 1986.

ÅSTRAND, I. Aerobic work capacity in men and women with special reference to age. *Acta Physiol. Scand.*, v. 49, n. 169, p. 1-92, 1960. Supplement.

BALKE, B.; WARE, R. W. An experimental study of physical fitness of Air Force personnel. *U. S. Armed Forces Med. J.*, v. 10, n. 6, p. 675-88, 1959.

BARROS NETO, T. L.; TEBEXRENI, A. S.; TAMBEIRO, V. L. Aplicações práticas da ergoespirometria no atleta. *In*: CONGRESSO VIRTUAL DE CARDIOLOGIA, 2., 2001, Buenos Aires. *Anais eletrônicos* [...]. Buenos Aires: Federación Argentina de Cardiologia, 2001.

BECK, C. C.; LOPES, A. S.; PITANGA, F. J. G. Indicadores antropométricos como preditores de pressão arterial elevada em adolescentes. *Arq. Bras. Cardiol.*, v. 96, n. 2, p. 126-33, fev. 2011a.

BECK, C. C.; LOPES, A. S.; PITANGA, F. J. G. Indicadores antropométricos de sobrepeso e obesidade como preditores de alterações lipídicas em adolescentes. *Rev. Paul. Pediatr.*, v. 29, n. 1, p. 46-53, jan./mar. 2011b.

BEHNKE JR., A. R.; FEEN, B. G.; WELHAM, W. C. The specific gravity of healthy men. Body weight ÷ volume as an index of obesity. *JAMA*, v. 118, n. 7, p. 495-8, 1942.

BENEDETTI, T. B.; MAZO, G. Z.; BARROS, M. V. G. Aplicação do questionário internacional de atividades físicas para avaliação do nível de atividades físicas de mulheres idosas: validade concorrente e reprodutibilidade teste-reteste. *Rev. Bras. C. Mov.*, v. 12, n. 1, p. 25-34, jan./mar. 2004.

BENEDETTI, T. B. *et al.* Reprodutibilidade e validade do Questionário Internacional de Atividade Física (IPAQ) em homens idosos. *Rev. Bras. Med. Esporte*, v. 13, n. 1, p. 11-16, 2007.

BLACK, L. F.; OFFORD, K.; HYATT, R. E. Variability in the maximal expiratory flow volume curve in asymptomatic smokers and in nonsmokers. *Am. Rev. Respir. Dis.*, v. 110, n. 3, p. 282-92, Sep. 1974.

BLOCH, K. V. *et al.* Hipertensão arterial e obesidade na Ilha do Governador – Rio de Janeiro. *Arq. Bras. Cardiol.*, v. 62, n. 1, p. 17-22, 1994.

BÖHME, M. T. S.; KISS, M. A. P. D. M. Avaliação da aptidão física referenciada a norma: comparação entre três tipos de escalas. *Rev. Bras. Ativ. Fís. Saúde*, v. 2, n. 1, p. 29-36, 1997.

Boren, H. G.; Kory, R. C.; Syner, J. C. The veterans administration-army cooperative study of pulmonary function: II. The lung volume and its subdivisions in normal men. *Am. J. Med.*, v. 41, n. 1, p. 96-114, July 1966.

Bouchard, C. *et al.* A method to assess energy expenditure in children and adults. *Am. J. Clin. Nutr.*, v. 37, n. 3, p. 461-7, 1983.

Brasil. Ministério da Saúde. Secretaria de Assistência à Saúde. *Diabetes mellitus*: guia básico para diagnóstico e tratamento. Brasília: Ministério da Saúde, 1996.

Brasil. Ministério da Saúde. Secretaria de Políticas de Saúde. Departamento de Atenção Básica. *Saúde da criança*: acompanhamento do crescimento e desenvolvimento infantil. Brasília: Ministério da Saúde, 2002.

Bray, G. A. Pathophysiology of obesity. *Am. J. Clin. Nutr.*, v. 55, n. 2, p. 488S-94S, 1992. Supplement.

Bray, G. A.; Gray, D. S. Obesity. Part I – Pathogenesis. *West. J. Med.*, v. 149, n. 4, p. 429-41, Oct. 1988.

Brozek, J. Measuring nutriture. *Am. J. Phys. Anthropol.*, v. 11, n. 8, p. 147-80, Jun. 1953.

Brozek, J.; Keys, A. The evaluation of leanness-fatness in man; norms and interrelationships. *Br. J. Nutr.*, v. 5, n. 2, p. 194-206, 1951.

Bruce, R. A.; Kusumi, F.; Hosmer, D. Maximal oxygen intake and nomographic assessment of functional aerobic impairment in cardiovascular disease. *Am. Heart J.*, v. 85, n. 4, p. 546-62, Apr. 1973.

Callaway, C. W. *et al.* Circumferences. *In*: Lohman, T. G.; Roche, A. F.; Matorell, R. *Anthropometric standardization reference manual*. Champaign, IL: Human Kinetics, 1988.

Carvalho, A. B. R. *Composição corporal através dos métodos da pesagem hidrostática e impedância bioelétrica em universitários*. 1998. Dissertação (Mestrado em Ciência do Movimento Humano) – Centro de Educação Física e Desportos, Universidade Federal de Santa Maria, Santa Maria, 1998.

Caspersen. C. J.; Powell, K. E.; Christenson, G. M. Physical activity, exercise and physical fitness. *Public Health Rep.*, v. 100, n. 2, p. 126-31, Mar./Apr. 1985.

Cole, T. J. *et al.* Establishing a standard definition for child overweight and obesity worldwide: international survey. *BMJ*, v. 320, n. 7244, p. 1240-3, May. 2000.

Conde, W. L.; Monteiro, C. A. Valores críticos de índice de massa corporal para classificação do estado nutricional de crianças e adolescentes brasileiros. *J. Pediatr.*, v. 82, n. 4, p. 266-72, 2006.

Cooper, K. H. A means of assessing maximal oxygen intake. Correlation between field and treadmill testing. *JAMA*, v. 203, n. 3, p. 201-4, 1968.

Corbin, C. B. A multidimensional hierarchical model of physical fitness: a basis for integration and collaboration. *Quest*, v. 43, n. 3, p. 296-306, 1991.

CROCKER, P. R. *et al.* Measuring general levels of physical activity: preliminary evidence for the physical activity questionnaire for older children. *Med. Sci. Sports Exerc.*, v. 29, n. 10, p. 1344-9, 1997.

CANADIAN SOCIETY FOR EXERCISE PHYSIOLOGY (CSEP). *The Canadian physical activity, fitness and lifestyle appraisal*: CSEP's guide to health active living. Ottawa: CSEP, 2004.

DE ARAÚJO, C. G. S. *Flexitest*: an innovative flexibility assessment method. Champaign, IL: Human Kinetics, 2003.

DE KONING, L. *et al.* Waist circumference and waist-to-hip ratio as predictors of cardiovascular events: meta-regression analysis of prospective studies. *Eur. Heart J.*, v. 28, n. 7, p. 850-6, 2 Apr. 2007.

DE ROSE, E. H.; PIGATTO, E. G.; DE ROSE, R. C. F. *Cineantropometria, Educação Física e treinamento desportivo.* Rio de Janeiro: Ministério da Educação e Cultura, 1984.

DOURADO, A. C. Análise comparativa dos somatotipos de atletas de futebol de salão do Paraná e selecionado nacional. *Rev. Educ. Fís.*, v. 8, n. 15, p. 50-5, 1993.

DUMMEL, C. C. B. *Sedentarismo e outros fatores de risco cardiovasculares em adolescentes.* 2007. 124 f. Dissertação (Mestrado em Educação Física) – Centro de Desportos, Universidade Federal de Santa Catarina, Florianópolis, 2007.

DURNIN, J. V. G. A.; RAHAMAN, M. M. The assessment of the amount of fat in the human body from measurements of skinfold thickness. *Br. J. Nutr.*, v. 21, n. 3, p. 681-9, 1967.

DURNIN, J. V. G. A.; WOMERSLEY, J. Body fat assessed from total body density and its estimation from skinfold thickness: measurements of 481 men and women aged from 16 to 72 years. *Br. J. Nutr.*, v. 32, n. 1, p. 77-97, 1974.

FERNÁNDEZ, J. R. Waist circumference percentiles in nationally representative samples of African-American, European-American, and Mexican-American children and adolescents. *J. Pediatr.*, v. 145, n. 4, p. 439-44, Oct. 2004.

FERREIRA, A. P. *et al.* Predição da síndrome metabólica em crianças por indicadores antropométricos. *Arq. Bras. Cardiol.*, Rio de Janeiro, v. 96, n. 2, p. 121-5, fev. 2011.

FOSTER, C. *et al.* Generalized equations for predicting funtional capacity from treadmill performance. *Am. Heart J.*, v. 107, n. 6, p. 1229-34, 1984.

FOUCAN, L. *et al.* Body mass index (BMI) and waist circumference (WC) as screening tools for cardiovascular risk factors in Guadeloupean women. *J. Clin. Epidemiol.*, v. 55, n. 10, p. 990-6, Oct. 2002.

GARROW, J. S.; WEBSTER, J. Quetelet's index (W/H2) as a measure of fatness. *Int. J. Obes.*, v. 9, n. 2, p. 147-53, 1985.

GRANT, S. *et al.* A comparison of methods of predicting maximum oxygen uptake. *Br. J. Sports Med.*, v. 29, n. 3, p. 147-52, 1995.

GUEDES, D. P. *Composição corporal*: princípios, técnicas e aplicações. Londrina: APEF, 1994.

GUEDES, D. P. *Estudo da gordura corporal através da mensuração dos valores de densidade corporal e da espessura de dobras cutâneas em universitários*. 1985. Dissertação (Mestrado em Educação Física) – Universidade Federal de Santa Maria, Santa Maria, 1985.

GUEDES, D. P.; GUEDES, J. E. R. P. *Exercício físico na promoção da saúde*. Londrina: Midiograf, 1995.

GUEDES, D. P.; GUEDES, J. E. R. P. *Manual prático para avaliação em Educação Física*. Barueri: Manole, 2006.

GUEDES, D. P.; LOPES, C. C.; GUEDES, J. E. R. P. Reprodutibilidade e validade do Questionário Internacional de Atividade Física em adolescentes. *Rev. Bras. Med. Esporte*, v. 11, n. 2, p. 151-8, mar./abr. 2005.

HEGG, R.; LUONGO, J. *Elementos de biometria humana*. 2. ed. Rio de Janeiro: Nobel, 1975.

HEYWARD, V. H. *Advanced fitness assessment and exercise prescription*. 3rd. ed. Champaign, IL: Human Kinetics, 1997.

HEYWARD, V. H.; STOLARCZYK, L. M. *Applied body composition assessment*. Champaign, IL: Human Kinetics, 1996.

HOUTKOOPER, L. B. *et al*. Bioelectrical impedance estimation of fat-free body mass in children and youth: a cross-validation study. *J. Appl. Physiol. (1985)*, v. 72, n. 1, p. 366-73, Jan. 1992.

HULLEY, S. B.; CUMMINGS, S. R. *Designing clinical research*. Baltimore, MD: Lippincott Williams & Wilkins, 1988.

JACKSON, A. S.; POLLOCK, M. L. Generalized equations for predicting body density of men. *Br. J. Nutr.*, v. 40, n. 3, p. 497-504, 1978.

JACKSON, A. S.; POLLOCK, M. L.; WARD, A. Generalized equations for predicting body density of women. *Med. Sci. Sports Exerc.*, v. 12, n. 3, p. 175-82, 1980.

KATCH, F. I.; MCARDLE, W. D. *Nutrição, controle de peso e exercício*. 2. ed. Rio de Janeiro: Medsi, 1984.

KEYS, A. *et al*. Indices of relative weight and obesity. *J. Chronic Dis.*, v. 25, n. 6, p. 329-43, 1972.

KISS, M. A. P. D. M. *Avaliação em Educação Física*: aspectos biológicos e educacionais. São Paulo: Manole, 1987.

KUCZMARSKI, R. J. *et al*. 2000 CDC growth charts for the United States: methods and development. *Vital Health Stat. 11*, n. 246, p. 1-190, 2002.

LAPORTE, R. E.; MONTOYE, H. J.; CASPERSEN, C. J. Assessment of physical activity in epidemiologic research: problems and prospects. *Public Health Rep.*, v. 100, n. 2, p. 131-46, Mar./Apr. 1985.

Larsson, B. *et al.* Abdominal adipose tissue distribution, obesity, and risk of cardiovascular disease and death: 13 year follow up of participants in the study of men born in 1913. *Br. Med. J.*, v. 288, n. 6428, p. 1401-4, 1984.

Lin, W. Y. *et al.* Optimal cut-off values for obesity: using simple anthropometric indices to predict cardiovascular risk factors in Taiwan. *Int. J. Obes. Relat. Metab. Disord.*, v. 26, n. 9, p. 1232-8, Sep. 2002.

Lohman, T. G. *Advances in body composition assessment.* Current Issues in Exercise Science. Champaign, IL: Human Kinetics, 1992. Monograph Number 3.

Lohman, T. G. The use of skinfold to estimate body fatness on children and youth. *JOPERD*, v. 58, n. 9, p. 98-103, 1987.

Lukaski, H. C.; Bolonchuk, W. W. Theory and validation of the tetrapolar bioelectrical impedance method to assess human body composition. *In*: Ellis, K. J.; Yasumura, S.; Morgan, W. D. (ed.). *In vivo body composition studies.* London: The Institute of Physical Sciences in Medicine, 1987.

Malina, R. M.; Bouchard, C. *Atividade física do atleta jovem*: do crescimento à maturação. São Paulo: Roca, 2002.

Margaria, R.; Aghemo, P.; Rovelli, L. Measurement of muscular power (anaerobic) in man. *J. Appl. Physiol.*, v. 21, n. 5, p. 1662-4, 1966.

Martin, A. D.; Drinkwater, D. T. Variability in the measure of body fat. Assumptions or techniques? *Sports Med.*, v. 11, n. 5, p. 277-88, 1991.

Mathews, D. K. *Medida e avaliação em Educação Física.* Rio de Janeiro: Interamericana, 1980.

Matiegka, J. The testing of physical efficiency. *Am. J. Phys. Anthrop.*, v. IV, n. 3, p. 223-30, 1921.

Matsudo, S. *et al.* Questionário Internacional de Atividade Física (IPAQ): estudo de validade e reprodutibilidade no Brasil. *Rev. Bras. Ativ. Fís. Saúde*, v. 6, n. 2, p. 5-18, 2001.

Matsudo, V. K. R. *Testes em Ciências do Esporte.* São Paulo: Gráficos Burti, 1984.

McArdle, W.; Katch, F.; Katch, V. *Fisiologia do exercício*: nutrição e desempenho humano. Rio de Janeiro: Guanabara, 2001.

Moreira, S. R. *et al.* Predição da resistência à insulina em crianças: indicadores antropométricos e metabólicos. *J. Pediatr.*, v. 84, n. 1, p. 47-52, 2008.

Morrow Jr., J. R. *et al. Measurement and evaluation in human performance.* Champaign, IL: Human Kinetics, 1995.

Nahas, M. V. Revisão de métodos para determinação dos níveis de atividade física habitual em diversos grupos populacionais. *Rev. Bras. Ativ. Fís. Saúde*, v. 1, n. 4, p. 27-37, 1996.

ORGANIZACIÓN MUNDIAL DE LA SALUD (OMS). *Medición del cambio del estado nutricional*: directrizes para evaluar el efecto nutricional de programas de alimentación suplementaria destinadas a grupos vulnerables. Genebra: OMS, 1983.

PATE, R. R. The evolving definition of physical fitness. *Quest*, v. 40, n. 3, p. 174-9, 1988.

PEREIRA, M. G. *Epidemiologia*: teoria e prática. Rio de Janeiro: Guanabara Koogan, 1995.

PETROSKI, E. L. Composição corporal de crianças e adolescentes. *In*: Petroski, E. L. (org.). *Antropometria*: técnicas e padronizações. 2. ed. Santa Maria: Pallotti, 2003. p. 127-40.

PETROSKI, E. L. *Desenvolvimento e validação de equações generalizadas para estimativa da densidade corporal em adultos*. 1995. 124 p. Tese (Doutorado em Ciência do Movimento Humano) – Universidade Federal de Santa Maria, Santa Maria, 1995.

PETROSKI, E. L.; PIRES NETO, C. S. Composição corporal: modelos de fracionamento corporal. *Comunicação, movimento e mídia na Educação Física*, 1993. Caderno II.

PITANGA, F. J. G. A obesidade e o índice de massa corporal como predisponente a níveis elevados de tensão arterial. *In*: JORNADA INTEGRADA DE PESQUISA, EXTENSÃO E ENSINO, 2., 1995, Santa Maria. *Anais* [...]. Santa Maria: Universidade Federal de Santa Maria, 1995.

PITANGA, F. J. G. Antropometria na avaliação da obesidade abdominal e risco coronariano. *Rev. Bras. Cineantropom. Desempenho Hum.*, v. 13, n. 3, p. 238-41, 2011.

PITANGA, F. J. G.; LESSA, I. Associação entre índice de conicidade e hipertensão arterial sistólica em adultos na cidade de Salvador-BA. *In*: CONGRESSO DE CARDIOLOGIA DO ESTADO DA BAHIA, 14., 2002, Salvador. *Anais* [...]. Salvador: Centro de Convenções do Estado da Bahia, 2002.

PITANGA, F. J. G.; LESSA, I. Indicadores antropométricos de obesidade como instrumento de triagem para risco coronariano elevado em adultos na cidade de Salvador-Bahia. *Arq. Bras. Cardiol.*, v. 85, n. 1, p. 26-31, 2005.

PITANGA, F. J. G.; LESSA, I. Indicadores antropométricos de obesidade como instrumento de triagem para risco coronariano em mulheres. *Rev. Bras. Cineantropom. Desempenho Hum.*, v. 8, n. 1, p.14-21, 2006a.

PITANGA, F. J. G.; LESSA, I. Razão cintura-estatura como discriminador do risco coronariano de adultos. *AMB Rev. Assoc. Med. Bras.*, v. 52, n. 3, p. 157-61, 2006b.

PITANGA, F. J. G.; LESSA, I. Sensibilidade e especificidade do índice de conicidade como discriminador do risco coronariano de adultos em Salvador, Brasil. *Rev. Bras. Epidemiol.*, v. 7, n. 3, p. 259-69, 2004.

PITANGA, F. J. G. *et al.* Associação entre índice de conicidade e níveis de glicose plasmática. *In*: CONGRESSO BRASILEIRO DE EPIDEMIOLOGIA, 5., 2002, Curitiba. *Resumos* [...]. Curitiba: ABRASCO, 2002.

POLLOCK, M. L.; WILMORE, J. H.; FOX, S. M. *Exercícios na saúde e na doença*: avaliação e prescrição para prevenção e reabilitação. Rio de Janeiro: Medsi, 1986.

POLLOCK, M. L.; WILMORE, J. H.; FOX, S. M. *Exercícios na saúde e na doença*: avaliação e prescrição para prevenção e reabilitação. 2. ed. Rio de Janeiro: Medsi, 1994.

POLLOCK, M. L.; WILMORE, J. H.; FOX, S. M. *Health and fitness through physical activity*. New York: Wiley and Sons, 1978.

POLLOCK, M. L. *et al.* A comparative analysis of four protocols for maximal treadmill stress testing. *Am. Heart J.*, v. 92, n. 1, p. 39-46, 1976.

POLLOCK, M. L. *et al.* Comparative analysis of physiologic responses to three different maximal graded exercise test protocols in healthy women. *Am. Heart J.*, v. 103, n. 3, p. 363-73, 1982.

POULIOT, M. C. *et al.* Waist circumference and abdominal sagittal diameter: best simple anthropometrics indexes of abdominal visceral adipose tissue accumulation and related cardiovascular risk in men and women. *Am. J. Cardiol.*, v. 73, n. 7, p. 460-8, 1994.

PROJETO ESPORTE BRASIL (PROESP-BR). 20 jul. 2005. Disponível em: <https://www.ufrgs.br/proesp/>. Acesso em: 20 abr. 2018.

RATHBUN, E. N. *et al.* Studies on body composition: I. The determination of total body fat by means of the body specific gravity. *J. Biol. Chem.*, v. 158, p. 667-76, 1945.

ROCKPORT WALKING INSTITUTE. *Rockport Fitness Walking Test.* Malboro, MA: Rockport Walking Institute, 1986.

RODRIGUEZ-AÑEZ, C. R. *Desenvolvimento de equações para a estimativa da densidade corporal de soldados e cabos do exército brasileiro.* 1997. Dissertação (Mestrado em Educação Física) – Universidade Federal de Santa Maria, Santa Maria, 1997.

SALLIS, J. F. *et al.* Physical activity assessment methodology in the five-city project. *Am. J. Epidemiol.*, v. 121, n. 1, p. 91-106, Jan. 1985.

SERRA, S. Considerações sobre ergoespirometria. *Arq. Bras. Cardiol.*, v. 68, n. 4, p. 301-4, 1997.

SILVA, R. C. R.; MALINA, R. M. Nível de atividade física em adolescentes do município de Niterói, Rio de Janeiro, Brasil. *Cad. Saúde Pública*, v. 16, n. 4, p. 1091-7, out./dez. 2000.

SIRI, W. E. Body composition from fluid spaces and obesity: analysis of methods. *In*: BROZEK, J.; HENSCHEL, A. (ed.). *Techniques for measuring body composition*. Washington, DC: National Academy of Sciences, 1961.

SLAUGHTER, M. H. *et al.* Skinfold equations for estimation of body fatness in children in youth. *Hum. Biol.*, v. 60, n. 5, p. 709-23, Oct. 1988.

SLOAN, A. W. Estimation of body fat in young men. *J. Appl. Physiol.*, v. 23, n. 3, p. 311-5, 1967.

SLOAN, A. W.; BURT, J. J.; BLYTH, C. S. Estimation of body fat in young women. *J. Appl. Physiol.*, v. 17, p. 967-70, 1962.

SMITH A. L.; BIDDLE, S. J. H. *Youth physical activity and sedentary behavior*: challenges and solutions. Champaign, IL: Human Kinetics, 2008.

SOBRAL, F.; SILVA, M. J. C. *Cineantropometria*: curso básico. Coimbra: Faculdade de Ciências do Desporto e Educação Física, 1997.

SOCIEDADE BRASILEIRA DE CARDIOLOGIA. III Diretrizes Brasileiras sobre Dislipidemias e Diretriz de Prevenção da Aterosclerose do Departamento de Aterosclerose da Sociedade Brasileira de Cardiologia. *Arq. Bras. Cardiol.*, v. 77, p. 1-48, 2001. Suplemento III.

SOUZA, R. R.; OLIVEIRA, J. A. *Avaliação biométrica em Educação Física*. Brasília: Ministério da Educação e Cultura; Secretaria de Educação Física e Desportos, [entre 1982 e 1985].

TANAKA, H. Predicting running velocity at blood lactate threshold from running performance tests in adolescent boys. *Eur. J. Appl. Physiol. Occup. Physiol.*, v. 55, n. 4, p. 344-8, 1986.

TAYLOR, H. L. *et al.* A questionnarie for the assessment of leisure time physical activities. *J. Chronic Dis.*, v. 31, n. 12, p. 741-55, 1978.

THE FIFTH report of the Joint National Committee on detection, evaluation, and treatment of high blood pressure. *Arch. Intern. Med.*, v. 153, n. 2, p. 154-83, 1993.

THOMASETT, A. Bio-electrical properties of tissue impedance measurements. *Lyon Med.*, v. 207, p. 107-18, 1962.

USE and interpretation of anthropometric indicators of nutritional status. WHO Working Group. *Bull. World Health Organ.*, v. 64, n. 6, p. 929-41, 1986.

VAGUE, J. The degree of masculine differentiation of obesities: A factor determining predisposition to diabetes, atherosclerosis, gout, and uric calculous disease. *Am. J. Clin. Nutr.*, v. 4, n. 1, p. 20-34, 1956.

VALDEZ, R. A simple model-based index of abdominal adiposity. *J. Clin. Epidemiol.*, v. 44, n. 9, p. 955-6, 1991.

VALDEZ, R. *et al.* A new index of abdominal adiposity as na indicator of risk for cardiovascular disease. A cross-population study. *Int. J. Obes. Relat. Metab. Disord.*, v. 17, n. 2, p. 77-82, Feb. 1993.

VILLALPANDO, C. G.; STERN, M. P. La obesidad como factor de riesgo cardiovascular en México. *Rev. Invest. Clín.*, v. 45, n. 1, p. 13-21, 1993.

WASHBURN, R. A., MONTOYE, H. J. The assessment of physical activity by questionnaire. *Am. J. Epidemiol.*, v. 123, n. 4, p. 563-76, 1986.

WELHAM, W. C.; BEHNKE, A. R. The specific gravity of healthy men body weight ÷ volume and other physical characteristics of exceptional athletes and of naval personnel. *JAMA*, v. 118, n. 7, p. 498-502, 1942.

WELTMAN, J. *et al.* Prediction of lactate threshold and fixed blood lactate concentrations from 3200-m running performance in male runners. *Int. J. Sports Med.*, v. 8, n. 6, p. 401-6, Dec. 1987.

WELTMAN, J. *et al.* Prediction of lactate threshold and fixed blood lactate concentrations from 3200-m time trial running performance in untrained females. *Int. J. Sports Med.*, v. 10, n. 3, p. 207-11, Jun. 1989.

WHALEY, M. H. *et al.* Failure of predicted VO_2peak to discriminate physical fitness in epidemiological studies. *Med. Sci. Sports Exerc.*, v. 27, n. 1, p. 85-91, Jan. 1995.

Sobre o Livro
Formato: 17 x 24 cm
Mancha: 12 x 18,5 cm
Papel: Offset 90g
nº páginas: 264
6ª edição: 2019

Equipe de Realização
Assistência editorial
Liris Tribuzzi

Edição de texto
Gerson Silva (Supervisão de revisão)
Fernanda Fonseca (Preparação do original e copidesque)
Gerson Silva e Roberta Heringer de Souza Villar (Revisão)

Editoração eletrônica
Évelin Kovaliauskas Custódia (Capa, projeto gráfico e diagramação)
Douglas Docelino e Melissa Kovaliauskas Custódia (Ilustrações)

Impressão
LIS gráfica